MONTGOMERY

戴两个帽徽的英勇将军

蒙哥马利

◎葛业文 编译

中国铁道出版社有限公司
CHINA RAILWAY PUBLISHING HOUSE CO., LTD.

图书在版编目（CIP）数据

蒙哥马利 / 葛业文编译. —北京：中国铁道出版社有限公司，2019.10
（二战名人录）
ISBN 978-7-113-25803-0

Ⅰ.①蒙… Ⅱ.①葛… Ⅲ.①蒙哥马利（Montgomery, Bernard Law 1887-1976）- 生平事迹 Ⅳ.① K835.615.2

中国版本图书馆 CIP 数据核字（2019）第 093484 号

书　　名：蒙哥马利
编　　译：葛业文

责任编辑：陈　胚　　　　电　　话：（010）51873459
封面设计：刘　莎
责任校对：王　杰
责任印制：赵星辰

出版发行：中国铁道出版社有限公司（100054，北京市西城区右安门西街 8 号）
网　　址：http://www.tdpress.com
印　　刷：三河市航远印刷有限公司
版　　次：2019 年 10 月第 1 版　2019 年 10 月第 1 次印刷
开　　本：787 mm × 1 092 mm　1/16　印张：22.5　字数：463 千字
书　　号：ISBN 978-7-113-25803-0
定　　价：59.80 元

971

Famous General Introduction

名将剪影

在第二次世界大战硝烟弥漫的前线，英国官兵时常看见一位戴着一顶饰有将军和装甲兵两个帽徽军帽的将军，他就是英国元帅蒙哥马利。蒙哥马利为什么要戴这样的帽子，人们对此有种种揣测，其实他认为，这样具有实际价值，一个统帅人物要在部队中具有威信和感召力，就必须使下级官兵经常能够在前线看到他。蒙哥马利在第一次世界大战时担任过排长和上尉参谋，他对自己从未见过总司令深感遗憾，认为这是英军士气低落、战斗力不强的重要原因之一。有了这顶特殊的军帽，部队官兵就能够经常看到他。他说："各部队官兵看到这顶帽子，就知道我来了，就知道我对他们的所作所为非常关切，就知道我不只是坐在安全的后方，高高在上发号施令。"

蒙哥马利生于 1887 年 11 月 17 日，死于 1976 年 3 月 25 日。他是英国著名军事家，第二次世界大战时期英国武装部队杰出的领导人之一，1944 年获元帅军衔。一个半世纪以来，英国军队中没有一个人能像蒙哥马利那样精通军事，战功卓著。尽管他有不少弱点和不足，但人们完全有理由承认，他不愧为20世纪世界上杰出的军事领导人之一。

1887-1976

> 英国元帅蒙哥马利。

蒙哥马利 档案

Bernard Law Montgomery

1887

11 月 17 日，蒙哥马利出生于英国伦敦肯宁顿区板球场圣马克教区牧师寓所。

1889

秋，随父母迁居澳大利亚塔斯马尼亚。

1902

1 月，回英国就读伦敦圣保罗学校。

1907

1 月，考入桑赫斯特英国皇家军事学院。

1908

9 月，从桑赫斯特英国皇家军事学院毕业。
12 月，到皇家沃里克郡步兵团第 1 营服役，被授予陆军少尉军衔。

1914

8 月，第一次世界大战爆发后，晋升中尉，任排长。
10 月，在伊珀尔会战中负伤，后被授予优异服务勋章。

1915

年初，任步兵第 112 旅（后改为第 104 旅）上尉参谋。

1917

1 月，任第 33 师上尉二级参谋。

夏，调任第 9 军二级参谋。

1918

春，任第 47 伦敦师一级参谋。

1919

3 月，任科隆陆军总部准少校二级参谋。

1920

1 月，赴坎伯利参谋学院短训班学习。年底毕业后，被派往爱尔兰任第 17 步兵旅参谋长。

1922

5 月，任第 8 步兵旅参谋长。

1923

夏，任第 49 西部骑兵师二级参谋。

1925

春，任皇家沃里克郡团第 1 营第 1 连连长。
夏，晋升少校。

1926

1 月，担任坎伯利参谋学院教官。

1927

7 月 27 日，与 40 岁的孀妇贝蒂・卡弗夫人结婚。

1931

1 月，任皇家沃里克郡团第 1 营中校营长。

1934

6 月，任奎达参谋学院首席教官。不久，军衔升为上校。

Bernard Law Montgomery

1937

8 月，任第 9 步兵旅准将旅长。

1938

10 月，任巴勒斯坦第 8 师少将师长。

1939

8 月，第二次世界大战爆发前夕，调任第 3 师师长。

1940

5 月，接任英国远征军第 2 军军长，率部队完成敦刻尔克撤退。
6 月，重回第 3 师担任师长。
7 月，任第 5 军中将军长。

Bernard Law Montgomery

1941

4 月，改任第 12 军军长。
11 月，担任东南军区司令。

1942

8 月，任第 8 集团军司令。
10月，在阿拉曼击败隆美尔的“非洲军团”，扭转北非战局。

1944

6 月，参与指挥诺曼底登陆。
9 月，晋升元帅。

1945

5 月，任驻德英国占领军总司令兼盟国对德管制委员会英方代表。

1946

受封阿拉曼子爵。
6 月，出任帝国参谋总长。

1948

10 月 3 日，被任命为西方联盟各国总司令委员会主席。

Bernard Law Montgomery

1951

4 月，出任欧洲盟军最高司令部最高副统帅。

1958

9 月，退出现役。

1976

3 月 25 日，因心脏衰竭逝世，享年 89 岁。

蒙哥马利参与指挥的战役战事图

1942 年 6 月～7 月

英军第 8 集团军所属部队与德意军队在北非兵力部署态势图。

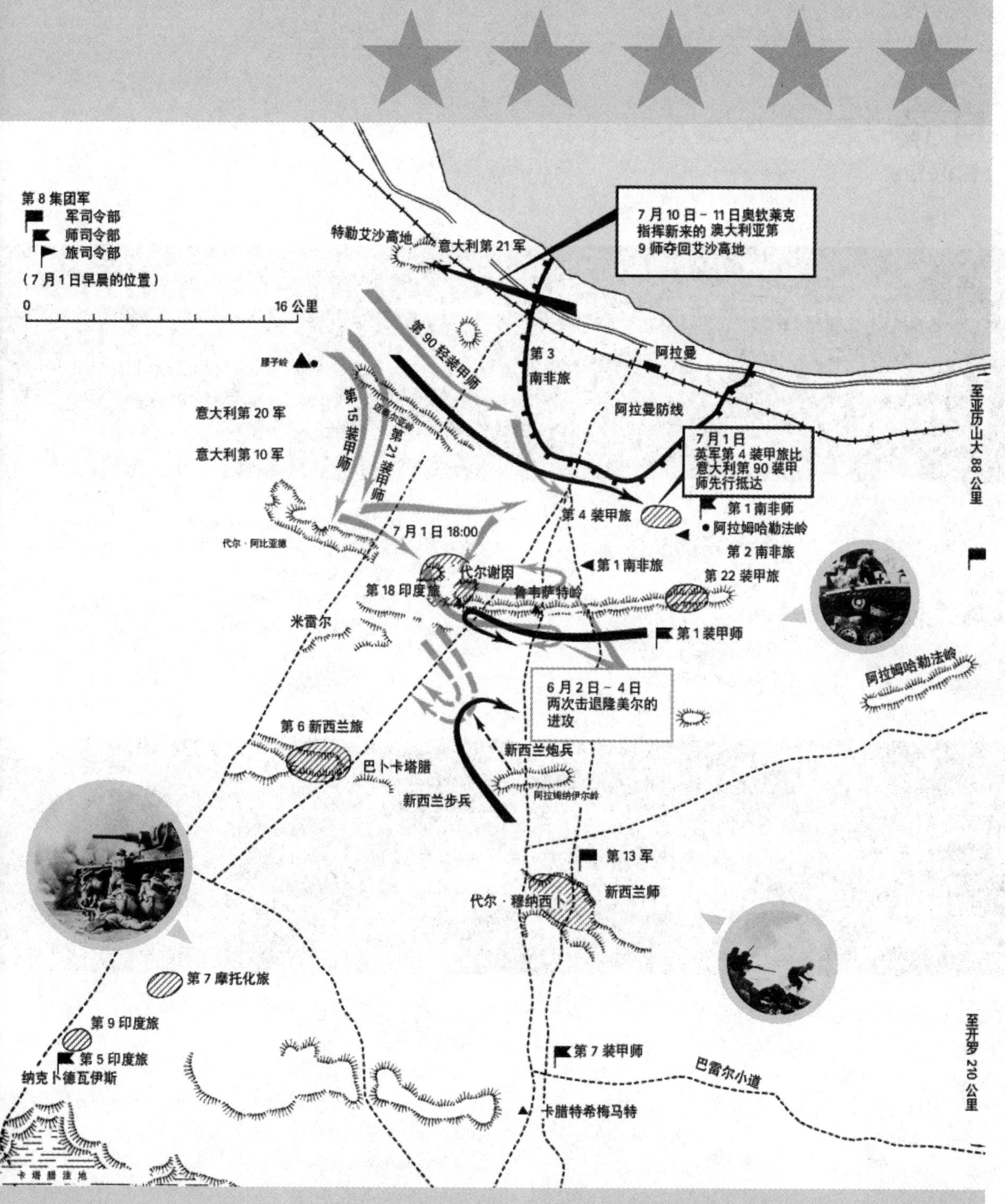

目录
contents

第四章 大撤退之后的奋进 / 90

奥金莱克在任时，为第5军制订的防御指导思想是击敌于海滩，主张尽量将野战工事前推，尽一切可能阻止敌人将重装备推送登陆。蒙哥马利接手军长后，几乎将奥金莱克的一套全部推翻，命令立即停止构筑海滩防御工事，取消奥金莱克以一个装甲师作为机动队的要求，对整个部队的编成和人事动了大手术……

第五章 措辞低调严谨的捷报 / 134

英军死伤和被俘 1751 人，损失了 68 辆坦克；德军伤亡约 2900 人，49 辆坦克及装甲车辆被击毁击伤。单从数字上看双方都不能称为胜利者，但英军显然更有资格享受这一荣誉，因为战场主动权从此由不可一世的隆美尔那里，转入蒙哥马利之手……

第六章 意志和命运的决战 / 156

英军在泰勒阿卡基尔附近的开阔地上集中 800 余辆坦克，以排山倒海之势碾了过来。"非洲军团"的坦克也毫不示弱地迎了上去，并呈战斗队形散开。英军的坦克也立刻散开，各自扑向自己的猎物，双方同时猛烈开火。这就是后世所说的阿拉曼战役中的坦克大战……

第七章

由于蒙哥马利的鼓吹导致了"赫斯基"作战行动的计划修改，从而降低了美第7集团军的作用。现在，在亚历山大的纵容下，蒙哥马利又从他们手中抢走了一条宝贵的公路，以便他得意洋洋地进入墨西拿，甚至不允许美军向巴勒莫推进。巴顿是一个军人，他服从了命令……

第八章

蒙哥马利视察了在英国的各个部队，几乎所有将参加诺曼底作战的官兵都见到了他，并听过他的讲话。被他检阅的人肯定已超过了100万，同时他也被100万以上的官兵检阅过。他这样努力地争取所属官兵——英国人、加拿大人、美国人、比利时人、波兰人、自由法国人与荷兰人，对他的信任……

第九章

蒙哥马利按照作战计划，一直在诺曼底有意识地进行机动，把所有的德军装甲部队都吸引到英国部队的对面，从未有在东翼向塞纳河突破的设想。为此，当时和从那以后，他受了很多批评。这些批评大多是因为对他那个简单明了，而又具有远见卓识的设想产生误解所引起……

英国报纸对艾森豪威尔大加抨击，这种情况使蒙哥马利非常不安。于是他给首相打报告说，他打算向英美记者谈谈这次的阿登战役，以表明盟军一致响应号召，如何一致合作共事，扭转了这一颇为棘手的局面。却不料这次记者招待会招致了更大的麻烦……

蒙哥马利当众用英语宣读了投降书，并说，除非德军代表团立即签署这份文件，并不再就投降后的种种问题进行讨论，否则他将下令继续作战。然后蒙哥马利一个一个叫着德军代表团成员的名字，要他们依次在投降书上签名，他们一一遵命照办……

欧洲盟军最高司令部最高副统帅这个职务，似乎就是专为蒙哥马利设置的，没有任何实权和责任，一点儿也不使他着急，因为他从来就没有真正追求过半军事领域中，那种能产生深远影响的权力。对他来说，权力意味的是向参谋人员和下级指挥官发布命令的能力……

∧ 14 岁时的蒙哥马利。

第一章

喜欢刺激的青年人

1887-1976　蒙哥马利

这话激起了蒙哥马利好斗的性子，不就是一杯酒吗？为了维护自己的尊严，即使以前滴酒不沾，今天也豁出去了。受这种想法驱使，蒙哥马利径直走上前，军官让侍者端上两杯威士忌和两杯苏打水，蒙哥马利伸手接过一杯，赌气似的猛喝了一大口，但实在难以忍受那种说不上来的味道……

< 1891年4岁时的蒙哥马利在澳大利亚塔斯马尼亚。

>> 顽劣少年

1887年11月17日，在伦敦圣马克教区一幢毫不起眼的牧师寓所里，传来一声清脆响亮的啼哭，打破了周围的宁静，一个新生命诞生了。在举行完洗礼之后，这个新生儿被取名为伯纳德·劳·蒙哥马利。

在蒙哥马利之前，他的父母已经有了三个孩子。

1889年春，蒙哥马利还在咿呀学语，他的父亲亨利·蒙哥马利牧师被任命为澳大利亚塔斯马尼亚地区的主教。亨利·蒙哥马利牧师接受这个职位，一半是出于对神职事业的忠诚，一半是由于担任主教能得到一笔可观的收入。尽管这也意味着艰辛和风险：塔斯马尼亚遥在万里之外，而且一旦任职，很可能终生留在那里。

蒙哥马利一家于这年初秋收拾行装，乘船历经7个星期，来到遥远的异乡——塔斯马尼亚。塔斯马尼亚位于澳大利亚东南部，是个海岛，以流放罪犯而闻名。这里阳光明媚，气候湿润，万顷碧波在湛蓝天空映照下闪闪发亮，远看海天一色，令人心旷神怡。当夏季来临时，海风穿过低矮的树丛和辽阔无垠的田野，携带扑面而来的湿气涤去太阳的阵阵热浪，光与影的奇异混合使海岛弥布梦幻气息。在风景如画的塔斯马尼亚，蒙哥马利一直长到13岁。

亨利夫妇到达塔斯马尼亚不久，大女儿西比尔患病夭亡。后来他们又陆续生育了4个孩子，但另一个儿子也在1909年不幸夭折。蒙哥马利的父母一生共育有9个儿女，存活下来的7个当中，有6个长大后或因职业关系，或因婚姻缘故，定居在了异邦。

在塔斯马尼亚，蒙哥马利的父亲仍孜孜不倦，全身心致力于传经布道。每年大约要有一半时间，他穿着朴素的衣裳，头戴宽边帽子，跋山涉水，去偏远教区访问。家务活和管教孩子的重任，自然落到妻子莫德的肩上。莫德在家里像个男人一样颐指气使，发号施令，儿女们稍有违抗，便以棍棒“招呼”。大儿子哈罗德、二儿子唐纳德和女儿尤娜，由于一向柔顺乖巧，较少挨打。而三儿子伯纳德的秉性，却和他的兄妹们大不一样，很是任性，不肯服从，

> 蒙哥马利父母与长子哈罗德。

> 小时候喜欢惹事生非的蒙哥马利。

MONTGOMERY

因而，总是受到鞭棍的特殊“关照”。对此，蒙哥马利一直记忆深刻，以致当他后来成为赫赫有名的英伦元帅和欧洲盟军最高副统帅时，仍念念不忘他母亲是如何管教他的。蒙哥马利曾回忆说：

确实，我可以说我本人的童年是不愉快的。这是由于我母亲同我在意志方面的冲突引起的。我的早年生活充满了激烈的斗争，而在这些冲突中，我母亲总是胜利者。我一不在，她就会嚷道：“快去看伯纳德在干什么，叫他停下来。”我经常挨棍打，但这些不断的惩罚怎么也没有制服我。

这些“斗争”清楚地表明了蒙哥马利倔强不羁的性格，这种性格使他日后得以克服许多难以想像的困难，并终获成功，登上风光与荣耀的顶峰；但同时，也招来无数奚落和非议。

蒙哥马利的母亲莫德，倔强执拗丝毫不亚于儿子，她吹毛求疵、自以为是的毛病似乎还遗传给了他。在二战期间，这曾令他饱受讥讽嘲笑。母亲的专横跋扈，从她最小的儿子布莱恩的回忆中可见一斑。布莱恩说：

“无论是人是事，她都想伸手管一把，她对秩序和方法养成一种狂热，一切都得按照严格的规矩来。”

但蒙哥马利少年时的顽劣行为，有时也确实到了胆大妄为的程度。有一段时间，他鬼使神差迷上了集邮。一次过生日，别人送给他一辆自行车作为礼物。第二天，他偷偷将自行车卖掉，用卖车的钱买了一大堆梦寐已久的精美邮票。莫德得知后大发雷霆，于是扣发了他的零用钱，直到他自己攒够钱，赎回车子为止。更出格的是，某次，蒙哥马利竟恶作剧地挥舞一把刀子，满屋追赶一个对他出言不逊的女孩，把那女孩吓得要死。自然，事情从女孩的家长很快传至莫德那里，等到蒙哥马利回家时，鞭棍早已恭候他多时了。莫德气得几乎发疯，她万万没有想到，蒙哥马利竟具有暴力倾向，挥刀弄枪；虽没伤人，但也绝不可饶恕！鞭棍如同暴风骤雨一般打向他的后背、手臂和屁股，蒙哥马利遭受了有生以来最惨烈最痛苦的“洗礼”。

经历了这次事件，蒙哥马利的行为不得不谨慎了，他开始意识到必须收敛一些自己的个性。他的几个兄妹都很听话，不愿陪他一起胡闹，他老是自找麻烦确实也十分无趣。他寻思找些有意义的事情来做，于是把目光转向塔斯马尼亚绮丽无比的自然世界，那里藏有许多他从未体验过的无穷乐趣。到大自然中去玩，是他最轻松最惬意的时刻。他最喜欢的是塔斯马尼亚的秋天，这是一年中最美丽的季节。海更蓝，天更高远，一碧如洗的空中，几朵淡云轻舒漫卷。风也变得更凉爽，懒懒地拍打着海岸。蒙哥马利和他的兄妹，得到母亲的许可后，可以尽情在海里戏水耍闹，或是到旷野上纵马驰骋。大哥哈罗德练得一身好骑术，能倒骑无鞍马，往来如飞。二哥唐纳德和他也成为搏浪的健将，能像鱼一样，自由出没惊波怒涛。不过蒙哥马利顽劣的个性依旧不改，总是不忘惹是生非。一次，附近居民的一个小孩子欺负他，他便施展诡计，将人家骗至海边，乘其不注意，将其推下海去。幸亏那孩子也会游泳，呛了几口水，摸索着爬上了岸。蒙哥马利生怕孩子的家长寻上家门，为此提心吊胆了好一阵子，见一切风平浪静，这才松了口气。

蒙哥马利的父亲，主教亨利，对儿女的成长并非完全不闻不问，空暇时也同孩子们交流思想，讲述一些做人的道理。父亲去教堂布道，时常把他带在身边，试图改变他桀骜不驯的性格。不过好像没起太大作用。父亲自己也很可怜，母亲掌控全家的经济大权，每星期只发给父亲几个先令，多要就会遭到严厉盘问。对于母亲的专制霸道，父亲虽然内心不满，但也没有办法。有时候，蒙哥马利看见父亲在母亲面前忍气吞声，唯唯诺诺的样子，心头总会涌上一股酸涩的味道。在蒙哥马利的童年记忆里，父亲是个慈祥的长者，和蔼可亲。他无法理解，为什么一个在外面备受尊敬的主教，在家里却如此惧怕自己的妻子？他把父亲的忍让退

∧ 在圣保罗学校学习时的蒙哥马利。

避看作是一种软弱、无奈和窝囊。但他始终崇拜父亲，父亲的形象在他心目中占据着至高无上的地位，尽管对宗教毫无兴趣，但蒙哥马利却为父亲对事业所表现出的矢志不渝的精神而深深折服。时光飞逝，转眼父亲在这个偏僻蛮荒的海岛任职将满10年，可回英伦大陆似乎遥遥无期，总不能永远这样下去吧？但他相信，事情会有转机的。

1901年，蒙哥马利的父亲向国内起草了一个报告，提出任职英国教会海外社团的部长应具备的相关条件等问题，引起重视。英国国内来函，邀他父亲回伦敦，就任这个职位。亨利主教起初嫌干此职务有损颜面，不肯答应，亨利夫人也认为既然已在此定居多年，生活趋于习惯，不必再折腾一回。可亨利主教经不住被三番五次地劝说，最终还是同意了，于是带领妻儿老小，离开生活了12年的塔斯马尼亚，从墨尔本坐船，举家又搬回伦敦，住进宝灯路19号。

到了第二年初，蒙哥马利的父母找到离家最近的圣保罗学校，把蒙哥马利和他哥哥唐纳德送去读书。这是一座大型公立学校，位于泰晤士河附近，周围环境安谧宁静。学制5年，并且奉行强制性教育，这对蒙哥马利来说似乎难以忍受。不过他很快发现，学校要比在家里开心多了。蒙哥马利后来说在圣保罗学校的5年，是他度过的极其宝贵的岁月。他像一匹脱缰野马，忽然觉得可以挣开母亲的束缚，去享受自由无拘的生活。这里充满新奇与刺激，海阔天空，一切任凭他随意舒展了。

1904年冬，学校的成绩单送到了蒙哥马利的父母手中，上面这么写着："以他的年龄来看，他算是个落伍生。该生要上桑赫斯特英国皇家军事学院，把握不大，必须努力学习。"

蒙哥马利的父亲一心想让儿子继承自己的衣钵，将来做个牧师。当时在英国，牧师虽然收入不高，可受人尊敬。但是，蒙哥马利却不感兴趣。他早已决定投身军旅，当一名帝国军人了。

蒙哥马利自己也说不清为什么要立志从军，或许在塔斯马尼亚时，那群准备去南非打仗的志愿军的威武英姿，在他脑海里留下难以磨灭的印记。或许他冒出这样的念头，是受了他大哥哈罗德的影响。他的父亲亨利对两个年长的儿子哈罗德和唐纳德的未来，曾煞费苦心。1901年秋天，他们全家从澳大利亚动身返回英伦之前，亨利曾给岳父法勒写信说："哈罗德不喜欢英国。他骑术精湛，除非去陆军服役，否则就无用武之地。他又不是块读书的料，对社会漠不关心，个性独特，体壮如牛，我想他去南非发展比较合适，那里安谧宁静，对他胃口。"他父亲还在信中说："唐纳德天资聪颖，要拿剑桥大学的奖学金，易如反掌。但首先得把他送进一所好学校才行。"第二年春天，当蒙哥马利一家乘船抵达普利茅斯时，哈罗德通过外祖父法勒和祖父罗伯特的关系，当上了一名皇家陆军军官。接着，随军去了南非。到了南非，正赶上参加快近尾声的英布战争。战争结束后，哈罗德就一直留在那里，没再回来。而蒙哥马利的二哥唐纳德，在进圣保罗学校后的第一个学期末，就顺顺当当拿到剑桥大学的奖学金。他后来成为一名律师，移居加拿大，入了加拿大国籍，还当了议员。

不管事实是不是真的如此，总之，蒙哥马利在上圣保罗学校的第一天，就作出了一个令父母瞠目结舌的决定。他事先没同父母商量，自作主张选了陆军班。这个班是该校最差的班级，功课稀松，被人嘲笑为"笨蛋的乐园"，选的学生多半不求上进，只图混个毕业了事。当然，其中也不乏有志于从戎的热血少年。当天晚上，他把决定告诉了父母。

父亲乍听到这个消息，沉默不语，半晌才开口说："能否告诉我，伯纳德，为什么选择陆军？"父亲语调低沉，显然，他对儿子的决定非常失望。

蒙哥马利没有回答。

"真的这样决定了？不可更改了吗？"父亲又问他。

"是的，我已经决定了，而且不准备更改。"蒙哥马利盯着父亲的眼睛，一字一句地说。

"那好吧，"父亲也盯着他，眼神变得悠远深邃，蒙哥马利从没有见过父亲用这样的眼神看他，"是你自己拿的主意，这很好，这样的抉择或许是对的，也可能错。但终归是你的抉择，既然主授你以自由的旨意，他也会赐福给你，我的孩子。"

父亲没再说什么。他母亲莫德则不同了，坚决表示反对。她认为去了陆军班，和一帮不学无术的劣等生混在一起，等于自毁前程。只是蒙哥马利此时羽翼渐丰，更加倔强，亨利夫人拿他也无可奈何。母子俩大吵一场后，伯纳德终于成功贯彻了自己的意志。这可能是他生平第一次

★桑赫斯特皇家军事学院

英国培养初级军官的一所重点院校，也是世界训练陆军军官的老牌和名牌院校之一。学院位于伦敦市西48公里处的伦敦路北侧，占地面积3.54平方公里。学院下设军事科技、作战研究和国防事务等科室，由五个分学院组成。历史上，英国军队陆军参谋长多是由该校毕业生担任。其中，前英国首相丘吉尔以及蒙哥马利、罗伯茨、亚历山大等10多名陆军元帅都是从这里走出来的。

迫使母亲让步，在同母亲十几年的较量中，蒙哥马利终于赢了一回。

蒙哥马利满怀军人梦想，在圣保罗学校转眼读了三年，可校方却评价他上桑赫斯特皇家军事学院★的把握性不大，这无疑使他深受刺激。得知此事的瞬间，他呆住了，站在那里半天，脑子里一团乱麻，停了一会，思绪有点清醒了，他才迈开沉重的步子。

蒙哥马利的父母同样震惊。出乎意料，亨利夫人这次并没使用棍棒来惩罚儿子，她只淡淡地对他说：

“伯纳德，你已经不小了，有些事情该学着好好想想了。你自己的事，别人帮不了你。”

“是的，我是应该仔细想一想了！”已经17岁的蒙哥马利心里念叨着。他想了许多，他明白，照这样下去，进桑赫斯特皇家军事学院的理想，怕是永远实现不了！如果连军校的门槛都进不去，成不了皇家军官，一切还有什么好谈的呢？当将军、元帅，去指挥千军万马？那不等于痴人说梦？想到这里，蒙哥马利竟有种心碎的感觉。

“看来不努力不行了！我得好好学习，为了实现理想，决不能这样了！”他终于下了决心，一定用功！

好在他并不笨，经过一番努力以后，成绩有所进步，但远谈不上优秀。不久他升入陆军班，开始为考取桑赫斯特英国皇家军事学院做准备。

>> 初入军校

1906年秋季的某一天，天高云淡，轻风从英吉利海峡上空吹来，舒适中夹杂几丝凉意。蒙哥马利坐在宽敞的教室里，终于迎来了桑赫斯特皇家军事学院的入学考试。在此之前，他已经通过一次检定考试，但那还不算，他想，这一次，才是真刀实枪的考核，自己能考取

∧ 1907 年 12 月，蒙哥马利（后排左二坐者）与桑赫斯特军校橄榄球队队友合影。

吗？如果考不取，怎么办？万一真的没考上，有没有第二次机会呢？蒙哥马利心里犹如盛了十五只吊桶，七上八下，忐忑不安。试卷发了下来，他飞快地瞄了两眼，还好，试题不算很难，他放下心来，奋笔开始答题。教室里寂静极了，蒙哥马利只听见笔尖划纸的一片“沙沙”声。

考试结果很快公布出来，蒙哥马利在 170 多位考生中，名列第 72，他考上了！

考上军校后，蒙哥马利有种如释重负的感觉，毕竟，这对他来说很不容易了。军校入学考试在 19 世纪末 20 世纪初的英国，竞争远远谈不上激烈。因为，当军官并非什么好出路，除了吸引那些贵族或军官世家的纨绔子弟之外，似乎也只有出头无望的差等生感兴趣了。但为了争取考上，不少信心不足的学生中途就离开学校，跑到专门的补习班补课。蒙哥马利没去，他也不知道有这回事。只是后来被录取了，才偶尔一次从别人嘴里听说的。这使他感到意外，对于自己没费太大劲就榜上题名，又有些得意。

桑赫斯特皇家军事学院位于不起眼的小城桑赫斯特，属英国伯克郡。一条弯弯曲曲的铁路，从邻近萨里郡的坎伯利车站通向伦敦。这所军校在当时的英国较有名气，专门培养步兵、骑兵的陆军初级军官。英国二战中的功勋首相丘吉尔就毕业于此，不过他上中学时的成绩也实在让人难以恭维，连考了三次才如愿以偿，分数勉勉强强刚够录取。

蒙哥马利在桑赫斯特军校被编在步兵班新生“B”连，他在这里一改以往的懒散作风，渐渐知道用功。学校各项设施完善，校园环境使人舒心，他没有理由不收下心，踏实学习。当时桑赫斯特皇家军事学院，经过上一个世纪康塞特亲王的一番改革之后，军事训练、教育制度已经形成正规。该校全部课程共分3个学期，每学期时间为6个月，开设的课程有行政管理、法律、历史、地理、地形、工程、战术、射击、体操、骑术和操练等诸多课目。学校一天的日程安排是：早晨6点45分至下午4点为教学时间，由教员授课，轮换进行各个课目的学习和操练。下午4点以后为自由活动时间，由学员自己支配，或闲逛，或休息，或进行体育锻炼。晚饭实行会餐，11点后吹灯就寝。

在这里，蒙哥马利学到了很多军事理论和知识，他对每一门课都学得很认真，不仅熟练掌握了教材内容，还时常突发奇想，提出一些独到的见解。按照桑赫斯特军校的惯例，凡是第一学期的新生，前6周表现优异者，可以提升为下士。如果继续表现优异，还有机会晋为中士。蒙哥马利因为表现突出，在1个月后，他就被提前升为代理下士。对军校学员来说，迁升代理下士等于向所有人宣告，自己是他们中的佼佼者，这是何等的荣光！爱好虚荣的蒙哥马利陶醉了。更令他飘飘然的是，当1907年的夏天来临时，传出一条内部消息说，蒙哥马利将要担任“B”连的掌旗中士了！

在证实了消息十分可靠之后，蒙哥马利无法抑制心头的狂喜。受即将到来的荣誉的刺激，他变得更加勤奋，更卖力，但也更咄咄逼人。蒙哥马利颇有点踌躇满志、舍我其谁的味道，大家都一致看好他，校长卡珀上校也注意到这个瘦削、有时爱出风头的年轻学员，蒙哥马利总是这样，给每个人留下的印象都如此深刻。这年夏天，蒙哥马利在期末考试中发挥失常，虽然考得不好，卡珀上校仍给他评了个“优异”，以鼓励他继续上进。之后学校开始放假，蒙哥马利装好成绩单，匆匆收拾一下行李，兴冲冲连夜赶去爱尔兰，在“新公园”里，和前来度假的父母与家人相聚。

这时蒙哥马利的父亲亨利，借传道社团奠基的机遇，同威尔士王子结识，未来的英国王储委任他为圣马克和圣乔治基督社团的教长。这项差不多等于封爵的任命，是用来表彰那些为大英帝国作出优异贡献的人。蒙哥马利一家体会着前所未有的快乐，他们度过了一个难忘的夏季。

度假归来的蒙哥马利容光焕发，浑身洋溢着活力。他活跃在橄榄球场的矫健身影，吸引众多目光。作为一名天生出色的橄榄球运动健将，蒙哥马利没有浪费掉天赋，凭着他娴熟出众的球技，在入校不久，桑赫斯特军校第15橄榄球队的队员名单上，赫然出现了伯纳德·劳·蒙哥马利的名字。这一年冬天，蒙哥马利所在的球队与伍尔维奇皇家军事学院橄榄球队举行了一场友谊比赛。比赛之前，天空一直阴沉晦暗，不见阳光，也看不出什么征兆。比赛进行到中途，雨点却忽然从天而降，淅淅沥沥下个不停。两队在雨中展开激烈争夺。桑赫斯特军校橄榄球队技高一筹，对手大败而归。蒙哥马利是本队获胜的功臣，他冲撞凶猛、躲闪灵活，屡屡突破得分，成为众人注目的焦点。比赛结束时，队员们浑身泥浆，几乎辨不出敌我，壮烈之余，样子不免滑稽可笑。雨还在下，队友们全然不顾，高高把蒙哥马利抛起。

在上桑赫斯特皇家军事学院期间，蒙哥马利不仅打橄榄球，有一阵还迷上了曲棍球。他在之前从未接触过“那玩意”，带着好奇的心情决定试试，一试竟非同小可，表现出相当不错的身手，别人都觉得事情难以置信，连连惊呼他是“天才”！

1907年12月，蒙哥马利在军校的第二个学期即将结束，再过一个学期就要面临毕业了。毕业后往何处去？这是每个学员都无法回避的现实问题。桑赫斯特军校主要根据学员成绩，分配他们去英国本土或海外的步兵团服役。尽管如此，不少背景深厚的学生，还是会私下开始活动，他们的父母也早早亲自上阵，利用各种渠道和手中关系，上下打点，四处奔波，希望儿子分一个理想的去处，前程愈大愈好。蒙哥马利什么也没做，他平静地上课、休息、参加体育比赛，好像压根儿没想过要替将来打算，一副听之任之的模样。事实上在别人看来，蒙哥马利也做不了什么，他一介平民子弟，家庭一无权势，二无多少金钱可言，能谋个饭碗就算他的福气了。

其实，蒙哥马利的心里已经有数，所以泰然自若。蒙哥马利瞄准了皇家沃里克郡步兵团。聪明的他通过事先打探，知道这个历史悠久、战绩显赫的团正缺少一名少尉。该团的帽徽十分别致，这也是蒙哥马利青睐它的一个原因。更重要的是，皇家沃里克郡团有一个营驻扎在印度，这个营的军官每月享有一种特殊津贴，足够维持生活。此外，蒙哥马利心底还怀有一个秘密：上个月，同蒙哥马利私交甚笃的教官福布斯少校悄悄告诉他，他已经被内定为去该团的人选，虽然不能确定到了该团，下一步能否再分去印度，但已经相当不错了！蒙哥马利清楚记得得知这一消息时自己内心的激动之情，太幸运了！一个月来他不停地这样想，甚至现在想来仍令他心花怒放。他感觉面前一条康庄大道，已向他铺开，他要沿着这条路走下去，一直到达光辉的终点，任何人也不能阻挡他前进。是的，有谁能够阻挡他呢？

1908年9月19日，蒙哥马利来到向往的皇家沃里克郡步兵团报到。

这是一个与军校完全不同的环境，第一次踏进真正的军营，蒙哥马利感觉到陌生，心里又有点激动，他设法让心情平静下来，面对现实。新来的军官按例要觐见团里的长官，简单见面后，团长和副官对蒙哥马利的印象不错，副官麦克唐纳领他参观了营房、食堂和其他军事设施，彼此交谈很愉快。后来，麦克唐纳对蒙哥马利百般关照，两人结下了深厚的友谊。他所在连的连长，对他也很不错，给了蒙哥马利不少物质帮助和精神鼓励。

蒙哥马利初到部队很刻苦，除了专注于军事和连队事务外，一无所好。业余时间都打发给了看书和思考问题。蒙哥马利在军事上表现出和竞技运动一样天生敏锐的洞察力，见解总是与众不同，再加上脾气孤傲、不合群，因此他常被同事看成怪人。

蒙哥马利这段时间还钻研起印度土著语言，他的用意是明显的：他没有放弃去印度的想法，从来没有过，只要有可能，他还是准备圆那个萦绕心头的梦。

机会终于等来了。这年年底，团里决定调一部分年轻军官去印度的第1营充实力量，蒙哥马利幸运地被列入名单。

>> 服役印度

1908年12月12日，蒙哥马利带着旅途的劳累，从英国几经周折赶到皇家沃里克郡团第1营。这个营驻防在印度西北边境的白沙瓦。在蒙哥马利到来的前不久，一场镇压当地山区原居民的军事清剿行动刚刚结束。蒙哥马利抵达该营驻地时，已是下午时分，他被引到营长面前，蒙哥马利脱下帽子，像往常见了长官时那样敬了个礼。营长不露声色地看着他，说：

“新来乍到，这里的规矩都得一一学会，这对你成长或许大有好处。会喝酒吗？”

“不会。”

“抽烟呢？”

“不会。”

“唔……”营长没再问什么，用异样的眼光打量着面前这个细瘦的年轻军官。

觐见过营长之后，蒙哥马利被带到军官食堂。经过几天的跋涉，他确实累了，肚子也咕咕作响，当他推开门，发现里面已经坐着一名军官，在那里频繁举杯，自斟自饮。眼下，显然早已过了开饭时间。蒙哥马利正在诧异，那个军官举了举酒杯，嘴里含糊不清地冲他嚷道：

“喂，老弟，你是新来的吧？来一杯如何？”

蒙哥马利谢绝了他的好意。军官一仰脖子，自己喝了下去，接着又斟上一杯，一边摇头，一边自顾自地说：

“来这儿不会喝酒可不行哩。不会喝酒，那还叫男人吗？”

这话激起了蒙哥马利好斗的性子，不就是一杯酒吗？为了维护自己的尊严，即使以前滴酒不沾，今天也豁出去了。受这种想法驱使，蒙哥

< 蒙哥马利在印度孟买服役时所摄。

MONTGOMERY

马利径直走上前，军官让侍者端上两杯威士忌和两杯苏打水，蒙哥马利伸手接过一杯，赌气似的猛喝了一大口。但实在难以习惯那种说不上来的味道，胃里直犯恶心，强撑了一会，故作镇静地把剩下的全喝进肚子里。

之后整个下午，蒙哥马利被引导逐次拜访了营里的各个地方，以及负责该处的军官。令他惊诧莫名的是几乎每个军官见面时，都要递上一杯。他搞不清楚，这是该营的风俗呢，还是初次会面的招待礼遇？他想拒绝，可每次还是被或软或硬地逼饮了几杯。等到整个军营的所有军官差不多都拜访完以后，蒙哥马利已经快醉了，脚下发飘，由于身体还没得到休息，这更使他疲倦不堪。

∧ 1910年，蒙哥马利（图中画圈者）与战友合影。

来到第1营不久，蒙哥马利逐渐摸清了情况，对该营令人不快、等级森严的制度也试着接受和遵守，除了喝酒之外。自从第一天尝试那种怪怪的滋味以后，他再也不愿问津，甚至对这个著名步兵营饮酒的风气，表示极大反感。那些贪恋杯中物的军官，一日三餐都在喝，晚餐时能喝上个把小时，一边喝，一边漫无边际地瞎聊神侃。和当时所有英国部队一样，营里军官晚餐通常实行的是带有休闲性质的聚会，场面隆重豪华，保留了英国绅士的礼仪风范，同时也带着浓郁的军旅色彩。晚餐期间，全体人员身着深红色礼服，围坐在一条长长的餐桌四周，两名值星官在两端面向而坐，他们的职责要一直坚持到最后一名就餐人员起身离去，才算履行完毕。进餐过程中常发生不愉快的事情，蒙哥马利多次看见一个老资格的中尉，对新来的军官倚老卖老，指手画脚，因此感觉极不舒服。每周轮当一次值星官对他而言，简直是种折磨。有一天两个老少校聊得兴起，直到深夜还在喋喋不休，推杯换盏，他在一旁不住打哈欠，进行变相抗议，但两人视若无睹。最终的结果是好心的值星主官让蒙哥马利走了，独自充当一名忠实的听众，一直到闲扯结束。

由此蒙哥马利看出了隐藏的危机，一个终日沉湎于酒精的军官，能带出什么样的部队呢？令他痛心疾首的还有军官的军事素质。荒嬉像一种传染病，在驻印军官中流传，他们把注意力都集中在了酒瓶和女人身上。由于过度放纵，加之距离本土遥远，不适应异乡炎热的气候，这些人老得很快。蒙哥马利并不认为寄情于酒色是多么不可饶恕的行为，人有正常的生理上需要可以理解，但因此而使军队产生损失，显然不是一种值得提倡的方式。不过，蒙哥马利发现士兵的素质普遍都不错，只是他们没有好的指挥官，得不到更有效的训练。蒙哥马利为他们感到惋惜。

白沙瓦地处山区，道路崎岖不平，交通不太便利，军营里主要的运输手段是骡车。由于蒙哥马利缺乏这方面的基本知识，因此一来就被派去学习。学习完之后，必须要接受一次检验性质的口试。考试的好坏关系到是否能升迁，因此，蒙哥马利精心准备了一番。但考试那一天，考官劈头问的第一道题便让他发懵。

考官问："骡子每天大便几次？"

考官专门从外地请来，是个嗜酒如命的少校，说话时口里喷着酒气，眼睛像是充了血。

蒙哥马利怎么也没有想到，对方会问出这样细微刁钻的问题，骡子一天大便几次？3次？4次？5次？谁知道呢？他可没注意过，一紧张，头上冷汗冒了出来。

"6次吧。"他把心一横，索性胡乱说出一个数字。

"错。这道题零分！"

蒙哥马利不由丧气，同时也有点恼火，这是什么问题，简直荒谬可笑！他反问考官："你说多少次？"

"正确的答案是每天8次。"

"8次和6次差不太多。"蒙哥马利的话带着挑衅性，"我看这没什么要紧，少校先生。"

∧ 1910年，蒙哥马利中尉与所在部队足球队员们合影。

考官没同他计较，继续朝下问。所幸，后面的问题比较简单，都在蒙哥马利掌握的范围之内，他都答对了，口试结束时，蒙哥马利长舒了一口气。

通过这次考试，并不意味着马上得到升迁，只能说具有了升迁的可能，但也足以让蒙哥马利高兴。他在这里一如往常对军事倾入极大的热情，而对军事以外的东西很少关注，他不遗余力钻研业务，熟知了骡子的习性，对军需运输和管理知识运用自如。为了方便同当地士兵沟通，他还学会了乌尔都语和普什图语，这些他都认为十分有必要。由于才华崭露，一年以后，蒙哥马利由少尉提升为预备中尉。以前，他一门心思追求荣誉，现在目的暂时达到，他终于可以分出一部分精力，痛痛快快玩一把了。

军中的生活丰富多彩，橄榄球、板球、曲棍球，各种体育运动和比赛开展得如火如荼，勾起了蒙哥马利蠢蠢欲动的心，很快，他也加入进来。这一段时间，他迷上了探险和打猎，另外还有赛马，只要是能体验惊险和刺激的运动，他都喜欢。尤其是赛马，伏身马背，风驰电掣的感觉，在他看来既惊心动魄，又是一种享受。

天气一天比一天热了起来，令人难熬的溽暑习惯一点儿后，蒙哥马利随部队移防至孟买。这里更加炎热，阳光铺天盖地地撒下，暑气蒸人，情况更难以忍受了。因为天气太热，官兵们除了正常的操练之外，白天几乎中止了一切活动，只有晚上印度洋上的海风吹来，天气稍微凉爽时，军营才恢复一些生气。蒙哥马利与别人不同，他总是显得精力过剩，生龙活虎，到哪里也不会寂寞和闲着，火热的气候阻挡不了他那颗躁动不安的心。

蒙哥马利来到孟买以后，买了一辆摩托车，经常开着四处兜风。当时其他军官都骑自行车，因此他的行为显得太过扎眼，各种批评和非议纷纷而来。他毫不在乎，照骑不误，玩这种时髦玩意的激情，使蒙哥马利眼里漠视一切。军纪也不能完全约束他，对上司的命令他有时也阳奉阴违。营里分派他主管体育，主要是抓足球队的训练和比赛。蒙哥马利干得很不错，足球队所向披靡，战绩不俗。一次德国皇储乘军舰来孟买港参观访问，听说后不服气，提出让德国水兵和蒙哥马利的足球队比试一番。副官克莱门特·托姆斯事先告诉蒙哥马利，以德国人的足球水平，根本不必放在心上，派几个替补就可以打发了事，蒙哥马利也这么认为。但当队员上场时，托姆斯发现蒙哥马利遣的全是主力，比赛结果虽然以惨不忍睹的40∶0，德国人一败涂地而告终，蒙哥马利的行为，却令托姆斯光火。

“难道，你没听见赛前我说什么来着？你把我的吩咐当成耳旁风，是不是？”托姆斯训斥这个不听话的下属。

蒙哥马利耸了耸肩，一本正经地说：

“很抱歉，长官。但我认为对付敌人，还是小心为妙。”

托姆斯无言以对，其实，他打心眼里还是喜欢蒙哥马利的做事认真。

从军校来到军营3年，蒙哥马利还没有享受过一次休假的待遇，他也从未提出过申请。戎马倥偬，这3年来他一直忙于体验初到军队的不寻常感觉，家在心目中逐渐变得模糊。何况，家对他也绝不是什么温馨和安全的代名词，母亲给他的不愉快回忆，像刀雕斧凿镌刻在心灵深处，蒙哥马利很久没有想过家中是个什么样子了。但长期在外，游子思归的情结他还是有的。再说，日渐老去的父亲也值得他挂念。1911年11月8日，休假报告获得批准，蒙哥马利乘船离开了孟买。

秋天的印度洋是很美的，季风掠过海面，扬起柔柔波纹，蓝天碧海，这让蒙哥马利想起了在塔斯马尼亚度过的童年岁月。船离开港口不久，因为风大颠簸得厉害，蒙哥马利的思绪被打断。在无聊的旅程中，他只好企盼船开得快点，越快越好。第一次，他对回家有了抑制不住的渴望。

回到伦敦，得知一个弟弟德斯蒙德1909年已经夭折，患的是脑膜炎。丧子的哀伤使父亲更显衰老，眼神黯淡无光，但对宗教的狂热却丝毫不减。母亲莫德依旧专横，对久别归来的儿子只表示了淡淡的欢迎，过去的家规仍然适用，一切让蒙哥马利提不起精神，内心的惆怅伴随着失望。待不了几天，他就想回部队。好不容易，挨过了6个月的漫长假期，蒙哥马利一刻也不停留，赶了回来。这时，已经有个好消息在等待着他了。

1912年5月，当蒙哥马利还在返回孟买途中的时候，团里的后勤补给官也启程回国休假，时间长达一年，走后职位出现了空缺。鉴于蒙哥马利对军事业务的谙熟和比任何人投入多得多的热情，他被提名替补。这样，当他回来后，一张临时代理补给官的委任状放在了他面前，这使得蒙哥马利喜出望外。营里其他觊觎此职的军官个个像泄了气的皮球，他们只有妒忌蒙哥马利撞了大运。但蒙哥马利清楚，他绝不是白捡了天上掉下来的馅饼，而是理所当然，因为他比他们付出了更多的辛勤和努力。

的确，在此之后，蒙哥马利以实际行动堵住那些议论的嘴巴，证明了自己比他们更优秀，受领职务当之无愧。10月份，蒙哥马利在该团陆军通信专业测验中，成绩出类拔萃。为了纪念这次辉煌的经历，他把一本《陆军通信手册》一直带在身边，直到好多年后，仍然舍不得扔掉。

转眼又过了一年，部队要换防，这一次是奉调回国。部队接到命令后立刻展开各项移营工作，许多人为离开异乡终于回归故土而激动万分。但蒙哥马利觉得到哪里都无所谓，短暂的军旅生涯，使他学会了从容适应。留在印度固然有许多好处，异域风情能增长见识，一开眼界，但也不值得过多留恋。要命的炎热气候还能忍受，训练设施的简陋也可以将就克服，但在印度的3年，他没能学到更多关于业务和军事思想方面的东西，并且很显然，如果继续待下去，他也不可能得到进一步的提高。他周围的军官不可能给他帮助，他认为他们因循守旧，不知变通，只能充当上级指示的传声筒。例如，每当队伍进驻一个新的地点，营长通常说出的第一句话就是“将军打算怎么进攻”，而不管敌情、地形和其他因素如何。蒙哥马利觉得，离开未尝不是件好事，至少使他拥有了对未来充分想象的空间，因为一成不变不是他想要的生活，从来都不是。

1912年圣诞节，皇家沃里克郡团第1营全部返回英国，新驻地选在福克斯通附近的肖恩克利夫。蒙哥马利只是简单从家中过了一趟，又匆忙回到营房。新年的钟声刚刚响过，余音尚在耳畔回荡，蒙哥马利被委任为营助理副官，提升不久，他被送到一个步兵军官训练班学习。在这个班，蒙哥马利表现不俗，尤其是射击水平提高很快。学习结束时，他的射击成绩是：步枪射击优秀、机枪射击良好，总体来说很不错。这年蒙哥马利春风得意，不仅升了官，在运动场上也大展身手，参加了陆军曲棍球队，还学会了玩新兴的贵族运动——打网球。这些都不能使他满足，后来他又攒钱买了一辆福特牌汽车，驾驶在军营内外的大道上玩命飞驰——对于引起刺激的新鲜事物，蒙哥马利永远是个大胆的尝试者，只要他愿意，多大代价也在所不惜。

蒙哥马利回到国内的最初阶段，他对军事知识的掌握和了解，仍然停留在印度服役时的水平，靠一种近乎本能的感知和几年积累的行伍经验，一些问题被发现了，但囿于能力所限，也给不了正确的答案。他读的军事方面的书，也说不上来几本，军事教材严格意义上说，只能照本宣科教人怎么去做，而要应对战场复杂万变的形势，似乎还不够。蒙哥马利迫切需要一种更为宏大的理论指导，来激发和启诱灵感，或者一位指点他的老师，来引导他上进。在印度时环境和条件不允许，而当回到英才辈出的本土，这一遗憾，应该可以有机会弥补了。在被提拔为营助理副官后没几天，蒙哥马利有幸遇到了勒弗罗伊上尉。

这是个受过严格正规军事教育、服装整洁、军容一丝不苟的标准军人，从坎伯利参谋学院学满两年后毕业，分到蒙哥马利所在的营任职。蒙哥马利在营部见到了他，被他身上散发的军人魅力所吸引。后来两人聊了起来，气味相投，从此往来密切，成了好朋友。蒙哥马利将勒弗罗伊引为知己，军事上不懂的事情就虚心向他求教，很多时候，他们谈有关陆军存在的问题，以及如何真正掌握军事指挥的艺术。与勒弗罗伊上尉长谈成为蒙哥马利的一件乐事。一次闲聊，勒弗罗伊不经意地问他：

“你对《战争论》★这本书怎么看？”

《战争论》，蒙哥马利知道，克劳塞维茨写的这本著名的军事著作，在军校被列为必读书，但他以前却没认真读过，因此说不出个所以然，他很不好意思地对勒弗罗伊说：

“我没有详细研究过这本书……你对它是如何看的呢？”

勒弗罗伊有点诧异地看着蒙哥马利，不明白他说的是真话，还是借机在考自己，想了一想，对蒙哥马利说：

“这是本伟大的书，它从一些战争经验中得到的军事艺术和战争原理，值得我们深入思考……”

蒙哥马利听得入了神，勒弗罗伊后来还告诉他，应该多读军事方面的书籍，并强调说，指挥战争，尤其要精研战争史和战争理论，因为，两者对一名成功的军事统帅，起着大脑和灵魂的作用。

自此，在勒弗罗伊的引导和帮助下，决心攀登军事事业顶峰的蒙哥马利浏览了不少军事名著，有的反复读了好几遍，蒙哥马利对过去一些看不明白、不能正确解释的事物，逐渐有了比较清晰的认识。在这点上，蒙哥马利永远感谢勒弗罗伊上尉，因为是勒弗罗伊第一个给他指明了前进的方向的人，可以说，蒙哥马利的凌云壮志，像腾空而起的烈焰，就在这个时期被点燃了。

勒弗罗伊1914年被调走，后来在第一次世界大战中阵亡。蒙哥马利痛感自己失去了良师益友，也为大英帝国损失了一位军事英才而扼腕叹息。当夏季来临的时候，欧洲上空的战云已经耸集密布，不久他也打起背包，随部队开赴前线，投入那场生死未卜、人类历史上第一次空前的大劫难。

前面等待蒙哥马利的，将会是种什么样的命运呢？

★《战争论》

克劳塞维茨是普鲁士军事理论家，西方近代军事理论奠基者。曾参加过欧洲反法联盟对拿破仑的战争。他先后研究了1566～1815年间所发生的130多个战例，总结了自己所经历的几次战争的经验，在此基础上写出了一部体系庞大、内容丰富的军事理论著作《战争论》。克劳塞维茨的《战争论》被誉为西方近代军事理论的经典之作，对近代西方军事思想的形成和发展起了重大作用。克劳塞维茨本人也因此被视为西方近代军事理论的鼻祖。

第二章

战争与战后的淬火

1887-1976 蒙哥马利

蒙哥马利心想，蛮打猛冲不是一个好的指挥官，了解士兵和了解敌情同样重要，减轻自己的伤亡，去换取最大的胜利，没有高明的指挥技巧是做不到的。也就是说，除了经验之外，丰厚的军事理论修养必不可少。看来，要当一名真正的军事指挥大师，他要走的路还很长……

>> 战火的洗礼

1914年6月份，德国的盟友奥匈帝国皇储斐迪南大公前往波斯尼亚检阅军事演习。演习以塞尔维亚为假想敌，自然招致了愤怒和仇恨，塞尔维亚民族主义者认为这是赤裸裸的挑衅，目的在于强化奥匈帝国统治和向反抗活动示威，于是决定报复。6月28日，几名塞尔维亚热血青年在萨拉热窝街头刺杀了斐迪南大公。消息传来，正愁找不到战争借口的德国皇帝威廉二世高兴得手舞足蹈，大叫："这真是千载难逢的好机会！"怂恿奥匈帝国对塞尔维亚宣战。塞尔维亚的保护国俄国马上宣布全国总动员，8月1日，法、德也几乎同时下令战争动员，德国急不可耐地接连向俄、法宣战。

7月底，当英国举国上下被欧洲大陆突如其来的战争消息弄得惶惶不安的时候，蒙哥马利和家人正计划到爱尔兰的祖业"新公园"度假。接到部队要他立即归队的命令后，蒙哥马利半路折返，抢在7月29日下午6时规定报到时间之前匆匆赶回驻地。营长告诉他，鉴于德军凶猛的进攻势头，为了防止英国东海岸被袭击，陆军部决定从各团抽调兵力组建一个混成营，驻防施尔尼斯地段的雪壁岛，蒙哥马利出任该营副官，即刻启程开拔。

简单收拾了一下，蒙哥马利就随部队出发了。没想到战争来得这么快，蒙哥马利有点无所适从，但既然已经来了，只有勇敢面对。行军途中他沉默不语，脑子里全是关于战争的各种联想，身边的人都同样不说话，像是都在沉思。战争迟早要打，倒不如早打，早点打完了事，他想。作为一名立志献身军事的真正军人，他不惧怕打仗，渴望到残酷的战争中经受磨炼，可真要打起来没完没了，死伤无数，终归不是件好事。而据蒙哥马利判断，这场战争时间不会持续很久。8月3日到达雪壁岛之后，他给母亲写信表明自己的看法："现代的战争，是不会拖得太长的，但一定残酷可怕。经过这次战争，以后50年大概都不会再有战争了。"他相信英国能打赢："一般人认为，德国将会被打败，我也同意这种看法。塞尔维亚和巴尔干半岛国家的军队可能进入奥地利严阵以待，意大利想保持中立。因此，德国将是孤军作战……德国若真对我们几个国家一起挑战，它一定难逃厄运。"蒙哥马利注意到，施尔尼斯附近战舰云集，水手们来回忙碌，知道海军已经做好准备。这边雪壁岛也布好警戒，三步一岗，五步一哨，战争的气氛越来越浓，空中似乎已可以闻到一股硝烟味。

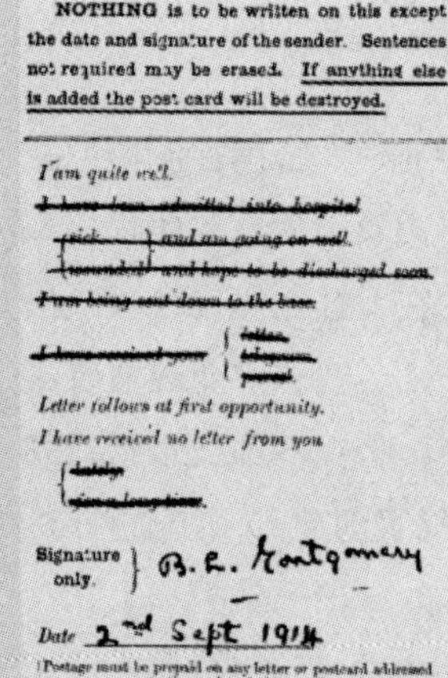

NOTHING is to be written on this except the date and signature of the sender. Sentences not required may be erased. **If anything else is added the post card will be destroyed.**

I am quite well.

Letter follows at first opportunity.

I have received no letter from you

Signature only. } B. L. Montgomery

Date 2nd Sept 1914

[Postage must be prepaid on any letter or postcard addressed to the sender of this card.]

< 一战期间，蒙哥马利从欧洲战场寄回来的明信片。

> 一战中，英军军官正在进行机枪训练。

由于随后英国也对德宣战，形势忽然发生变化，8月5日，混成营接到命令，返回原出发地肖恩克利夫，解散编制，人员各回本团待命。于是他又回到皇家沃里克郡团，被正式任命为陆军中尉，负责指挥一个排。亨利夫妇接到消息后，急忙从爱尔兰返回伦敦，想赶在蒙哥马利出发之前见上一面，但部队已经冻结一切人员外出，愿望落空了。

蒙哥马利在营里也很着急，但这是战争时期，没有办法。他把需要办的事情做了一一安排，之后又跑到福克斯通的理发店像模像样地理了发，而没有响应营长剃光头的号召，最后，他也没听营长的，随身揣了10镑金币——营长埃尔金顿中校不主张打仗时带钱，因为全部东西实行配给，带钱纯属多此一举。后来证明情况并非如此，蒙哥马利为此暗自庆幸。

8月8日凌晨，部队开始出发，这一次是离开英伦，去法国增援节节败退的法军。

8月22日深夜，皇家沃里克郡团第1营从南安普敦乘坐“卡利多尼亚”号运输舰，驶向被漆黑夜幕笼罩的大海，前方目的地是法国的波罗尼。大海此刻像个熟睡的婴儿，那么安详、静谧，蒙哥马利站在甲板上，夜风吹拂使他浑身发冷，偶尔袭来一阵巨涛，仿佛在他的心里也卷起波澜使他感到透骨的冰凉。战争，一直停留在书本和想象中的战争，登陆后就会真切降临，那会是一种什么样的情景？蒙哥马利的心无法平静。

终于抵达波罗尼，还没来得及休整，法军和英国远征军失利的消息开始传来。战争初期的德国，在海上没占到任何便宜，陆上进攻却气势逼人，法军招架不住，从法比边境不断后撤，英国派去援助的一小支远征军由于力量不济，在蒙斯遭受打击，只好跟着法军一道撤退。

蒙哥马利所在的第1营奉命向勒卡托进发，乘火车到达那里后，停留了一下，等待第10旅其他部队跟上，然后继续前进，经过博蒙特来到圣皮东。一到这里，蒙哥马利就听到时断

时续的枪炮声，心头不由咚咚直跳，离战争越来越近了，所有人都很紧张。第10旅完成了掩护从蒙斯撤退的英军的任务，准备回撤。这时忽然炮声大作，地动山摇的巨响中，英军队伍左右冒起阵阵烟云，“不好，敌人打炮了！”有人惊叫，部队一阵混乱，蒙哥马利慌忙趴到地上，周围人都伏下身子。炮弹从头顶呼啸着飞过，接二连三炸开，响了一阵骤然又停了。部队检点人数，没有伤亡，于是有条不紊地继续上路。

蒙哥马利夹在队伍中间，身上还沾着炮弹掀起的尘土，踢踢踏踏地走着，心情放松了一些，原先对战争的种种浮想被机械的行军步伐掩盖了。回忆起刚才的炮击，心有余悸，想想他又觉得十分窝囊：“还没打一场像样的仗，就这样莫名其妙地撤退了？”但是不得已，只得被人群裹着向前走。傍晚，天气骤变，刚才还晴空万里，转眼飘来大朵乌云，遮住了炽热的阳光，不一会，刮起了狂风，紧接着电闪雷鸣，豆大的雨滴劈头盖脸砸下来。随后的行军就艰难了很多，部队陷入泥泞，像一条蠕动的蚯蚓，一点一点缓慢前进。蒙哥马利他们都淋成了落汤鸡，四野一无遮拦，躲雨显然不可能。好不容易部队发现前面有一个村庄，埃尔金顿中校命令侦察兵前去打探，他们回来报告说，村庄名叫奥库尔，附近有一片麦地，可以休息。中校传令就地宿营，这时天色逐渐发亮，所有人都已经疲惫不堪。

第10旅还在继续撤退，情势十分危急，德军已经开始进攻，并向巴黎推进。按照部署，第10旅的另一营驻防于前面的一个山头上，掩护山谷里的后续部队。清晨，这个营正在用餐时，德军突然杀到。“哒、哒、哒”，密集的枪声撕破了宁静，蒙哥马利一骨碌爬了起来，虽然看不见德军，但枪声一阵比一阵紧。士兵们扔下饭盒，手忙脚乱地去抓枪，有的赶紧卧倒，有几个抱着头往山坡下滚，部队像是炸开了锅，乱成一团。不知是谁领头朝蒙哥马利所在的第 1 营跑来，由于只顾奔逃，已经有好几个士兵被子弹击中，他们栽倒地上的样子让蒙哥马利全身发紧，胸口突突狂跳。正在他茫然不知所措的时候，埃尔金顿中校迅速作好部署，一面喝令士兵保持秩序，一面将本营分成两个梯队，蒙哥马利的连队位于前方，担任进攻任务。等部队进入阵地完毕，埃尔金顿中校策马飞奔而至，大声命令：

"立即向前方小山上的敌人进攻！"

敌军夺取了山头高地，居高临下凶猛射击，蒙哥马利抬头看过去，却什么也看不清，只看见枪口吐出的可怕火舌，声音震耳欲聋。蒙哥马利发现，部队展开冲锋队形，看样子准备进攻了，可怎么进攻？就这么硬冲上去？事前不侦察，又无具体计划，更无火力掩护，上去岂不是被打成马蜂窝？蒙哥马利觉得纳闷：难道这就是真正的战争？军官们都抽出指挥刀，准备指挥冲锋，容不得多想，他麻利地抽刀出鞘，冲到了最前面。子弹"嗖、嗖"迎面飞来，有好几颗擦着耳边掠过，没跑几步，脚下一个踉跄，蒙哥马利被悬挂在腰间的刀鞘绊了一跤，指挥刀也脱手飞了出去。他狼狈地站了起来，发现地上躺满了尸体，他率领的排差不多快死光了，他是幸存者之一。要不是摔这么一跤，可能也难逃厄运，蒙哥马利不觉出了一身冷汗。好险！他有点害怕，但身后士兵已经涌上来，身为一名军官，决不能后退，于是他又继续跟着冲上去。

英军凶悍不畏死的精神令德军十分吃惊，尽管死了很多人，还是勇敢地前冲，眼见守不住，德军只好放弃。但英军刚占领山头，即被敌军的大炮轰了回来，加上进攻时的伤亡，损失惨重。

稍事休息，补充人员和弹药后，英军在克里斯蒂少校的指挥下再次夺回山头，因为缺乏重武器支援，德军肆无忌惮地猛烈炮击，没多久英军又被赶下来，退回到原先出击的阵地。蒙哥马利发现8名军官受了伤，包括他的连长，士兵也死了200多人。埃尔金顿中校眼看攻不能胜利，守也无望，只好下令撤退，带着后方的两个连队，独自向15公里外的圣昆丁退却。

蒙哥马利的连和另外一个连队没有接到撤退命令，或许是传递信息不便，因为炮火阻隔，德军已经从四面逼近，形势不妙，必须抓紧时间撤退。普尔少校担任这支残兵的指挥官。蒙哥马利对此一无所知，第二次进攻失败后，他随前方部队撤回到出发阵地，没想到第一次参加战斗，会是这样的局面，与他原来的设想大不相同，迷惘困惑像一条虫子，爬上了蒙哥马利的心头。

“蒙哥马利中尉！”他正在感慨，忽然听到有人叫他，转过身，看到两名士兵站在了面前，他认出两人是第3连的。

“我们的连长负伤了，只有你才能帮助他！”

“我能做什么？”

“请跟我们走。”

蒙哥马利跟在两人身后，发现去向竟是刚才撤下来的山头，两名士兵看出了他的疑惑，说：

“我们连长在撤退时中的弹，伤势很重，只好把他放在半山上了。”

蒙哥马利终于明白接下来将要做什么事，心脏剧烈跳动起来，他担心上山救人会遭遇到敌人，因为德军已经占领了山头，在下面无法看到上面的情况，他们的一举一动，却逃不过敌人的眼睛，上去，不是白白送死？可又不能丢弃那个连长不管，怎么办？两名士兵用哀求的眼光看着他，最后，蒙哥马利坚定地一挥手：

“走！”

为了防止被敌人发现，他们侧卧身子，利用有利地形，匍匐着向上靠近。爬了一会才知道，担心是多余的，德军没有任何反应。顺利把伤员救回来之后，新的问题又来了，没有担架。这时已是深夜，普尔少校再三催促马上动身，出于安全考虑，蒙哥马利和那两个士兵抬着他们的连长，找到村里的神父，算是安置下来。然后赶紧追上部队出发了。

这次撤退很不光彩，从英军戏谑地称之为“莫斯科撤退”这一点上，可以清楚地看出来。他们把狼狈不堪的样子，比喻成1812年拿破仑败退莫斯科的情景，凄惨的情绪蔓延着。这对首次经历战争的蒙哥马利来说，更是终生难忘。当他挤在队伍当中，和大家一样机械地挪动步子，心中的失望、无奈、感伤等各种混合复杂的感觉一起涌上来。所有人都不知道怎么办，不知道往哪里去，找了许久，看不见大部队的影子，连方向也摸不清，幸亏有指北针，不然撞进敌人占领的地方，可不是闹着玩的，蒙哥马利生平第一次尝到了战争的苦涩滋味。

普尔少校率领他们追赶前方部队，在德军越来越近的危险情况下，随时要提防敌人突然的包围进攻。为了避开德军先头骑兵部队的巡逻，白天容易暴露目标，只好改在晚上行军。这股散兵分成两队，每队300多人，走着走着，两队失去了联系。在昏暗的夜晚和连绵的雨中，蒙哥马利又累又困，好几次真想一屁股坐倒，不走了，就此睡上一觉，但他不敢那样做。他知道有不少人掉队，落在了德国人手中，因此他反复提醒自己，无论如何都要小心。因为缺粮，蒙哥马利好几顿没吃饱肚子了，饿得眼晕，到路过的村庄找吃的，看不到一个村民，原来都已逃避战乱去了。饥饿、疲劳还有失落，折磨着他，好在这种情况并没维持多久，3天以后，他们终于赶上了主力部队，也见到了埃尔金顿中校，但他已被撤职，营长职务被普尔少校取代。接下来蒙哥马利被编入汽车运输队，乘车140公里抵达贡比涅，从那里又乘火车，来到了勒芒。这里地处后方，情况安全多了，可以放心休息，中午和晚上下下馆子，睡觉前还可以美美地洗个热水澡，因而，他暂时摆脱了战争的烦恼。

舒服的日子并不长，蒙哥马利时刻在关心战局的发展。9月上旬，前方传来好消息，英国远征军和法军转入反攻，在德军防御间隙撕开一个缺口，英军渡过马恩河，攻击克卢克将军指挥的德军第1集团军的左翼和背后。德国总参谋长H.J.L.毛奇害怕孤军深入，后路被切断，下令全线退却。英法联军处于主动地位，但要一鼓作气突破德军防线，也非易事，双方在埃纳河一带陷入胶着状态。为了加强攻势，远征军统帅弗伦奇*将军把能用的部队都用上了，就这样蒙哥马利随部队从勒芒又来到了埃纳河前线。行军路上，看到的场景令蒙哥马利触目惊心，横七竖八的人和马的尸体，随处可见，武器、辎重也散落一地，德军仓促撤退，连仓库也不要了，有些被焚烧，燃起股股浓烟……这更增添了他对战争残酷的认识。

僵持的局面继续着，在此之前，英法联军的几次进攻都因缺乏足够的炮弹，最后功亏一篑，而德军似乎还略占上风，据说联军每发射1发炮弹，德国人就打回来20发。接替小毛奇的冯·法尔肯海因将军命令西线德军务必采取守势，不到形势有利，决不冒险进攻。双方都在小心翼翼地试探，同时也在等待时机，高层人物绞尽脑汁，策划下一步的行动方向。蒙哥马利又经历了另一种更奇怪的战争。堑壕战的日子使他觉得艰苦，不过也挺有意思，连蹲在战壕里写信、读信，也成了他不可多得的乐趣。这段时间，他收到了母亲寄来的包裹，还有妹妹的薄荷糖。

不久，由于蒙哥马利的原连长受伤，他被任命为代理连长。

***弗伦奇（1852～1925）**

英国陆军元帅，伯爵。1866～1870年在海军服役，1874年转入陆军。1889～1902年，在英布战争中先后任骑兵旅长、师长、军长。在南非开普省和解除金伯利之围的作战中屡建战功，晋升为少将。回国后，历任陆军总监，帝国陆军总参谋长。第一次世界大战爆发后，任英国远征军司令赴法作战。先后指挥部队参加蒙斯战役、两次伊珀尔战役和阿杜瓦战役。1915年12月回国后，担任英国本土武装部队司令。1916年指挥军队镇压爱尔兰起义。后任爱尔兰总督。

>> 初次负伤

堑壕战不断向外延伸，双方都试图迂回对手的翼侧，德军的打算是围住联军左翼，而英法联军则针锋相对，企图从德军右翼包抄。延伸的范围越拉越大，这样下去，拼争双方的北翼就只有推进到北海，正如法军第九军团司令福煦说的

∧ 第一次世界大战时期，正在作战的英军士兵。

那样，“大海标志着运动的终点”，但伊珀尔会战终止了这场“奔向海岸线的竞走”。

伊珀尔是个2万人口的比利时小镇，当德军拿下安特卫普后，该镇就成了比利时唯一幸留的领土了，因此能否坚守住伊珀尔，不仅对比利时是国家继续存在的象征，对英、法来说，战略意义也十分重要，一旦失陷，英法联军的左翼将直接暴露在长驱直入的德军威胁之下，毫无疑问，必须不惜一切代价死守。围绕这个弹丸小镇，联军同德军展开了浴血争夺。10月起，德军连续发起了猛攻，主攻目标选择了英军防御的东面高地，蒙哥马利期盼的真正战斗打响了。

10月13日，蒙哥马利所在的营在普尔少校指挥下，经过强行军，到达佛莱特尔，空气中已经弥漫着不寻常的紧张气味。本来，蒙哥马利期望能再担任代理连长，但他资历不够，被上面派来的一个退休上尉正式取代，只好又回排里，继续当他的排长。上午，部队冒雨打退德军，向梅特朗村推进。不久，普尔少校接到报告，德军已经构筑好工事，把教堂的塔顶也用作瞭望台。普尔少校皱着眉头听完汇报，想了想，决定暂时停止进攻。

他这么做，完全是出于敌暗我明、避免更大伤亡的考虑，因为德军居高临下，而英军连德军在哪里都摸不清，更何况缺乏大炮支援，硬冲只会失败。

但等待来的却是上级的强攻命令，明知危险，军人以服从为天职，普尔少校于是下令作第二次进攻。两个连队一左一右，向村庄发起冲锋。蒙哥马利的连位于左翼，直指村外的一群建筑物，他抽出指挥刀，一马当先，冲向紧密的弹雨。这一刻，生死二字早已置之度外，他全身被一股杀气激荡着，脑子里只有一个念头，冲、冲、冲！冲上去消灭敌人！子弹在四周开花，由于地形不利，身边不断有人倒下，蒙哥马利什么也顾不上了，很快冲进敌军防守的战壕。他定睛一看，里面满是德国兵，其中有一个大个子半蹲在几米外的地上，正端着枪向他瞄准。蒙哥马利大吃一惊，下意识转头想跑，可是不行，再跑也没子弹快，他后悔没带步枪或刺刀，他学过用刺刀格斗杀敌，一次比赛还得过优胜奖，可现在手中只有一把指挥刀，他却不知道如何用来杀人，因为平常的军礼训练根本不作此用途。来不及多想，几乎是种本能，蒙哥马利飞扑上前，同时抬腿踢向敌兵的小腹，差不多用尽了浑身的力气。敌兵猝不及防，捂住下部，痛苦不堪地滚落在地，蒙哥马利把他俘虏了。然后端起缴来的枪，继续向前冲去。

这时部队前仆后继地都冲了上来，经过激烈的肉搏战，占领了离村庄90米的壕沟，作为反击阵地。德军已经四散溃退，还有少数人躲在房屋或篱笆后面，偷放冷枪，英军稍不留神就会被击中丧命。蒙哥马利匆忙回头看了一下，想观察布防情况，但刚站起身，忽然觉得胸口如受重物槌击，“这下完了。”没等再想，两眼一黑，一头栽倒在地，指挥刀也掉了。醒来时，蒙哥马利闻到刺鼻的血腥味，往胸部一看，血像泉水一样汩汩直冒，痛楚令他头皮发炸，惊慌失措，不知道该怎么办才好。一名士兵看见了，急忙跑过来为他包扎，“啪”地一声枪响，士兵叫也没叫，栽了下来，正好倒在蒙哥马利身上。

暗处的敌兵继续朝这个方向射击，子弹从头顶、前方、左右到处横飞，“噗、噗”地激起地上的水花。趴在身上的士兵虽然充当了肉体盾牌，但因为不能移动，蒙哥马利还是又挨了一枪，左膝血流如注，混合着雨水，不像人样。

他认为自己死定了，心头涌上无比的绝望，看样子是活不成了，所有的一切都要结束了！什么军事家、将军、元帅，统统只有到天堂里去实现了！这样想着，他万念俱灰，躺在那里一动不动，远处望去，真的像是具尸体。等到天黑战斗结束，部队打扫战场，蒙哥马利才被发现还活着。他被抬出血水横流的战壕，用大衣裹着，因为失血过多，已经陷入半昏迷状态，好不容易找来一副担架，这才送到了前线救护所。

医生简单看了伤势，朝蒙哥马利又瞄了一眼，对旁边的人说：

“这人救不活了，救护所马上要转移，所有死者就近埋了吧。”

一个坟坑为蒙哥马利准备好了，正当医护人员抬起他的时候，其中一人发现伤员睁开了眼睛，用微弱的声音说着什么。他对其他人喊：

“等一下！我们不能埋葬一个尚未完全失去知觉的人。”

“他已经没救了。”有人说。

“不，也许他还可以坚持到后方治疗。”

“好吧，看他的运气了。”

在那人的坚持下，蒙哥马利从鬼门关被拉了回来，他被抬上救护车，送到火车站，这是把自己送往哪个后方呢？法国，还是英国？路上坎坷不平，车摇晃得很厉害，蒙哥马利意识模糊不清，但还有知觉。等到上了火车，疼痛加上颠簸之苦，意识逐渐淡成空白，慢慢地，他什么也不知道了……

当他再次醒来时，已经是第二天的下午了。胸口缠着纱布，意识也完全恢复了，他知道自己已脱离危险。此前发生的一切，像是一场噩梦，要不是自己被抬走准备埋葬时，睁了一下眼睛，恐怕现在……蒙哥马利心有余悸地回想起头天的事情，真有劫后余生的感觉，庆幸之余，对那个好心的医护人员心存感激。他发现自己躺的地方，是伍尔维奇的赫伯特医院，他这才知道，他被送回国了。

蒙哥马利在病床上躺了一个多月，膝伤很快痊愈，但子弹穿透了右肺，恢复起来却不那

V 英军部队在比利时境内作战。

么容易，需要一段时间。20天后，胸部伤口开始愈合，但不能做深呼吸，医生经过仔细检查，告诉他胸伤的影响也许是永久性的。蒙哥马利并不在乎，能拣条命就算不错了，其他都是次要的。在这里，整日里除了养伤，无事可干，前方不断传来的各种消息更使他躺不住。蒙哥马利翻阅报纸，另外通过别人对战局的议论，知道了他受伤后战场的最终结局。

第一次伊珀尔会战以德军攻势遭到遏制、英法联军顽强守住阵地而告一段落，在弹坑密布的广阔原野上，呈现出人间地狱的惨景，德军留下了10万多具尸体，多数是刚满17岁的新兵。联军的战略目的初步达到，但伤亡却比对手更大，这主要是德军炮火占优的原因。仅英军就死伤5.8万，军官占了将近2400人，包括不少投笔从戎的牛津大学学生，如果算上法军的伤亡，数目就更令人心寒了，总共达到了25万人。蒙哥马利所在的营，10月13日一天阵亡42人，负伤85人，他的同事克里斯蒂少校和季列特少尉也在阵亡名单之列，这些无不使蒙哥马利感到痛心。但也有有利于他的消息，他在进攻梅特朗村时的作战表现，被认为是“身先士卒，奋不顾身，用刺刀将敌人逐出战壕而身负重伤”，获得一枚优异服务勋章，军衔也升为上尉。这大概是唯一令蒙哥马利感到宽慰的了。

除了关心战局，蒙哥马利在住院期间，还不失时机地梳理了自己的思绪。他认真回顾了那场给他带来荣誉、但也差点让他丧命的战斗，对于自己做出那样的非正规动作，当时也许他觉得是出于本能，可现在细细一想，并非完全如此。他记得平时读过有关出其不意在战争中的重要性的材料，在哪儿看的呢？蒙哥马利记不大清楚，反正看过不少，如果不是有印象，危险时刻，他不可能当机立断，那样或许情况就大不一样了，结果那还用得上说吗？看来，“笔比剑更有力”这句古训说的真不假，以后还得多读书，军事可真是一门艺术啊！作为一名军人，没有军事头脑可不行，遇上险情抓瞎，上了战场就只能当炮灰。蒙哥马利在内心给自己上了一堂教育课。

胸口伤势大大减轻，即将痊愈，蒙哥马利按捺不住性子，非要求出院不可，医生劝告无效，看他态度坚决，经过诊断后确认无碍后，同意了。蒙哥马利回家休养了两个月，基本康复。陆军部认为蒙哥马利可以继续服役，但鉴于有过前伤，只能在国内任职。于是，蒙哥马利来到曼彻斯特的步兵第112旅，担任旅参谋长。这是个至少是少校级的职位，蒙哥马利，一个27岁的青年上尉出任此职，无疑会招来许多艳羡的目光。

∧ 英军士兵在战壕内向德军射击。

1915年2月，蒙哥马利在旅部拜见了旅长麦肯齐准将，这是一个平易近人、脾气温和的退休老头儿，年龄虽大，但经验丰富，只是深受旧式军事思维的束缚，行事拘泥古板。不过对蒙哥马利还挺不错，也放手让他处理大小事情，关系相处得很融洽。第112旅实际上刚刚组建不到一个月，由兰开夏郡的4个步兵营组成，缺乏必要的集中训练。蒙哥马利一上任就看出这个问题，向麦肯齐准将提议抓紧一切时机训练，以应不时之需。部队开到北威尔士不久，奉陆军部命令先拆后合，折腾一阵之后，番号改为第104旅，隶属第35师。因为前线战况吃紧，经过在索尔兹伯里平原的再次强化训练，104旅于1916年1月开赴法国前线。这样，蒙哥马利又回到了阔别已久让他悲喜交集的战场。

没想到一来法国，就又赶上阴雨天气，寒风刺骨，黑沉沉的天像是套上了一块抹布，总也不见亮开的时候。

10天以后，蒙哥马利弄来一辆自行车，同老上司兼朋友、此时已是第106旅参谋长的托姆斯上尉，忙里抽闲跑到蒙哥马利上次受伤的地方。蒙哥马利对托姆斯说：

“瞧，我就是在那条壕沟挨的枪。”

托姆斯顺着他指的方向望过去，壕沟还在，当然，血迹早已不在了，另外附近的一个稻草堆也消失了。

“都跟原来差不多，没多大变化，当时我不会想到还能活着回来，可我还是回来了。”蒙哥马利感慨万千。

∧ 蒙哥马利上尉在法国留影。

"你的确很幸运，不光没死，还活得更滋润。"托姆斯半开玩笑地说。

蒙哥马利觉得他的话很有道理，自己不仅拣回一条命，还提升了官职，有比这更好的事吗？而且，大难不死，说不定是上帝一手安排，让他往理想的彼岸扬帆续航，也未可知呢？

第二次来法国参战，对环境蒙哥马利已经不陌生，但新的工作却需要适应。他在旅参谋长的位置上，初步显露了日后统率千军万马所具备的素质，担负着全旅的作战安排、计划起草，麦肯齐旅长对他完全信任，甚至属于自己职分的事情也让蒙哥马利代劳。蒙哥马利把每项工作安排得井井有条。一般，每天上午九点左右蒙哥马利陪旅长去各处检查巡视，中午随便用三明治或糕点对付一顿，下午再回旅部，一边喝午茶，一边讨论发现的问题。他每天要负责起草3份战情报告，分别在早晨5点、上午10点和下午4点。第一次和最末一次用电报，内容简明扼要，无非是"情况正常""目前一切都好""没有异常变化"等字眼，难的是上午10点的正式报告，要以书面形式呈递上级，蒙哥马利知道马虎不得，写的好坏倒不重要，但体现了起草人的态度和对战争的了解关注程度，从而也就间接地表现了水平，因此别人看来可以平铺直叙应付的差使，蒙哥马利却干得一丝不苟。当然，归根结底离不开借此为攀登权力阶梯的勃勃雄心——这始终是蒙哥马利的不懈追求，就像他孜孜不倦探索军事问题的劲头，蒙哥马利的聪明之处在于，他懂得两者是相倚共生的关系，后者达到了自如运筹的境界，鲜花和掌声、荣誉与尊崇也就结伴而来。

后来，为确保效率，他养成习惯，每天早餐前就拟好稿子，早餐时交付打印，等进完餐后呈给旅长过目，如果满意立即发出去。

蒙哥马利的努力没有白费，麦肯齐准将和旅里大大小小的参谋对他的办事作风和能力交口称赞。将军甚至向上级提议，擢升蒙哥马利一个更相称的职位，可是，蒙哥马利的不利因素是缺乏战功，他所在的师自从开到法国以来，迄今还没获得一项足以夸耀的荣誉，唯一的一次小规模进攻，虽然准备工作充分，最后却不可思议地失败了，一个营的兵力损失殆尽，蒙哥马利的表兄瓦伦丁也成为牺牲品，饮弹而亡。对军人来说，没有战功还提什么晋升呢？尤其是在战火纷飞的疆场，战功就是一把度尺。因此，尽管有麦肯齐将军的鼎力推荐，依然无济于事。蒙哥马利对这一点，看得也很清楚，多少有些无奈。

不久，麦肯齐准将被调回国内，情况更不妙了。

继任麦肯齐的桑迪兰兹，是个年富力强的少壮派军人，只有40岁，他一到任就风风火火行动开了，蒙哥马利跟随前任养成的作息时间和习惯也被他打乱，但没办法，他只好重新调整。与桑迪兰兹旅长相处，蒙哥马利从他身上学到不少真正有益的东西，这与麦肯齐不同。桑迪兰兹精力旺盛，生活有规律，遇事镇定，最关键的，在蒙哥马利看来，还是他的指挥艺术。通过留心观察，蒙哥马利懂得了如何协调上下级关系，以及怎样把一个庞大军队内部各兵种组织成一个统一力量，而不至于顾此失彼。这对想平步青云的蒙哥马利来说，终身受益无穷。

4月14日，部队换防至弗勒贝克斯，路上蒙哥马利得知战况愈加激烈，德军频频向战略

< 英军军官在战壕内观察德军动向。

要地凡尔登猛攻。凡尔登战役一开始，他还以为法军能够顶住，即使万一不行还有英军支援，因而很乐观，甚至在给母亲的信中夸口说："我们的任务是坚守和巩固自己的阵地，让德国人自己前来送死。"事实证明，他对真正的情况一无所知，或者说受了蒙蔽，这场被称为"大战中的大战"的著名战役，远比蒙哥马利想象的要残酷复杂得多。

装备占优的德军从来不吝啬弹药库里的炮弹，战役初始阶段，每小时倾泻法军阵地10万发，第一天便打出了100多万发，最后把炮手都累得筋疲力尽。

德军在凌厉炮火掩护下，迅疾突破法军第二道防线，占领了凡尔登要塞的重要据点都奥蒙炮台，法军已被逼到绝境，要不是德国参谋部对扩大战果犹豫不决，担心英军增援而迟迟不投入预备队，后果不堪设想。法军获得喘息之机，之后调整部署，在亨利 · 菲利普 · 贝当★的指挥下拼死抵抗，寸土必争，战争转入拉锯式的消耗战。

为减轻凡尔登方向压力，根据1915年12月和1916年3月协约国军事会议制订的计划，英法联军决定采取夏季攻势。从7月开始，英、法、德投入大规模兵力，在索姆河流域又展开另一场厮杀，战况空前惨烈。战役第一天，英军伤亡人数就高达5万余人，创英军历史上一天伤亡人数之最。本来，蒙哥马利所在的第104旅担负佯攻猪头山的战略任务，但因为别的原因，后来上面临时又改派给另外一个旅。桑迪兰兹将军看出进攻是徒劳无益的冒险行动，因为德军已经严阵以待，再说英军没有足够的把握，不如暂缓，但他提出的建议被置之不理。蒙哥马利却仍保持盲目乐观，即使面对大量的伤亡，他也不改变初衷，甚至对获胜深信不疑。部队从前线乘火车往南转移，作为后方预备队，随时根据形势需要，再投进战场。

7月下旬，英军发动的攻击看不出任何胜利的迹象，旷日持久的搏杀也看不出何时到头，第104旅奉调再度开上前线，几次进攻同样无功而返，减员惊人，一个旅死伤一大半，如果再打下去全旅将会覆没。蒙哥马利也有好几次万分危险的经历：一次他和一名参谋军官去现

★亨利·菲利普·贝当（1856～1951）

毕业于圣西尔军校。一战期间先后指挥步兵旅、军团和法国第2集团军。因指挥1916年凡尔登保卫战而出名，成为当时的英雄。1917年4月任法军总参谋长，1917年5月任法军总司令，1918年获元帅军衔。德军进攻法国后，于1940年6月14日出任维希政府总理，推行投降主义路线。1940年7月～1944年8月，任维希政府元首，成为希特勒德国的傀儡。1945年4月被捕，同年8月因叛国罪被最高法院判处死刑，后改判终身监禁。

场视察敌情，半路上飞来4发炮弹，那个军官当场被炸死，蒙哥马利却安然无恙。另一次他从阵地回来，结果被德军狙击手盯上，蒙哥马利到哪，对方就向哪儿射击，他只好借助战壕掩护东躲西藏，好不容易摆脱，发现手掌被迸溅的弹片划破，还好没什么事。还有一次，天刚刚亮，蒙哥马利和两个传令兵正在跟随桑迪兰兹将军巡视阵地，一发炮弹呼啸着落在几尺远的地方，爆炸的巨大气浪将蒙哥马利掀飞一旁，他爬起身，隔着烟雾，发现将军和两个传令兵也站了起来。他赶紧跑过去，询问道：

"将军，您没事吧？"

"没什么。感谢德国人，他们打得太准了。"将军诙谐地说道，"要是炮弹再远一点，我们全没命了。"

"您是说……"

"这种高爆弹爆炸时弹片是向上飞的，可以落在几百码之外，所以，离爆炸最近的地方反而最安全。"将军解释说。

蒙哥马利恍然大悟，他们整整衣服上的灰土，若无其事地继续巡视，回来途中又遭受炮击。

经历了太多之后，蒙哥马利慢慢就不以为奇了。

在这期间第104旅曾因伤亡过大，退回后方休整；但仅过了4天，又被轮换到第一线。蒙哥马利和大家纵然一千个不情愿，但是军人的职责使他们意识到必须服从命令，因此，除了发发牢骚外，并不能做什么。

1917年1月，蒙哥马利调任第18军所属第33师二级参谋，军衔却没变，仍是上尉。

这时，德军迫于资源枯竭和兵力不足，西线攻势有所缓松，后来在英法联军的亡命进攻下，不得不撤退至兴登堡防线，实施战略防御。联军则步步紧逼，一方要攻，一方要守，4月9日，阿拉斯之战在惊天动地的大炮怒吼声中揭开序幕。

< 1916年时的蒙哥马利。

> 1916年，蒙哥马利（右）与其上司在一起。

< 黑格将军（左）正向英国首相乔治汇报前线战况。中为霞飞将军。

蒙哥马利所在的第33师奉命攻击德军左翼，并准备使用刚刚投入战场的陆地巨无霸——坦克，作为开路先锋。可是，等到先头部队发起战役时，预定的坦克却看不见影子，原来是半途抛锚了。接之而来的战斗相当艰苦，第一天部队损失不小，但突破了敌人一线阵地；以后便被挡住，迟迟没有进展。两天后，艾伦比将军第7军的方向吃紧，上级命第33师火速增援，但尚未展开，又被派往第三军团右翼，几次进攻的结果一样，德军的防线依然固若金汤。到4月27日，整个师伤亡3000多人，只换来前进2公里。部队死伤惨重，令蒙哥马利极为震惊，他意识到肯定是什么环节出了问题，却找不到真正的症结所在，他当时只是觉得把成群成群的士兵，像鸭子一样赶到枪炮下送死，是个悲剧，是个错误，但是他们无法选择，急欲取得闪亮勋章的将军们并不在乎他们是生是死，至于那些吹嘘出来的“善战将军”，蒙哥马利统统斥之为“视人命为草芥的人”。但他认为赫伯特·普卢默将军除外，蒙哥马利对他一直敬佩，虽然只闻其名而没见过其本人。但蒙哥马利没有料到，不久他就成为普卢默的手下。

这年夏季，蒙哥马利调到了普卢默第二军团所属第9军担任二级参谋，主管训练，军衔仍是个上尉，不过蒙哥马利并不很在意。

这段时间里，蒙哥马利接触到普卢默将军的指挥思想，譬如，普卢默主张对重要目标进行浅近攻击，反对一上来就死打猛冲，搞全面开花，强调炮兵对步兵提供更有力的支持，协同作战，还强调部队应根据具体作战任务进行针对性训练，等等，这些都深深影响了蒙哥马利。可惜的是，蒙哥马利只见过普卢默一次，没说过一句话，自然更无缘深入讨教。

当时，英军高级统帅极少下到基层部队了解情况，蒙哥马利至今从未见过远征军司令，不论是约翰·弗伦奇，还是后来继任的道格拉斯·黑格将军。高级参谋也宁愿躲在后方，因为他们不愿意拿生命冒险，坐在舒服的办公室里一样可以看到前方传来的战报，或者认为部队根本就是为参谋部的利益而存在，久而久之，已经使他们养成脱离部队的习惯。对此，蒙哥马利深恶痛绝。他认为恰恰相反，参谋部必须为部队服务，一个优秀的参谋军官必须为长官和部队尽职尽责，而他本人，应该扮演一个默默奉献的幕后英雄角色。蒙哥马利是这么认为，也是这么做的。

9月，道格拉斯·黑格决定让普卢默将军发动秋季攻势，遵照上级命令，蒙哥马利为第9军起草了一份准备工作指示，内容详实，一共60页，包括40页附件和12张地图。主要有：以纵深炮火掩护步兵前进，准备应付德军的反冲击，空中侦察和陆空通讯，训练特种部队，妥善安置弹药库，等等，大体上贯彻了将军的作战思想和原则。这份凝聚蒙哥马利心血的指示送上去后，得到了高度评价，军长戈顿将军命令所属各部严格执行，实际上，这等于照蒙哥马利的思路在办。第9军在秋季攻势中表现不俗，蒙哥马利不久也被升为一级参谋，主管作战。

>> 短暂的宁静岁月

1918年3月，第9军调到法国南部构筑防线，以阻挡德军的新一轮进攻，可10天后又被调去接替澳洲部队的防务。4月11日，蒙哥马利随部队退守坎米尔山高地。坚持了10天，阻滞了德军攻势，直到一支法军前来接防。趁法军没到之前，蒙哥马利提出休假，3年马不停蹄地奔波，他确实累了。4月下旬，蒙哥马利乘船离开了满目疮痍的法国。

海上也不平静，德国和协约国互相拦截对方军舰和船只，水下还游荡着潜艇这样可怕的怪物，蒙哥马利在前线经常听到舰船被击沉的传闻，不过这次倒没发生意外。在经过英吉利海峡时，蒙哥马利听着海浪击打船身的哗哗声，仿佛又置身烽火连天的战场，弹片横飞，尸积如山……能活到今天，真的非常幸运。

伦敦，一片祥和平静的景象，行人脚步从容，议会塔楼上的大钟不紧不慢地按时敲响，看不出与平时有多么不同。但蒙哥马利仍可以从人们的脸上，读出一种忧虑，一丝凝重，和一份企盼。是啊，战争已经打了将近4年，何时才能结束呢？一刹那间，蒙哥马利对战争忽然有些厌恶起来，他知道，这样无休止打下去，对谁都没好处。

父母见他毫发未损地回来很高兴，亨利主教虽然日渐苍老，但精神还不错，蒙哥马利还发现，母亲的脾气似乎也温和了不少。战争，使亲情开始升温。蒙哥马利感到从所未有的一股暖流通过全身，聚集在心中，他为此陶醉了。

在家里无事可干，蒙哥马利就为妹妹温莎讲述在前线作战的故事，他绘声绘色地说枪炮子弹如何从头顶上飞过，身边的人如何倒下，自己又如何踏着遍地的死尸冲锋，当然，更少

∧ 正在前线作战的英军。

不了那几次惊心夺魄的逃生经历，温莎大睁着圆眼，听得入了迷……他还经常为妹妹安排舞会，并且邀请一些风流倜傥的青年来家。妹妹已经到了谈婚论嫁的年龄，她需要这样的交际场合，来挑选自己的意中人。但蒙哥马利却从来不跳，安排好舞会，他就静坐在一旁，他对这个没兴趣，一点儿也没有。

老待在家里未免无聊，蒙哥马利抽空也到外面转转，可外面吸引他的东西实在太少，他又不善于交际，往往一个人出去，无目的地乱走一通，又只好回来。

转眼休假期满，蒙哥马利恋恋不舍地离开家，回到了法国。这时，整个大战的局势已经发生了重大变化。

就在前一年，也就是1917年4月6日，一直隔着大西洋坐山观虎斗的狡猾的美国，看交战各方筋疲力尽，采摘胜利果实的时机到了，于是加入协约国一方对德宣战，6月，美军开始登陆法国。德国参谋次长鲁登道夫想抢在美军大批投到西线战场之前，给予英法联军重创，好在战后和谈时讨价还价，于是从1918年3月开始发起“皇帝会战”，德军孤注一掷，几乎投入了所有西线的178个师的兵力。由于人员得不到补充，英军苦战一番之后，许多阵地被突破，受损最严重的是高夫将军指挥的第五军团，因为消耗太大无法再战，后来退守索姆河南岸。第9军的命运也好不了多少，急剧减员至不到一个师，被迫转到后方休整。但德军的反扑顶多证明了自己已是强弩末势，因为就战略上来说，德国的目的远远没有达到，英、法仍固守阵地，并且，一个强有力的对手——美国正在派兵源源不断地开到。

蒙哥马利回来后不久，调任第3军第47伦敦师的一级参谋，这时，他的军衔已经提升为战时中校。

第47伦敦师的师长戈林奇是个老资格的少将，同时和蒙哥马利一样，也是个光棍，虽然不是风流成性，却一直独身，这令蒙哥马利十分不解。蒙哥马利早在印度服役时就同他认识，那时，戈林奇是他的旅长。由于地位悬殊，双方谈不上什么交情，不过蒙哥马利对他的印象一直不错。要不是此人的脾气古怪，导致人缘不佳，恐怕早已当上了军长。他对蒙哥马利十分欣赏，敢于把全师的作战、训练、行政等一应事务大胆交给这个30出头的年轻人来管，自己只负责拍板决策。多半时候蒙哥马利送呈给他的计划方案，他只需象征性地浏览一遍，最后签个字就行了，因为蒙哥马利丰富的经验和出色的想像力已经征服了他，对蒙哥马利，他完全信任。蒙哥马利的才能也因为有了戈林奇这样的开明上司，日益显露出锋芒。

来到第47伦敦师之后的第一项工作就是发布防御计划。他以简明扼要的风格阐明了全师的总体防御战术、担负的责任、防御正面、受攻击时的应对策略和方针，包括师部预警各旅所用的代号和呼叫信号、预备队的部署、对全师所属步兵、炮兵、通信兵、机枪和坦克等等的处置。思路清晰，计划周密详尽，戈林奇少将看后，连连称赞："好样的，太棒了！"然后他对蒙哥马利说："就这么办吧。"

一个月后，蒙哥马利又接连发出7道进攻作战指示，部队按照他的要求，加紧进行进攻演练。此前，英军总司令黑格猜想德军已经无力实行大规模反击，命令各军团做好全力突击的准备。蒙哥马利对此持保留态度，他不愿意过于冒险，他坚持的一个重要军事准则是，在没有百分之百的把握时，行事最好谨慎、谨慎、再谨慎，大量伤亡的惨痛教训令他刻骨铭心，正因为有这些前车之鉴，蒙哥马利尽管渴望胜利，但决不抱任何侥幸幻想，逞一时之快，拿士兵生命开玩笑。在他的作战指示中，黑格的骑兵要在前线后方旷野独自行动的主张，基本得不到体现，10辆坦克被留作扫荡残敌来用。为此，蒙哥马利受到了非议，有人把他看成是个胆小鬼，不够魄力，事实证明，他的稳妥作风卓有成效。后来在对快乐谷实施突击的行动中，第47师以较小的损失，达到了预先的战术目的，从德军手里夺回了失地。9月11日，蒙哥马利又发布训练命令，要求全师官兵都要参加，并且强调训练的目的：

"必须牢记的原则是，我们务必从本师近来参加的战斗中吸取经验教训，而且必须将这些经验教训传授给增援本单位的部队。"

为提高作战效率，善于钻研思考的蒙哥马利又动开了脑筋，他深知要做到这一点，参谋部就要尽快得到关于前方一线部队的准确情报，从而作出相应部署。经过反复摸索和实验，蒙哥马利和其他参谋成功设计了一种系统，这种系统并不复杂，就是派一名携带无线电设备的军官到各先头部队前进指挥所，然后把情况利用电波传递回来。但是当时要确保设备完好、及时正常工作也非易事。这种系统虽然简陋了些，可勉强还能用，并且收到一定效果，这令蒙哥马利十分高兴。

1918年8月，第一次世界大战的最终局势已经十分明朗，由于资源和人员的巨大消耗，迫使顽强好战的日耳曼民族再也支撑不下去了。摆在前面的只有两条路，要么继续打，直到人尽国破；要么趁情况还不是最糟糕的时候，赶紧收场。可是杀红了眼的德国皇帝威廉二世却不管那么多，命令鲁登道夫继续抵抗，一定要打，坚决打下去！9月，德军不断溃败的消息传到柏林，德国国内到处燃烧着愤怒的火焰，被战争折腾得困苦不堪的人民很快发动了革命，11月10日，威廉二世退位，仓皇逃奔荷兰，德国宣布成立共和国。

次日，德国国务部长埃茨贝格同协约国总司令福煦★在贡比涅签署停战协定，第一次世界大战以协约国的最终胜利而宣告结束。

面对这场胜利的到来，蒙哥马利并没觉得意外，因为他在战前就已预料。其实，德军的败象从他第二次返回法国后便初露出端倪，当10月27日，他随部队开进里尔市的时候，他以为到明年德国人差不多该投降了，没想到局面急转直下，短短10天后，一切便尘埃落定了。

战争结束了，胜利终于来临，伦敦，兴高采烈的人群涌上街头欢庆，整个城市沉浸在喜悦的气氛中，人们尽情喊着，叫着，笑着，还有痛遭亲人离去的，情不自禁失声痛哭，但不管怎样，这是值得庆祝的时刻，毕竟，不幸已经成为过去，生活恢复了平静，也许，更美好的未来即将展现在眼前，他们盼望着，祈求着，世界永远和平安宁……

★福煦（1851～1929）

法国元帅。一战初期，在马恩河战役的胜利中发挥了重要作用。1914年秋任北部集团军司令。1915～1916年指挥阿图瓦战役和索姆河战役。1917年5月任总参谋长和政府军事顾问，协调西线协约国军行动。1918年4月出任协约国联军总司令，8月晋升法国元帅，指挥协约国联军彻底击败德军在西线的攻势。11月11日在康边森林与德国代表签订停战协定，接受德国投降。

与伦敦狂欢的气氛相比，前线显得一片安静，没有过多的喧闹，官兵们都在收拾行装，准备回国。要离开讨厌的战场，每个人的脸上洋溢着笑容，他们已在想象和妻儿父母团聚的场景，有些人，4年没有这样的机会，还有的人，永远失去了机会，因为他们已经为这一刻，献出了宝贵的生命。

蒙哥马利坐在房间里，默默思索着过去4年发生在自己身上和身边的一切，心潮起伏，他并没有对胜利感到多么兴奋，相反却有一种失落，不是为战争的结果，而是为战争的过程。仗尽管打赢了，但这不是他期望的打法，成千上万英军的生命，就像屠宰场的牛羊，无谓地

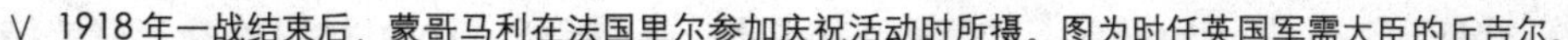

∨ 1918年一战结束后，蒙哥马利在法国里尔参加庆祝活动时所摄。图为时任英国军需大臣的丘吉尔。

倒在敌人的枪口之下，在后面驱赶他们的，就是那些躲在安逸舒适的指挥部里发号施令的司令官和参谋们，他们完全漠视士兵的生死，缺乏对战场态势的清晰了解、判断，更谈不上正确指挥作战了，他们要么一味强调进攻，要么死守，根本不讲究策略。有些人连前方是个什么样子都不知道。

“应该结束这一切了。”蒙哥马利心想，蛮打猛冲不是一个好的指挥官，了解士兵和了解敌情同样重要，减轻自己的伤亡，去换取最大的胜利，没有高明的指挥技巧是做不到的，也就是说，除了经验之外，丰厚的军事理论素养必不可少，看来，要当一名真正的军事指挥大师，要走的路还很长。自己虽然看了不少军事著作，但显然那点东西不够，远远不够。

“军事是一门终生研究的学问，爱上军事这一行，就得奉献一生，为了它，一定要掌握军事的全部奥妙！”蒙哥马利暗下决心，为打开军事艺术殿堂的大门而不停奋斗。

所有人都归心似箭，持久的战争已经使人厌倦，巴不得明天就卷铺盖回家。蒙哥马利却没有这样的感觉，因为家在他心目中并不十分重要，他喜欢军队，军队就是他的家，更何况，半年前他才从伦敦回来。但受军营普遍的气氛感染，蒙哥马利也不得不为回国作打算。他正在收拾行李，这时，传令兵跑来告诉他：

“将军要在会客厅见你。”

蒙哥马利走进会客厅的时候，发现戈林奇将军和许多军官已经等候在那里，他赶紧为晚到表示道歉。将军示意他坐下，然后环顾一下四周，开口说道：

“我有个遗憾的消息要告诉诸位，第47伦敦师即将解散，上面来了命令，全体参战部队马上要进行编制调整，所有军官要降级，以适应和平时期的需要。”

他平静地说完，又用眼睛向大家扫视了一遍，接着说：

“感谢诸位为本师所做的一切，我为能得到你们的帮助而感到荣幸，大英帝国也应该为拥有你们这样一流的军人而骄傲。我们共事很愉快，不是吗？可是，我们的缘分就要结束了。”

将军的语气充满着伤感，在场的人也被同样的情绪感染，气氛一时很沉闷。

蒙哥马利的心情虽然沉重，但他知道，天下没有不散的宴席，于是也就释然，只是为离开将军，多少有点难过；另外，他还关心自己的去留问题，部队撤销了，他上哪儿去？他相信其他人也都和他一样这么想，所以格外在意将军以下的话。果然，戈林奇似乎看出了大家的心思，说：

“我知道诸位都关心以后的事情，现在我来宣布通知。”

他掏出一个记录本，念了起来：

“……伯纳德·劳·蒙哥马利，调任陆军总部二级参谋，军衔由战时中校改为准少校……”

最后，所有人的新任职务宣读完毕，唯独没提将军自己。

“那么，将军，您呢？”蒙哥马利问。

“我？我恐怕得养老喽。”

“您还年轻。”

将军打着哈哈，随便应付两句，显然不愿意谈这个敏感的话题，多年得不到晋升，看来他似乎有些心灰意冷，蒙哥马利只好就此打住。

>> 锋亡初露的参谋

1919年3月，蒙哥马利到设在德国科隆的陆军总部报到，担任二级参谋的新职。表面上看，职务降了一点，但因为在总管陆军的大本营工作，实际地位不低反高。蒙哥马利积累了多年的参谋经验，对这项工作驾轻就熟，略微不同的是，这次是在和平时期，而不是战时，不过，凭借蒙哥马利的勤奋和悟力，很快他对新工作就操纵自如。新的工作环境也让人满意，办公室窗明几净，再也不用受辗转迁移之苦。而且，刚来这里不久，蒙哥马利听说因为战争原因而中断招生的参谋学院已经重新开办，进参谋学院，一直是他的梦想，因为他清楚，不从那里镀镀金，深造一下，就无法获得更多的军事理论知识，至于在军界走得更远，当然更无从谈起了。有几个优秀的高级统帅，不是从那里青云直上的呢？这可是爬梯子的通行证呀，可怎样才能进去呢？蒙哥马利暗暗打起了主意。

第一期是个短训班，他没有选上。第二期将从1920年开始，为期一年，名单公布，他还是榜上无名。蒙哥马利坐不住了，想尽一切办法，却都无法实施，因为他知道，这是他没有人推荐的缘故，换句话说，他缺少后台与靠山，否则，事情绝不会是这个样子。想到要找靠山，蒙哥马利不禁为难了，自己既无家世背景，又不是那种熠熠生辉、足以吸引权势人物注意的人，在别人眼里，他充其量只是一个认真负责的打杂角色。当然，如果给自己机会，相信也能做到让所有人翘首瞩目，问题是眼下，谁给他一次这样的机会呢？蒙哥马利心里翻江倒海，这时，他深切体会到了怀才不遇的感觉，不过他并不气馁，天无绝人之路，事情总会有转机的，他相信这一点。

果然，机会来了。

这天周末，驻德英国占领军总司令威廉·罗伯逊爵士，邀请司令部

∧ 1919 年，蒙哥马利与参谋人员在德国鲁尔合影。

下属的几个参谋去家里打网球，蒙哥马利也在受邀之列，这令他喜出望外，脑子里灵光一闪：“这可是一个绝好的机会！”罗伯逊身居高位，在军界有不少朋友，只要他一句话，不愁事情办不成。蒙哥马利决心一定不放过这次难得的机会，借打球之机，实现自己的愿望。

虽然在威廉·罗伯逊属下干活，可蒙哥马利却一直没见过他，只听说此人经历坎坷，仕途充满艰辛，从士兵一直奋斗到如今的位置，他的不懈精神令蒙哥马利十分佩服，因而对他具有好感，也一直渴望一睹他的风采。罗伯逊爵士因为早年的不平凡遭遇，对年轻人抱有一颗同情心，他热情接待了他们，简单寒暄完毕，随后来到球场。蒙哥马利发现他的精神出奇的好，气色也不错，猜想是经常锻炼的缘故。该怎样瞅准时机，达到自己今天来的主要目的呢？蒙哥马利一边活动身体，一边盘算。几局过后，罗伯逊大汗淋漓，放下球拍，走到场边休息，蒙哥马利见时机已到，向和自己对阵的同伴打了声招呼，要求换人。他一手拿着球拍，装作不经意地朝爵士的方向慢慢踱过去。爵士坐在那里，看他走近，微笑着冲他点点头。

“你好，年轻人。”

“元帅阁下，您好。”蒙哥马利受宠若惊地慌忙致意。

“年轻人就是不一样啊，我当年可不知什么叫劳累，现在，你瞧……”

“不，您还跟以往一样健壮有力。”蒙哥马利不失时机地说一句讨好的话。

爵士唇边的笑意似乎更浓，他仔细打量着蒙哥马利，好像在思索什么，过一会，忽然问道：

“年轻人，我在什么地方见过你吗？你叫什么名字？”

“伯纳德·蒙哥马利。”

“在陆军总部工作？”

“是的，就在您的司令部属下，职务二级参谋，军衔准少校。”蒙哥马利迅速自报家门。

罗伯逊爵士沉吟着，不再说话，蒙哥马利不知道他在想什么，又不敢多嘴，只好局促地站在那里，又过了一会，爵士说道：

“我真的想不起来在何时见过你，不过，现在认识也不晚，是不是？”

“能见到您，是我的荣幸。”

爵士笑了起来。

“你很会说话，我一向喜欢和年轻的军官交谈，他们朝气蓬勃，代表帝国的未来。你干参谋多久了？”

“4年了。”

蒙哥马利预感到面前的大人物对他已经发生了兴趣，既兴奋，又有点紧张，回答时尽量提醒自己小心，不能说错，否则前功尽弃不说，还会给对方留下不好印象，以后更难办了。

“嗯，不算短，也不算长……对一个参谋人员来说，重要的是经验，当然，如果光有经验，还不够。”

“是的，作战经验是一种难得的财富，它可以教我们正确处理似曾相识的问题……”开始时蒙哥马利还小心翼翼地边想边说，但讲起来就什么都顾不得了，他侃侃而谈，对参谋的职责、应具备的素质和条件及其他军事问题一一评头论足，无所顾忌。罗伯逊爵士饶有兴致地听他讲完，问他：

“你是从坎伯利参谋学院毕业的吧？”

蒙哥马利窘迫地笑了一下。

“不，我从来没进过参谋学院。”

“哦？”爵士用惊讶的眼光看着他，似乎不太相信他的话。

“为什么不去那里？因为战争？可现在战争已经打完了。参谋学院重新开办，你应该去的。”

蒙哥马利又报以苦笑，心里却暗喜，终于讲到正点子上了，看来，刚才的一番口舌并没白费。他不动声色地淡淡说道：

“也许，我的能力还达不到录取要求。”

“这是你的看法？”

“是的。”

“不，我觉得你低估自己了，”爵士用肯定的语气说道，“你完全够资格录取。”

“可我接连两次都没选上……”提起这事，蒙哥马利不由得垂头丧气。

“那你想去吗？”

“当然。可我怕去不了，我一个人都不认识，他们很难注意我……”蒙哥马利看时机成熟，所以滔滔不绝地向爵士诉起苦来。他期望自己诚挚的话能打动爵士，至于能否如愿，他也考虑不了那么多，反正该说的都说了，总不能低三下四求人家吧？从爵士的神情来看，蒙哥马利这一招似乎已经奏效，他隐约觉得此事八成有戏。

不出他所料，从罗伯逊爵士那里回来没几天，坎伯利参谋学院第二期录取名单上，增加了蒙哥马利的名字，他知道这是爵士争取的结果，心里一阵感激。参谋学院让他1920年1月去报到。在去学习之前，蒙哥马利被派到皇家燧发枪团第17营当了一段时间营长，对于这个任命，他不知道是不是出于罗伯逊的安排。接到命令，他就来到位于科隆附近的营地，走马上任。

这个营当时情况一片混乱，营长刚被撤职，老兵都吵着要退伍，新兵又毫无作战经验，蒙哥马利面对的是一个烂摊子。但他一来，利用与众不同的方式，不仅把烂摊子收拾好，工作还搞得有声有色。当时在蒙哥马利手下当副营长的盖伊·查普曼，后来成为一名教授、帝国勋章获得者和国会议员，有一次他和别人聊天，谈到这件事时，说：

“有一天，一个名叫蒙哥马利的莽撞家伙来就任我们营的营长。我们所了解的有关他的情况是，他曾经受过伤，是从参谋部来的。但是，他立即就把这个营控制住了。他用操练和体育运动使这个营振作起来。他为士兵们提供条件，使他们对运动会、竞赛以及诸如此类的事感兴趣。他像是一个热心的童子军领队。”

“可是，”他话锋一转，接着悲哀地说道，“整整有两个月我不得不在晚餐的时候，坐在这个家伙的旁边，不能和他随便说话，因为，他只谈军队的事。”

几个月后，皇家燧发枪团第17营被裁撤，蒙哥马利得到一个休假的机会，他先回伦敦同家人过完圣诞节，新年之后，就赶赴坎伯利参加第二期的军官培训。

∧ 1920年，坎伯利参谋学院全体师生合影。三排左起第四人为蒙哥马利。

当时的坎伯利参谋学院教程陈旧，战后重新开办后，教员也不注重结合刚刚过去的战争实例，讲来讲去还是老生常谈，没什么新的东西，这令蒙哥马利和那些经历血与火考验的军官们十分失望，不过也谈不上后悔，这所学院在英国陆军中名气很大，能来学习不容易，教授的东西也并非完全没有用，仅从这点上来说，蒙哥马利还是抱有信心的。该学院还有个好处，就是气氛宽松，允许进修学员在各种场合畅所欲言，大胆发表自己的见解。蒙哥马利不放过任何这样的机会，只要是有可能，他都去参加。他口若悬河，说起来没完没了，对军事高谈阔论。性格执拗，固守己见，喜欢同人争论，校方把他看作是一个好争吵和好辩论的人，“带有一点布尔什维克的味道”。认识蒙哥马利的人虽然佩服他的口才和分析问题的能力，但对他无休止的唠叨，却实在受不了，每个人都把和蒙哥马利一起进餐视为活受罪。一次，有个学员触犯了军法，理应审判，后来又莫名其妙地不判了，改为罚坐在蒙哥马利旁边吃早餐一个星期。

坎伯利参谋学院的刊物曾在1920年圣诞节那天的谜语栏里，拿蒙哥马利这样开涮：

如果需要10卡车的印度名牌水泥，才能堵住参谋学院二楼浴缸的缺口，那么，需要多少个乐团，在康格里夫（著名剧作家）的亲自监督下，才能压住蒙哥马利在早餐时的喋喋不休？

在“我们想知道答案的问题”一栏里，又令人忍俊不禁地发问：

在停战日，蒙哥马利是否有过两分钟缄口不言？如果有，在哪里？

对于这些辛辣露骨的讽刺和挖苦，蒙哥马利一笑了之，一点也不在乎。有时候，他反倒还高兴，这说明他备受瞩目，正求之不得呢，他甚至希望这样的事情多点更好，那自己就成了学院的明星了，不管是好是坏，至少，人们可以整天谈论他的名字，在学院的历史上，留下属于他的一笔。

>> 在爱尔兰的日子

年底，蒙哥马利完成了学业，从坎伯利参谋学院毕业，这段日子，虽然没有如他期待的满意，但是蒙哥马利为以后积累了自信，锻炼了才干，而且，他的同学中有罗伯特·海宁、伯纳德·帕吉特、理查德·奥康诺、道格拉斯·布朗宁，还有乔治·林赛这样的人物，后来都成为出色的将领，这足以证明蒙哥马利的进修经历并不完全一无所获。事实上他表现得很不错，因为毕业后他被派到当时英军最好的旅之一——第17步兵旅去担任参谋长。这个旅驻扎在南爱尔兰的科克，属于第6师，是爱尔兰境内最大的一个旅。这里本来辖7个营，后来准备改编为两个旅，但不久，爱尔兰人民的暴动和起义风起云涌，为了加强镇压，于是不减反扩，又增加了两个营。

蒙哥马利的旅长是希金森准将，在法国作战时指挥过一个师。他和蒙哥马利建立了良好的关系。蒙哥马利一上任就露出了锋芒，他在城里设立了“科克城情报单位”，将9000多人的部队布置在最有利的位置上，并向全旅各营下达了一系列命令。后来因为数量太多，蒙哥马利就把它们装订成册，起名为《第17步兵旅重要指示摘要》，下发各级军官，人手一本。他在引言中强调编发的目的是：“为初到爱尔兰的军官提供参考资料，以帮助他们熟悉本部队为应付该国家的情况所订定的。”在作战指示部分，蒙哥马利表明了他一向坚持的谨慎观念，认为“步步为营和机智，是再重要不过的”。

整个册子内容分29个标题，共有15页，沿袭了他一贯的简明清晰的风格，每个标题，按字母顺序排列。涉及有关作战、巡逻、通讯、运输、密码、军法等方方面面，一目了然，只要不是白痴，都能从这份指示中清楚自己该怎么做。

超编后的旅部事务非常繁忙，蒙哥马利尽管有一战辛苦的磨炼经验，但还是觉得力不从心，后来，他回忆说：

“我手下有3位上尉参谋，加上我自己，可是，实在吃不消……工作的确是太艰难了。”

困难阻止不住蒙哥马利，他对军事的热忱，还有天生的坚强信念，都不允许他畏缩，在他心目中，他是不可战胜的。迎难而上，也是他一贯的性格，他渴望挑战。他对自己要求很严，对下属也同样如此，他雷厉风行的作风有时会让部下苦不堪言。有个借调的年轻少尉曾在蒙哥马利手下干过短期的参谋，回去后对别人说：

“我们这位新上任的旅参谋长在工作上的确是一只小老虎，每当他给你下达命令时，我的上帝，你非跳起来不可。在守时方面，他更是毫无人情可讲的。”

他甚至在元旦那天，命令苏格兰的一支“快速纵队”前往某地实施军事行动，这令官兵们很是不满，因为他们有庆祝新年的传统。可是在铁面无情的蒙哥马利面前，除了照办，他们又无可奈何。慢慢地，也就习以为常，因为抱怨没有用。

蒙哥马利原以为当地反抗英国人殖民统治的爱尔兰共和军不堪一击，确实，当时谁也没真把他们当回事。同装备精良、训练有素的英军相比，他们简直称不上是支军队。但就是这帮人，硬是让英军连吃败仗，整个队伍士气低落，军心涣散，因为他们打游击，随打随走，来无影去无踪，加上有群众掩护，英军出击，多半扑空，只好拿他们撤走后的房屋出气。大火照亮天空，英国人的希望也随之化作缕缕青烟，一点一点消散，最终归于寂灭。

进入科克以来，蒙哥马利绞尽脑汁地想象怎样对付叛军，这是他的职业性使然。但几个月过后，蒙哥马利发现自己所做的都是徒劳，费尽心机拟订的剿灭计划，成了一张废纸，连敌人在哪里都不清楚，还谈什么作战。无情的事实刺激他坐立不宁，心里异常烦躁，但不是气急败坏，而是调动脑中每一根神经在想为什么？冷静下来细细分析，这场战争恐怕永远打不赢，而且本身毫无意义，既然如此，就没有必要继续下去了。

经过一段时间思索，他在给父亲的信中说：“我们军人待在这里实在是最不光荣的事，我衷心盼望永远不再看见这里的人民和这块地方。我们在这里驻军无疑是为了吓唬爱尔兰共和军，使他们不至于走极端。”至少在蒙哥马利看来，除了撤军，别无选择。而英国政府也在作此打算，因为根据他们同爱尔兰共和军和“新芬党”谈判达成的协议，自治条约签

订后，英军将从南爱尔兰撤走。1922年春，第6师的部队已陆续动身，蒙哥马利所在的第17旅官兵也正忙着收拾行装，两年多的折腾，把每个人搞得心力交瘁，巴不得尽早离开这块是非之地。

半个月后，蒙哥马利随最后一批英军士兵撤离科克，部队吵吵嚷嚷，秩序一团糟，有人趁火打劫，兵营随处可见丢弃的废物和破坏的痕迹。大英帝国的军人以这样不体面的方式，告别了让他们心酸心痛的土地，还有那段担惊受怕的日子。

对于爱尔兰战争，蒙哥马利后来思考很多。在爱尔兰时，他已经敏锐地看出这个问题的复杂性，认为英国面对的是一个深不见底的大泥潭，唯一的办法，就是从中及时抽身，否则只会越陷越深。同事阿瑟·珀西瓦尔少校不同意他的看法，此人是个镇压狂，对付爱尔兰人从不手软，爱尔兰共和军在他眼里不值一提，他坚持鼓吹用快速机动和奇袭的战术，予以打垮。蒙哥马利和他因为意见不同，时常发生争论。两人各执己见，谁也说服不了谁。回到国内后，有了更多的时间观察和思索，蒙哥马利的思想变得更成熟，也更深刻，他觉得有探讨清楚的必要，于是在1923年秋天给珀西瓦尔写了一封信，表达了自己对这场战争的观点。

< 1921年，第17步兵旅旅长希金森准将在爱尔兰战争中训问被俘者。图中最右者为蒙哥马利。

但珀西瓦尔仍不改初衷，坚信凭借武力，便可将爱尔兰共和军碾碎。他接到蒙哥马利的信后不久，就在坎伯利参谋学院发表关于爱尔兰游击战术的演讲，在演讲末了，他把蒙哥马利的观点拿出来批得一无是处，称那是"根本错误的"。幸亏蒙哥马利不在现场，不然以他的脾气，免不了又有一番口舌之争。

事实证明，错的不是蒙哥马利，而正是自高自大的珀西瓦尔，北爱尔兰共和军仍像是一只不死鸟，从那以后几十年来，为彻底的独立和自由一直坚持战斗，不但没被碾碎，而且百折不挠，越打越顽强，成了英国人的一块心病。这是珀西瓦尔绝对想不到的，也是所有其他人不能想象的，就连蒙哥马利恐怕也未曾料到昔日的对手能如此经久不衰。

早在蒙哥马利离开爱尔兰之前，他的表现就引起了作战部的注意，参谋人事处主任去函给驻爱尔兰英军总部，询问蒙哥马利是否愿意回国担任旅参谋长职务，如果愿意，就调到第8步兵旅。蒙哥马利对爱尔兰战争已无比厌倦，这样的事情，自然求之不得，二话不说欣然同意。

1922年5月，蒙哥马利就到这个旅里报到了。这个旅驻扎在普利茅斯。来后不久，他就把全副精力投入到部队的训练中去。旅长霍朗德准将上任刚一年，也曾是一名出色的参谋军官，一战前当过连长，这是他第二次出任主官，真正指挥一支部队。对蒙哥马利的军事才能，霍朗德非常欣赏，但对他过于固执自信、有时甚至不把上级放在眼里的作风，颇有微词。另外他在新职上迫切需要树立威信，蒙哥马利抢他的风头，不能不令他反感。因此，尽管他放手让蒙哥马利处理一些事情，但两人的亲密关系并没有建立起来，不过在工作上，他们相处还是比较融洽的。蒙哥马利从旅长那里学到不少经验，能力进一步提高。

1923年夏，一纸调令下来，蒙哥马利又转赴新的岗位，担任以约克为基地的一个地区性的自卫部队——第49西部骑兵师的二级参谋。职务看起来好像降了，但实际却不是，因为这个师的一级参谋一直空缺，这样，蒙哥马利就成了师长查尔斯·哈林顿爵士的参谋长。蒙哥马利对此倒不很斤斤计较，名不归而实至，更何况，有供他施展手脚的机会，他已心满意足。

哈林顿与蒙哥马利一样，也是刚到任。他对蒙哥马利很有好感，也比较信任。他鼓励蒙哥马利充分发挥丰富独特的想象力。在他的支持下，蒙哥马利干得挺欢，他把第49师变成了各种战术训练观念的试验场，来后没多久，他颁布了自己军旅生涯中的第二本刊印小册子——《供西部和第49地区师使用的战术教材》。在引言里，开宗明义地说明编发的目的：

“本教材的颁布，是供各军官训练部队和准备晋级考试之用。”

此前英国陆军已经颁发不少训练教材和野战勤务条令，其中包括蒙哥马利的朋友利德尔·哈特中尉负责编写的作战部陆军训练新教材，于1921年下发各部队使用，但是蒙哥马利认为这些教材都有缺陷，它们只订立了作战的基本原则，却没有提出要达成那些原则和应该如何去做的具体方法。蒙哥马利坚持认为，各部队的指挥官必须在训练自己的部队之前，首先接受训练，如果连他们自己都不懂做什么，自然带不出好兵，将强。

由于第49师只是个地区性自卫部队，缺乏足够的训练，在有些人看来，应该抓紧日常操练。蒙哥马利却有他独到的见解，他不反对操练，相反，认为那是最有价值的，但部队操练粗疏既成事实，又不是一天两天就能解决得了的，再花精力在提高操练水平上，浪费时间不说，未必就能达到效果，与其如此，倒不如更为实在些，在提高战术训练上面下功夫。而留出一点时间，在每年的野营训练开始阶段抓一下操练即可。

从1915年初到现在，蒙哥马利已经有8年多的参谋经历，爱好军事事业的热忱，不断积累的经验，加上幸遇慧眼识才的上司，使他在这一位置上如鱼得水，锋芒开始逐渐显露。但他不满足，他渴望更艰巨的挑战，获得更多的空间，来展示和释放蕴藏在自己体内的天赋与能量，眼下，他正一步一步朝这个方向坚定迈进。

> 在对待爱尔兰战争的看法上，珀西瓦尔少校与蒙哥马利意见相左。

第三章

不懈的努力与晋升

1887-1976 蒙哥马利

蒙哥马利应该住进预先为他安排的米尔班克医院。早在十几天前医院也接到了来自埃及的报告，说蒙哥马利要用担架抬入，但他们却看见一个大步走进来的将军，气色不错。他告诉医生说自己的身体很棒，胸部已不疼，体温、舌苔、心脏，一切正常……

>> 崭露头角

还在第8步兵旅的时候，蒙哥马利就开办了一个参谋学院预备班，专门帮助那些有进取心的年轻军官能考入坎伯利参谋学院。当时的军官队伍进行了一次大清洗，庸劣无能者大都被赶走，但这只是集中在下层，高级军官里仍有一批滥竽充数、鱼目混珠的人，凭借资历和关系岿然不动。这样，年轻军官正常升迁的路即使没被堵死，也好不到哪去，所以，通过进入参谋学院达到目的，是可以选择的一条捷径。3年前，蒙哥马利面临过这种选择，靠幸运女神的眷顾，后来成功了，年轻军官对前途梦想憧憬渴盼的心情，他都亲身经历过、体验过，再了解不过，可以说，办这样的一个函授性质的预备班，蒙哥马利主要是受同情心和热心的驱使。到了约克，他把预备班又搬了过来，加以改进，不仅每周召开战术讲座，由蒙哥马利自己主讲，而且还在晚上对青年军官逐个进行辅导。一时间，小小的考前培训班被蒙哥马利弄得像模像样，红火得很，不少人报名参加。

在这些人当中，有个叫弗雷迪·德·甘冈的少尉，引起蒙哥马利的好感，这个小他13岁的年轻人，和他一样健谈，对军事的理解同他也有相通之处，因此一见如故。蒙哥马利对他感到很亲切，两人时常在课堂、餐厅，或者其他什么可以吸引众多听众的地方，联袂上演“二重唱”，轮流发表演讲。甘冈在职务高于自己、经历丰富又能说会道的蒙哥马利面前，显得很自信，毫不逊色地侃侃而谈。总体上来看，他们的观点不约而同地接近，但是偶尔也为某个问题争论得面红耳赤。蒙哥马利还大讲特讲有关战争的场景，伤亡是如何的惨重，高级指挥官和参谋们的生活如何奢侈……他犀利的话语和富含刺激性的内容，往往博得阵阵掌声，周围的人听得如痴如醉。这期间，蒙哥马利正上军校的弟弟布莱恩借放假的机会，也跑来约克听他的高谈阔论，布莱恩对哥哥的才华佩服极了。

在这种轻松愉快的气氛中，蒙哥马利尝到了一种难以说清的快乐，或许是由于它自身的交流意义，或者是通过它给爱慕虚荣、爱出风头的蒙哥马利很好表现机会。他在第49师干得十分起劲，既当有实无名的参谋长，统筹安排全师的训练，拟定训练计划，又要留出时间指导预备班，备课，主讲，编教材，忙得不可开交，似乎比在法国前线和爱尔兰时还忙，虽然这种忙劲更多是他自找的。

1924年夏季，部队要进行野营演习，为了争取名列前茅，他从头年秋天就开始撰写讲稿，一共有4篇，准备用来在全师军官集训讲习会上发言。冬季又担任沙盘作业训练的讲官。一系列的活把他累坏了，在这段日子，蒙哥马利很少休息，有时几乎是通宵达旦地工作。他给利德尔·哈特写信说："这是一项非常劳累的工作，到了最后，我已弄得筋疲力尽……但那是很值得的。"

这些讲稿后来印成小册子颁发下去，蒙哥马利在引言部分说：

"唯一的目的，是使听讲的军官们不必做笔记，这样受训的军官们就可以全神贯注地听讲，和看着眼前的沙盘……"

作战部对某些军官，特别是蒙哥马利不经同意，三番五次私自发小册子非常恼火，下令一律禁止。演习进行期间，蒙哥马利已经得知了消息，感觉像是被浇了一盆冷水，热情受到打击。他在教材上面辛辛苦苦，花了那么多的心血和功夫，一纸禁令就要作废，并且以后也不许再编，怎么说他都不甘心。几乎是带着一股怨气，蒙哥马利从演习的地方回到了驻地，心情闷闷不乐。这天，他和甘冈在一起打高尔夫球，由于心里有气，使劲挥动球杆，重重地给了球一下子，球在空中划出一道不同寻常的弧线，飞出很远。他的举动，让站在对面坡上打球的一名准将看得清清楚楚，他用锐利的目光朝蒙哥马利瞪视着，蒙哥马利也看见了他，不以为然地撇撇嘴，低声骂道：

"这个老混蛋，饭桶一个！"

甘冈被他的大胆和粗鲁吓了一跳，愣愣地看着他，半天说不出话来。

有情绪归有情绪，命令却不能不服从的，蒙哥马利生了一阵子闷气，想想没辙，气慢慢就消了。他写信给哈特，表示无奈之情：

经过再三考虑，我想作战部是对的。如有需要颁印这种册子，应该由参谋本部去编纂，各师自办，是行不通的。事实上，参谋本部认为没有必要，所以我们已放弃使用自编的小册子了。

之后，他同哈特书信往来，又热烈讨论起战术观念和原则，尽管他们在许多方面存在共识，彼此又都互相欣赏，可是，这并不能掩盖他们之间的分歧。两个人都自以为是，每当对对方的观点不同意，就客气然而态度坚决地回答道：

"我不赞同你的意见，但是，我很高兴获得这些意见。"

蒙哥马利整天忙碌不堪，没个消停，任凭他精力充沛终归难以支撑，不得已，只好请假休息。即便是在两个月的假期中间，他也还是闲不住，不断去信同哈特探讨问题，这在别人看来有点不可理喻，可同蒙哥马利脾气相投的哈特能理解，也只有他，才能理解。

渐渐地，光写信探讨已经不能令蒙哥马利满足了，有一天，他突发奇想，何不试一试往杂志上投稿，这是一种新鲜的方式，又可以赚取更多的注意力。于是，他试着给《陆军季刊》寄去一篇文章，没想到很快发表了。蒙哥马利喜出望外，虽然编辑刊登时把他的文章题目，由原来的《地区自卫部队的训练》改为《对地区自卫部队中新任副官的建议》，而且没给蒙哥马利署名，可他还是很高兴。毕竟，这是第一次尝试，居然就成功了，这无疑使他对自己的能力，尤其是以前没有发现的写作能力，信心倍增。而这比什么都重要。

此后，他便一发不可收拾，连续在皇家沃里克郡团主办的《羚羊》杂志上发表了5篇专论战术史的论文。在第一篇《现代步兵战术的演进》一文的前言，蒙哥马利这样讲述了写作的动机：

“该篇文章是对读者具有教导性，并且是具有军事价值的。这项写作工作不是轻而易举的，因为《羚羊》的读者很多，上至将军下到士兵都有。所以我决定撰写连续几篇有关过去约300年来，我们现代步兵战术的演进和发展。对这个题目，每个人都应该有兴趣的，无论是士兵，还是将军。编辑也会高兴……”

蒙哥马利这样说，有替自己吹嘘、虚张声势的嫌疑，《羚羊》一向是一本以刊登团内报道以及娱乐花边消息为主的杂志，从来不登枯燥的军事论文，这一次倒算蒙哥马利幸运。蒙哥马利在文章一开头，旗帜鲜明地亮出了自己的观点：

“有史以来，从古罗马的密集队形开始，战术上的基本法则，始终保持不变。这个法则就是：要想成功，必须在准备实施决定性打击之处，占据绝对优势。”

结果，他的文章引起了不小的轰动效应，从餐厅到营房，响起一片议论声。也许是杂志破天荒的举动所致，而不完全是因为文章本身。他的观点有的人同意，有的反对，有的持保留意见，不管怎么说，他算是名声大噪了。佩服他的人读后不过瘾，已经私下揣测，下次，蒙哥马利将会奉献什么样的文章？他又会提出什么让他们大开眼界的理论？他们还迫不及待地想知道，蒙哥马利是如何预测未来的战争？仿佛，蒙哥马利成了预言大师似的。这一切，也正是蒙哥马利所期待的，不过他和他们不尽相同，至少，有借机扬名立身的成分在内。听到周围那些议论的声音，蒙哥马利不禁得意扬扬。

1925年春天，从法国休假回来后，蒙哥马利被任命为皇家沃里克郡团第1营第1连的连长。这是他第一次以指挥官的身份重新回到该团。还没上任，他已拟好一份训练计划，包括从3月中旬到8月初的每日课目，上任后，还把它印成了小册子发行。针对战后陆军训练松散、士气萎靡不振的情况，蒙哥马利按照这份计划，在自己的连队首先搞起了战术演练，他订立的要求很高，要使“每一个军官和士兵在战斗中对每一种作战所应采取的行动有一个清晰的概念”。当时和平风大盛，不少人认为他没事找事，私下议论纷纷，说一些风凉话。蒙哥马利连里的个别军官也对他不满，但由于得到营长麦克唐纳的支持，反对的声音逐渐弱小。3月18日上午，热火朝天的连战术演练开始，课目有战斗队形、射击命令、巡逻侦察、夜间

< 正在进行训练的英军坦克部队。

战斗、进攻、退却、防御、野战筑城、坦克支援、陆空协同等等。每天晚上，全连总结讨论当天演练的得失，随后，由蒙哥马利部署第二天的任务。由于又要抓训练，又要主管一连的日常事务，实在忙不过来，他请求营副官派一名助手来协助处理，没想到却遭到拒绝，盛怒之下，蒙哥马利大吵了一通，就差挥拳相向，可问题仍旧没有得到解决。

经过十来天的训练，蒙哥马利的名字传遍了全团，连旅长也听说了这种别出心裁的训练方式，当即决定带着参谋长亲自过来视察。视察那一天，蒙哥马利正率领全连进行10公里的越野前卫战术模拟演习，尽管累得疲惫不堪，演习却获得了成功，旅长大加赞许，这使蒙哥马利高兴万分。

他的连成了全团乃至全旅的模范，不断在各种场合示范表演，他的要求上面都一一满足，包括真枪真炮的实弹演习。与众不同和标新立异为他赢来关注的目光，一时间，他竟成了官兵们嘴边谈论最多的公众人物，连官级比他大的团长、旅长，也没他那么风光。陆军部已经

∧ 1927年，坎伯利参谋学院教官合影。前排右三为蒙哥马利。

密切注意这个锋芒一再显露的步兵连长。这年夏天，他的军衔顺理成章地正式晋升为少校。两天以后，参谋会议又决定，调蒙哥马利到坎伯利参谋学院担任教官，那里有一名中校教官刚刚离职，他的空缺，正好由蒙哥马利来顶替，任期3年。蒙哥马利对这个任命既兴奋，又感到奇怪，后来才知道，是哈林顿，也就是约克郡第49师的师长向陆军部鼎力推荐的结果，不禁暗存感激。

1926年1月，蒙哥马利来到坎伯利参谋学院，离开6年后，又故地重返，不同的是上次他是这儿的学生，而这次是作为一个堂堂的教官回来。

研究室主任阿兰·布鲁克是个资深教官，他比蒙哥马利大3岁，从小生长在法国，18岁时才回英国。参加过第一次世界大战，获过两枚绩优勋章，对炮兵的研究很有一套，享有专家之称。这个人对学生和手下人要求严厉，对蒙哥马利也不例外，甚至更苛刻，但不是故意刁难，他是因为欣赏他的才华而想让蒙哥马利接受更多的锻炼。工作上出些难题，私下里却照顾有加。因此蒙哥马利对他很有好感，也非常佩服，给予罕有的尊敬，直到很多年后布鲁克逝世，一直都这样。

蒙哥马利一来，就卷入一场对装甲部队在未来战争中扮演何种角色的争论。

第一次世界大战结束以来，为了维持庞大军队的巨额开支，英国政府的国防费用渐成捉襟见肘之势，削减花费高昂的装甲部队的呼声不绝于耳。另外，对于战车将来的作用，也有人表示怀疑。这种论调，蒙哥马利和布鲁克不约而同地反对。他们都认为一个能适应未来战争需要的指挥官，必须是多面手，可以同时指挥多兵种作战。就战车来说，蒙哥马利对它的前途尽管心存疑虑，但不同意置于可有可无的地位，其作用他还是看得比较清的。他在《羚羊》杂志上撰文说，只要解决战车的大量生产问题：

“那么步兵能否继续称为军中的主兵种，即最后赢得战斗的兵种，将值得考虑。战车将来在陆军中成为突击的兵种，炮兵是使突击能以发动的兵种，而步兵却是在攻占的地区，担任占领任务的兵种，这种时代，似乎即将来临。”

蒙哥马利爱出风头的毛病依然改不了，现在当了教官，客观上给了他更多的表演机会。在这里，他已经成了享誉全校的沙盘高手和战术问题的“权威”，他利用一切可以利用的场合，大肆宣扬自己的战术思想，演讲成了他乐此不疲的快事，想象力异常丰富的他，经常赢得满堂喝彩，但同时也因为张扬和过于新鲜的见解，招来敌意的眼光，不过蒙哥马利不在乎。学生们喜欢他锐利和不落俗套的思维，但对他的教学方法却叫苦连天，他鼓励他们创新，可又强调必须打好指挥、运筹和编组等方面的基本功。有时心血来潮，连细枝末节的要求也不放过。一次他给了一个学生的作业零分，而满分是500，有人便大惑不解地问他：

“不至于这样糟糕吧，给的分是不是太低了？”

“不。”

“为什么？”

“很简单。”蒙哥马利振振有词地说道，“按规定不准在作业边上写，他偏偏在那儿写。如果他对这样简单的规定都不能遵守，他就不能指挥别人。”

问者被他的回答弄得哭笑不得。从此，他更是出了名。

春光明媚的4月，蒙哥马利和弟弟布莱恩，还有皇家沃里克郡团的3名少尉，结伴去法国和比利时搞了一次别开生面的自行车旅行。这个主意是蒙哥马利想出来的，一来凭吊一下他曾经战斗过的战场，另外顺便可以向几个年轻人炫耀一番。蒙哥马利从东部陆军训练奖金中获取一笔资助，因此不用自掏腰包。他们从多佛尔出发，开始480公里的征程，每到一处，蒙哥马利总要停下来讲述当年在此作战的经过，然后就战争提出一些问题，让几个少尉回答。

在奥斯坦德登陆时，蒙哥马利5个人遇到一名神气活现的比利时海关值勤士兵，指出他们的旅行通行证有问题，蒙哥马利灵机一动，亲热地拉住那名士兵的手，一口一个“上校先生”，叫得他心花怒放，马上挥手放行，连行李也免检了。在旅途中间，蒙哥马利用类似的手段，将碰到的麻烦一一解决，使同行的几个毛头小伙子大开眼界。

4月27日，为期一个星期的自行车旅行结束，蒙哥马利达到了预想的目的，心满意足踏上归途。

1928年的年末，有一个重大的事情，需要他仔细斟酌和思考了。再过一个月，他在参谋学院的教官任期将满，必须为下一步作打算。在年初他因为表现优异，已获得晋升，军衔变成了准中校，但此时各部队职位都无空缺，他没地方可去，作战部也感到头疼，只好让蒙哥马利自己拿主意。蒙哥马利知道这种状况后，觉得与其如此，不如回老部队——皇家沃里克郡团，既熟门熟路，容易干出业绩，又能凭此得到更多的注意，为今后升迁打下基础，换句话说，要埋头苦干，以待时机。

1929年1月，蒙哥马利离开坎伯利参谋学院。这时他已经结婚，休完一个月假，2月份，回到皇家沃里克郡团第1营报到。这个营已经移防至英克曼，营长也换了人，蒙哥马利的老上司和旧友克莱门特·托姆斯中校统率该营，蒙哥马利很高兴，但没想到他的到来，却让托姆斯犯了难。这是因为营里只有一个本部连尚缺连长，而该连长的职责，仅是管理一帮鼓乐队、通信兵和文书。把本部连交给蒙哥马利来管，托姆斯十分不好意思，可蒙哥马利倒觉得没什么，照样干得挺欢，而且，比其他连长更加出色。他从来都是这样敬业，要么不做，做就一定要做好，即使给他一个不能充分发挥才干的闲职，他也不因此而有动摇。连队在他的管理下，焕发出勃勃生机，鼓乐手被他指挥得团团转，其他人员也各司其职，因为工作需要，蒙哥马利为他们安排了特别的房间，士兵们为此而感动。

蒙哥马利从爱尔兰战争以来，不断编纂一些小册子和讲稿，犯了陆军部的忌讳，后来遭明令禁止，蒙哥马利一直为此事耿耿于怀，可他能编能写的名气这时却早已传了出来。半年后，陆军部要修订步兵训练教材，成立了一个编修委员会，通知蒙哥马利要调他去做秘书。蒙哥马利觉得大展身手的时机到了，把自己的战术思想和准则贯彻到新教材中，以前是他的梦想，在遭受那次打击后，也没有放弃，如今好机会来了，怎能随便让它从手心溜走？于是，他毫不犹豫地答应了。10月15日，他临时离开本职岗位，来到作战部编写教材。此后的6个月内，蒙哥马利成了作战部的“配属”军官，每天多领5先令的特别津贴。

新步兵训练教材的编写工作，拖了好几年，中间断断续续，几度易人，比如1921年版大部分由利德尔·哈特撰写，1926年版则换成了戈特子爵。蒙哥马利对他们编写的东西不屑一顾，认为不能真正体现他的主张，依蒙哥马利的意思，要将教材编成一本“供正规军和地区自卫部队团级军官使用的、完整的战术手册”——内容广泛的作战论著，反映的观点，也不能唯作战部马首是瞻，这与委员会的初衷背道而驰。因此，当蒙哥马利按照这个构想一提出草案，立刻遭到激烈的反对。事实上，蒙哥马利不过是委员会的秘书，委员会里集中了一

∧ 1930 年，蒙哥马利与两岁大的儿子戴维及父亲合影。

批军界有头有脸的人物，论说话分量，还轮不上他，一个小小的中校秘书对教材编写指手画脚，自然引起别人的不快。不过，他们并没全盘否定他的草案，而是要按他们的意见修改，蒙哥马利坚决不干，于是陷入了僵局。6个月后没有进展，那本草案躺在那里，仍然不见一点动静。眼看规定的编写期限将满，委员会负责人戴维·康贝尔爵士急得乱转。这时，蒙哥马利提出一项建议：解散委员会，由他负责把众人的意见吸收进来，最后统筹完成教材，在此期间，他不领额外津贴。康贝尔爵士见有人肯收拾摊子，求之不得，满口答应。但他没料到蒙哥马利在这里给他耍了个花招：他在写最后一稿时，把委员会的意见统统剔除，这样，他就堂而皇之地达到了个人目的，即编写一本反映自己思想观点的步兵新教材。

书付梓出版后，得到了较高评价，但指责声也不少，利德尔·哈特就是其中之一。蒙哥马利写完书稿后，托人带给他审阅，征求意见。本来，哈特曾是该教材的撰写人，后来被戈特子爵替换，对这份差使落到别人头上满肚窝火，虽说蒙哥马利是朋友，可还是压抑不住妒忌之心。因此他毫不客气指出，该书虽然将原稿“部分饰文和冗长赘语”删除，但阅读对象似乎定在旅或营级指挥官，而没有以“真正需要指导的连、排长”基层军官为对象。哈特一向坚持扩张战果的军事思想，以前曾经围绕这个问题同蒙哥马利唇枪舌剑，争论不休，这一回，他对于教材在《进攻》一章里被忽略此部分内容又给予了抨击。在写给蒙哥马利的信中，哈特说他为此表示遗憾：“把该教材所解释的对敌阵弱点予以突破后，如何运用预备队再扩大突破口、扩大战果这部分漏掉了。”蒙哥马利对哈特的建议表示感谢，但接着故伎重演，他回信说要接受：“这些意见对我有莫大裨益，我已参照其中较重要者，对草稿作必要的修正。”

当哈特拿到刊印的成书后，才发现实际根本不是那么回事，自己的建议并未被采纳，又气又失望，可木已成舟没有办法。后来，不可避免地，只要一谈到那本教材，哈特总不忘说三道四。

蒙哥马利回团以后，担任托姆斯的副手，在此之前托姆斯已经被作战部看中，将于年底调到那里工作。下一个营长是谁，不是本团的人，也不会是外面调的人，只能是蒙哥马利。他自信凭借编书和各方面表现，继任托姆斯的职务是板上钉钉的事。全团上下都这么看。蒙哥马利预感到升迁的荣耀时刻就要来临，喜上眉梢，托姆斯还没走，他就有点急不可耐，说话办事霸气十足，大有舍我其谁的味道。有一次他在家里为年轻军官们开办舞会，中途，他几次爬上一张桌子，大声向所有人命令：

“交换舞伴！”

大家你看看我，我看看你，场面很尴尬，但是最终还是照他的意思办了。

不久到“新公园”度假，他把专横的气势也带了过来，同母亲亨利夫人发生了冲突。第二天早上，全家做完礼拜，到楼下就餐，发现蒙哥马利在餐厅门上贴了一张“每日命令”，亨利夫人气不打一处来，不过还能忍着。稍后情形就更严重了，她发现窗前的常春藤全被剪了，而她已经下过命令任何人不得随便动它们。亨利夫人气势汹汹地问下人：

“这是谁干的好事？”

得到的回答是蒙哥马利下令干的，这下亨利夫人勃然大怒，找到儿子大声喊道：

“你根本没有权力这么做，这是我的房子！”

“噢，实在对不起，”蒙哥马利满脸堆笑地解释道，“可是，你看——它挡住了我窗口的光线。”

骄狂使蒙哥马利有时连上司也敢公然顶撞，托姆斯后来回忆在他离任前，发生这么一件事：

奥德索指挥部经常要求派伯纳德在演习中担任裁判或参谋工作。伯纳德并不一定高兴。我记得有次一位怒气冲冲的将军在演习中跑到我的营部来，要“那尖声怪气的小混蛋”——蒙哥马利的老命。

>> 驻防巴勒斯坦

第二年年初，也就是1931年1月，蒙哥马利正式接替托姆斯担任皇家沃里克郡团第1营营长。部队紧接着奉命驻防巴勒斯坦。父亲亨利主教知道消息后，非常高兴，因为在这个虔诚的基督徒眼里，那是圣地。他已经到了风烛残年，健康状况日益让人担忧，蒙哥马利临行前，和亨利主教告别，他看见父亲颤巍巍的，眼光也有些浑浊，但精神还不错。就要出发了，父亲拍着他的肩膀，说了一些勉励的话。蒙哥马利嘴上谈笑风生，心里却有一种不祥之兆袭来，因为，他知道父亲已经去日无多，这一次分别，下次能否再见到很难说。他一阵难过，不敢再想下去，匆匆离开了家。

妻子贝蒂带着戴维来送行，因为约翰生病，需要人照顾，她不能马上随军前往。托姆斯也来了。部队从南安普敦乘坐运输舰，到达埃及的塞得港，然后从那里换乘火车，又经过一程跋涉，不多久，全世界教徒向往的神圣城市耶路撒冷就遥遥可见了。作为在一个宗教气氛浓厚家庭成长的牧师之子，蒙哥马利望着高高耸立的幢幢宗教庙宇和建筑，倒没什么特别的感触。他想着这次自己是独立指挥一个营，而且是22年前刚入伍时的老部队，虽然不是他梦想的千军万马，但那种气概，终于可以体会到了，他幻想着未来一场残酷的战争就在眼前，憧憬着亲自指挥战争的场景，一股自豪之情油然而生。

∧ 时为中校的蒙哥马利。

MONTGOMERY

∧ 蒙哥马利在耶路撒冷。

< 蒙哥马利与妻子贝蒂在耶路撒冷。

驻巴勒斯坦和埃及的英军总指挥是约翰·伯内特·斯图尔特将军，他把司令部设在开罗，这样一来，蒙哥马利就成了巴勒斯坦所有英军的实际负责人。除了本营，他还指挥海法的一支部队，此外还要往来叙利亚、约旦和黎巴嫩，同驻守那里的外军通气。为了方便出行，他把自己的那辆汽车也运了过来。

部队营房散居在耶路撒冷城郊附近，空气清新，从营房向远望去，在晴朗的天空下，满目葱绿，站在橄榄山上，耶路撒冷的美景一览无余。灰色的城墙，旧迹斑斑的清真寺和教堂，显示着历史的悠久，街道狭小，车马喧嚣，两旁商店的物品琳琅满目，这些，都是一个外乡人所好奇的。不过，蒙哥马利没有更多机会领略，因为他太忙了，要跑的地方很多，要处理的事情也一大摞，忙起来，往往连本营都顾不了。耶路撒冷是个多宗教的城市，各派教徒经常发生流血冲突，英军的任务就是维持治安，防止事态激化，和警察的职责差不多。

6月，贝蒂带他们的儿子戴维来到耶路撒冷，约翰稍后赶来。全家团聚激发了蒙哥马利的游兴，他从繁忙的公务中暂时解脱出来，领着妻儿跑遍了佩特拉、杰拉什、大马士革、巴勒贝克等观光点。约翰想自己去埃及玩一趟，但担心签证有麻烦，蒙哥马利要过护照，提笔就在上面写——“因公赴埃及”，最后签上“伯纳德·蒙哥马利”的名字，对约翰说：

“没事了，你可以去了。”

年底，部队集合起来乘坐火车向下一个驻地——亚历山大港进发，军官家属都随军行进。火车在塞得港停下，改为乘船，由苏伊士运河抵达目的地。在这里，蒙哥马利又恢复了野战指挥官身份。他派出一个骑兵分队，协助苏伊士运河旅守城，该旅由弗雷德里克·派尔准将统率。这时，他已被升为准上校，考核报告是斯图尔特将军写的，他在报告中这样评价蒙哥马利：

伯纳德·蒙哥马利中校：为人聪明，有活力，有野心，是一位非常优秀的教官。他有个性，有学识，对军事问题能迅速进入状态，把握要点。以其才能，理应晋任较高职位。但要晋任，伯纳德必须多培养自己的机智、忍耐和审慎等等修养。本人对伯纳德的才能至为赏识，这是一点善意的建议。

这些话令蒙哥马利既佩服又难受，佩服的是斯图尔特洞察入微，看清了他的优点，包括缺点，而他对他的批评却让蒙哥马利不痛快。不过，想想说的也是，也就心平气和了。但他没一点要改的意思。

他在巴勒斯坦已经尝到独立行使权力的甜头，虽说到亚历山大港后的管辖权限缩小，可不干出点成绩，毫无建树，是他绝对无法忍受的。因此，蒙哥马利一来，就风风火火地抓起部队的训练。每个连训练之前，他都将连长召集来，指示说：

“你现在回到办公室去，把整个训练计划写出来。我要你将部队带到亚历山大外面，离得远远的，哪里都行。但要事先侦察一下，要有充分的水和其他的补给。愿意的话，可以带着经理官一起去。”

训练通常在夜间实施，每次不少于48小时。蒙哥马利尤其重视这种夜间训练，他认为一定要培养士兵的夜战能力，在黑暗中熟练使用武器，特别是重武器，如机枪和火炮，以适应未来沙漠作战的需要。为了防止部下躲懒怠工，蒙哥马利不定时亲自跑去检查，搞突然袭击，这样就有效杜绝此类事情的发生。

此外，在全营训练和演习上，蒙哥马利也常折腾一些名堂。实施前，他亲自拟好计划。让情报军官担当假想的敌人，蒙哥马利自己当裁判。接着把部队从营房拉出来，走进一望无际的大沙漠，白天行军，夜晚宿营，演习的内容，要么是进攻“敌人”村庄，要么就是防守某一地区。开始士兵们还觉得新鲜刺激，时间久了老是那一套，条件又恶劣，就不起作用了。为了调动官兵的积极性，蒙哥马利想出一个花样，每次艰苦的演习回来之后都举办一次娱乐比赛，每个连都要出节目，表演最精彩的奖励两天假期。这样一来，问题便迎刃而解。人们充满乐趣，部队为一片活泼的气氛围绕。

V 1932 年，友人前来拜访蒙哥马利。

V 1931 年，蒙哥马利（右）在耶路撒冷。

虽然如此，但蒙哥马利独断专行的作风仍颇受非议。他掌管全营官兵升迁和任免——依他的“功绩”标准。不经他同意，任何人不能随便调遣。行政、军事、后勤，这些都按蒙哥马利的性子行事，是好是坏，全由他决定。有时这种决定，全凭一时心血来潮。有一次，营里举办音乐会，两个列兵分别模仿蒙哥马利和团士官长，表演得很像，引得下面的人激动得乱喊乱叫，蒙哥马利趁着人群喧闹的那会儿，站出来大吼道：

“有这种本事，怎么能只让他当列兵？升他下士！”

好的受到欢迎，不好的部下顶多埋怨两句，也不算什么。总的说来，蒙哥马利手下人还是爱戴他的。因为他对军官和士兵比较爱护，富有同情心，也能理解他们的需求，包括生理上的。他对官兵寻找妓女，持鼓励态度，但强调必须注意安全卫生。他自己平时偶尔喝点酒，抽几根烟，兴头上来，有时也赌两把，仅仅为了好玩。经常的娱乐活动是打桥牌，水平还不错。他我行我素的性格有时常惹上司恼火。一次，蒙哥马利要率全营开进沙漠训练，旅部以天要下雨为由，拒不同意，争执半天，蒙哥马利干脆拂袖而去，结果，他还是把部队带了出来。这不免引起派尔对他的担心，他打给作战部的机密报告中称蒙哥马利“绝对是出类拔萃、并应该是在陆军中步步高升的人物”，但对他的臭毛病，也看得一清二楚：

“如果伯纳德达不到，那一定是由于他一时控制不了自己过分专横的个性。”

1932 年，蒙哥马利的家庭发生了重大的变故。11 月 25 日，他的父亲亨利主教去世了。这位一辈子潜心宗教事业的85岁的老人，不久前瘫痪，在患病3个月后，平静而又安详地升入天国，没有任何痛苦。在生命的最后日子里，亨利夫人一直在身侧服侍他，陪伴着他。因

★印度民族大起义

19世纪中期印度封建主领导的、以印度雇佣兵为骨干的反抗英国殖民统治和争取民族独立的起义。19世纪上半期，印度完全沦为英国的殖民地。英国在印度的殖民统治逐渐引起各阶级的不满和仇恨，从1857年2月到4月，军队哗变事件不断发生。5月11日，起义者占领古都德里，并成立了领导机构。此后，起义迅速波及北印度和中印度广大地区。起义虽然以失败告终，但却沉重地打击了英国的殖民统治。

为路途遥远或者其他原因，她一直没通知蒙哥马利，他是过了一段时间，才听到这个噩耗的。父亲的死，使蒙哥马利受到巨大打击，他对父亲怀有无比崇敬的感情，在他的心目中，父亲是圣贤，具有宽容、仁慈、博爱和奉献的美德，这么多年一直忍受着母亲的跋扈霸道。他是耶稣的化身，更是让蒙哥马利感到温暖的朋友，是他，在蒙哥马利人生最初的成长道路上，给了他力量和信心。父亲一直关注着他，为他的每一步前进骄傲。如今他只不过是一个中级军官，未来的将军、元帅，在等着他，他有这个自信，可父亲是再也看不到了！蒙哥马利陷入悲痛之中。

幸好有贝蒂，安慰他，理解他。贝蒂是个贤内助，她以朴素的穿着和乐于助人的品质深受家属和官兵们的喜爱。最重要的是，她的乐观和豁达感染了蒙哥马利，有了她在身旁，他变得坚强，心中的哀伤被渐渐淡忘。

>> 再赴印度

1933年圣诞节前，第1营再度奉调转移驻地，地点是印度的浦那。

浦那的南方地区指挥官乔治·哲弗雷斯爵士将军，以注重制式操练和传统礼仪而著称，步兵训练教材第一部操练部分就是他写的，这同蒙哥马利对战术训练的情有独钟相左。加上本来对来这鬼地方就一肚子不满，这里军营设施落后不说，还要受《在印度的修正规定》这样的条条框框限制，蒙哥马利简直牢骚满腹。因而，视那些规定为一纸空文，自行一套。

1857年印度民族大起义★发生那天，是一个星期天，当时进教堂的英国军人都没带枪。自那以后驻印英军周末在教堂阅兵或参加祷告，必须要求携带武器，以备不测。蒙哥马利嫌取枪、交枪的手续麻烦，因为都要签字，每到周日，干脆派一个排全副武装的士兵站在教堂外边，担负警卫。哲弗雷斯不同意，蒙哥马利置之不理，坚持这么做，此外，在其他很多事情上，他都站在了爵士的对立面，哲弗雷斯时常被这个目无长上的下属气得要死，可拿他也无可奈何。这年春季，蒙哥马利和妻子酝酿去远东旅行，自从他担任营长3年以来，中间只回过英国一次，整天操心军务实在顾不上别的，因此想利用这次旅行放松消闲。哲弗雷斯巴不得他越走越远，好让自己清净一些，很爽快地答应了他的请求。同行的有蒙哥马利的老部下伯奇中尉。这个人在埃及服役时突然感染小儿麻痹症瘫痪，蒙哥马利请人为他治病，病情好转后，又提拔他为另一个营的副官。这一次，他请病假，也跟了过来。他们计划从孟买出发，途经科伦坡、槟榔屿、新加坡、香港、上海，然后到日本逗留两周，出发前，把5岁的戴维交给一个保姆，暂时送回英国。

走到香港，蒙哥马利收到一封电报，是从驻印司令部拍来的，拆开一看，原来是推荐他担任奎达参谋学院的首席教官。又是教官，蒙哥马利心里嘀咕一句，淡然一笑，随手把电报放到一边，贝蒂劝他："别人盼还盼不到呢，你倒好，三番五次拒绝。这个职务也不错嘛，将来戴维可以接来，约翰和迪克完成军事训练，没准也会派到这里来。"

"唔……我再想想……"

5月，蒙哥马利从日本回到印度，开始收拾准备赴奎达任教。虽然陆军部保证一到奎达，马上正式升他为上校，蒙哥马利还是高兴不起来。他暗存一丝忧虑，再干3年教官，是祸是福，对他来说真的难以预料。3年之后，他49岁，那时他简直不敢去想象，无非两种命运摆在面前，要么成一只"误期的破船"，也许错过了机会，就再赶不上了。要么就是修来好运气，能回到指挥岗位上，再干几年，也许某一天还能蹿两级。这种事情不是没有，但不是每个人、每个时候都能够遇到。既然，他无法把握命运，只有走一步看一步了。

星期一上午，蒙哥马利准时到达奎达参谋学院报到。他穿着一身上校军服，显然这是不合适的，因为正式的晋升命令还没下。这一下蒙哥马利可出风头了。他爱慕虚荣的名声不胫而走，人们背后猜测：

"蒙哥马利从浦那来时，一定是在火车上就把上校的服装和徽章换好了。"

在他之前的两任首席教官的军衔，走时才是上校，蒙哥马利一来就超过他们，这使有的学生很生气，对他的印象不大好。但是不久，蒙哥马利靠出色的讲课改变了他们的看法。

本来一开始，院长盖伊·威廉斯派蒙哥马利到二年级班，但考虑到他精通战术，就改任一年级班的主任教官，负责讲授战斗指挥技术和参谋职责。蒙哥马利上课与别人明显不同。他带着一本笔记本走进教室，旁若无人地先翻开念一页，大约有三四分钟，学生坐在下面眼巴巴地看着他。念完后他开始讲课，条理清晰，语言简练。过一会，他又丢开学生不管，埋头看上三四分钟笔记，然后回到讲台前，这次是一气呵成，一直讲完，中间不再停顿。有学生对此表示奇怪，蒙哥马利解释说：

"是这样。我在训练自己在说话时同时思考，而不去读笔记。因此，我喜欢重温我的记忆，然后，我再去一面讲，一面想，用话说出来。"

蒙哥马利就用这种独特的方法开始他的教学工作，他对他认为优秀的人大力提掖，而对他所谓的“废物”一点不留情面，他在一个固执的学生的考试卷上挖苦“一大进步——蹩脚到家”。甘冈曾于埃及演习时同他合作过，对他的聪明，蒙哥马利很赏识，认为比较有潜力，因此演习后便开始为他积极争取进坎伯利参谋学院深造的机会，最终如愿以偿。蒙哥马利甚至为了班上一个表现出众的学生的提前晋升问题，专门亲自跑去作战部一趟，办妥此事。这个人名叫达德利·沃德，后来当到军团司令。沃德对蒙哥马利不遗余力关照自己，非常感动，他评价蒙哥马利在奎达参谋学院的功绩说：

“在奎达，全体教务人员是归蒙哥马利指挥的。我想，全体教务人员从蒙哥马利身上所学到的学问，和学院里的学生一样多。无疑地，我们大家都感到，有一位像蒙哥马利那种才能的人来教授军人行业中较高层次的学识，是格外光荣的。的确，后来任何个人在军事能力

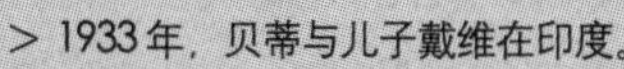

> 1933年，贝蒂与儿子戴维在印度。

> 1934年，蒙哥马利与儿子戴维在印度时所摄。

上的发展，都是来自蒙哥马利在奎达的传授，和他的战术准则……一般人迷信机动能力……你能在战场上取胜的唯一途径，就是将想要剥夺你机动能力的这个敌人打败，而教我们怎样去做的就是蒙哥马利。”

这些赞颂之辞未免过誉了些，但这说明沃德对蒙哥马利怀有深深的敬仰之情。这时期，蒙哥马利的战术思想更加成熟，与以前相比，少了一些偏激和新奇，而更注重充实，趋于完整。他将这些思想灌输给学生，力求讲得透彻、明了。

奎达参谋学院的院长威廉斯中将对蒙哥马利十分器重，在如何使用蒙哥马利上，他有独

∧ 1936年，蒙哥马利与妻子在奎达。

到的眼光和得体的办法。既充分鼓励，放手让他实行新教学方式，又能做到掌控自如，把握在适应全校节拍的范围之内。正是由于这种巧妙的手腕，两人的良好关系得以建立起来，不到一年时间，从1935年起，威廉斯对蒙哥马利的高度评价附在机密报告中，源源不断送往伦敦。这一年的4月，他向作战部军事秘书处推荐蒙哥马利担任常备部队的旅长，或给予晋升准将参谋，因为"（蒙哥马利）是性格坚强之人，博览群书，富有作战经验，是位优秀的训练人才和颇有说服力的教官。他对行为和工作，要求高度的水准"。作战部的案头堆放写满各种推崇评语的蒙哥马利的档案，鉴于这种水涨船高的人气，5月8日人事评议委员会通过，3年期满，也就是1937年，只要常备军步兵旅旅长的位子出现空缺，就将由蒙哥马利替补。蒙哥马利听到这个消息后，感到宽慰。在奎达的3年，看来至少不会完全白费，现在要做的只有等待了。

蒙哥马利在教学中大量使用沙盘，经常把学生带到奎达野外一马平川的大平原上搞演习。随着时间发展，他对空中力量的认识逐渐改变，越来越强调陆空协同作战的重要性，而以前他不是这么认为的，把飞机曾排除在战争用途之外。他曾对别人说，飞机"除作为从一地到另一地的迅速和安全的工具外，毫无用处。即便这样，降落的场地为数也不多，而且彼此距离甚远。驾驶员和观测员对战争一窍不通，也不知道战争进行下的条件，因此不可能有多大帮助"。他后来更正看法得益于1936年7月开始的西班牙内战，在这场战争中，希特勒和墨索里尼为绞杀进步的共和军力量，公然出兵干涉，德国为此成立了"W"特别司令部，组建了派往西班牙的"康多尔"军团，又称"秃鹰军团"，拥有空军、坦克

★国际联盟

第一次世界大战结束后建立的国际组织，又称国际联合会，简称国联。1919年1月8日巴黎和会通过建立国联的决议。同年4月28日和会通过以美英方案为基础的盟约，并作为对德、奥、匈、保等国和约的第一部分。1920年1月10日，国联正式成立，总部设在瑞士日内瓦。先后有63个国家加入国联。在两次世界大战期间，国联在西方大国的操纵下，曾多次对法西斯势力作出退让和妥协，在某种程度上助长德、意、日等国的扩张野心。第二次世界大战爆发之前，国联实际上已经不起作用。战后，国际联盟于1946年4月正式宣告解散，并将其财产及档案移交给联合国。

兵、装甲兵和其他技术兵种，体现希特勒的总体作战思想。空军此时开始大显威力，一批先进的飞机如“容克－87”俯冲轰炸机和“梅塞施米特－109”驱逐机投入战场。这使蒙哥马利大受启发，在教学中他要求学生都要学习炮兵、工兵、装甲，以及和空军等各兵种的联合运用。凭着特殊的敏锐感觉，他预感到欧洲大陆即将卷入另一场新的大战，这样的感觉甚至10年前就有。经过几次非同寻常的事件后，特别是1936年春以来连续发生的两件事，3月希特勒进攻莱茵区，5月墨索里尼吞并阿比西尼亚，这分明是一种试探的信号，国际联盟★有气无力地宣布要实行制裁，随后便没了下文。两个野心家的冒险行动得逞了，蒙哥马利更坚定了他的忧虑。照此来看，西班牙战争不过是前奏，更大规模的战争，早晚会来。他不止一次针对严峻的态势，告诫他的学生：

“各位现在务须把自己变成在你所选择的职业中的专家——因为我们所有的时间，仅是德国人达到自己认为已获致充分重整军备所耗的时间。

“记住，将来是你们的责任，你们如果不勤习你们本行业的学识，一切后果，将由你们自己承担。”

1937年2月，作战部来电告知驻国内朴次茅斯的第9步兵旅旅长即将离职，准备让蒙哥马利接任。这意味着，从那天起他将晋升为暂时准将，但同时，根据规定，他离开印度后，薪水也相应减少一半，蒙哥马利回电，表示愿意接受。虽然只是个准将，而且一开始还只是暂时的，但这并不影响蒙哥马利愉悦的心情，成为准将，说明距离真正的将军，仅有一步之遥，再过两年顺理成章升上去应该没任何问题，他的梦想正一步一步实现。想起一直渴慕的亮光闪闪的将星，用不了多久就要佩戴在自己的肩上，蒙哥马利一下子有些激动起来。他知道，能有今天的顺利，这在很大程度上归于盖伊·威廉斯的再三推崇，正是院长不断为自己说好话，陆军部头头们的嘴边才能经常挂着他的名字，有空位子才会想到他，甚至，在他被通知候补旅长之后，威廉斯还不忘对他本人和他在学院的贡献大肆褒奖一番。

“蒙哥马利上校担任一级参谋和在参谋学院担任教官，对于那一班级的教育有显著的影响，”威廉斯在最后一次呈给作战部的机密报告中说，“经过他教导的学生，都以跟随这样经验丰富和有说服力的一位训练者学习为幸。伯纳德具有坚强的个性和坚决的见解，他读的书很多，在和平与战争期间，对于指挥和参谋工作，都很有经验。伯纳德对部属的工作和行为，都要求高度的水准。伯纳德是位杰出的军官，他的晋升对军方最为有利。”

最后，他补充一点看法：

“伯纳德即将担任一个常备步兵旅的指挥，他现在已适于晋升少将，并担任这个军阶的指挥和参谋职务。”

驻印英军参谋总长巴多罗苗将军看到报告，在转往陆军部之前，又在上面加上：

“我同意参谋学院院长的意见，蒙哥马利是参谋学院的一块瑰宝。他的贡献，无可限量。”

离开印度的日子越来越近了。

5月15日，一艘满载旅客的汽轮徐徐驶离孟买港。蒙哥马利已经不是第一次乘船航行在印度洋上了，但这一次却分外激动，因为再过两个星期，他就可以以一个预备准将的身份踏上大不列颠的土地——船驶向的目的地，是此行的终点，然而也许，那将又会是另一个光辉灿烂的起点。

>> 回国任职

回到欧洲，正式赴任要等到8月份，在这之前还有两个月的假期可以利用，这是在奎达3年累积下来的。蒙哥马利借此机会偕贝蒂去兰开夏郡北部旅行，这里有不少秀丽的湖泊，环境十分幽静，适合休养。他们顺便拜访了一些亲友。旅行中途贝蒂得了喉炎，一段时间后康复，但经过了这一次，体质有所下降，脸上时不时现出疲惫的样子。蒙哥马利发现后，也没有太多注意，以为是旅途劳累所致，过一阵子休息过来就好。

回到英国之后，他的《遭遇战的问题》一文已经写完，即将发表，在这篇新作中，具有战略远见的蒙哥马利集中探讨了军事行动前先期筹划的重要性。20多年前，作为一个稳妥作战思想的倡导者，他曾对违规带来的后果表示愤怒，为此他认为，一个良好的开始将决定最终的战局，否则就适得其反，“一个不良的开始，无论是由于一个坏的计划，还是一个错误的部署，或由于浪费了十分宝贵的时间，或者任何其他原因——其结果是：这场战斗只能靠官兵的勇敢来挽救，而其伤亡势必惨重……”无论如何，像上次大战时那种情况不能再重复

∧ 1936 年，贝蒂去世前与儿子戴维过的最后一个圣诞节。

了，毕竟，那是极不负责任，也是不人道的决策行为的直接产物，“我要说，黑格是完全漠视人的生命的”，若干年以后他仍不忘予以谴责。但现在一切可以不必重蹈覆辙，如果一个指挥官在上战场之前周密计划好的话，情形即大不一样。

“一位指挥官若能知道自己想要达到的目标，又具备有一个计划去指导实施，不让部队漫无目的地卷入战斗中，而且一开始就能按照一个适当的计划，将部队投入战斗，那么在初期遭遇战中就能获胜。”

蒙哥马利把指挥官的因势应变看作确保胜利的基本因素，在战斗初期，指挥官应该将指挥部尽量前移，以便获取足够的情报，早早谋划，及时向各作战单位下达命令。战斗进行中间，则最好后撤，避免危险，但在需要作出重大决定的关键时候，亲临最前方也是必要的，随身带好通信工具，方便指挥。作为一个现代战争的指挥官，他还必须亲自指挥配属的装甲部队，而不是将指挥权胡乱授予他人。文章后来刊出后，在军界产生争论，对他的观点，褒者有之，贬者也不乏其人。反对的人于1938年要蒙哥马利就对他最重要的批评，在陆军季刊中给予答复。但利德尔·哈特对这篇文章还是持积极态度的，说他“深感兴趣，而且颇为赞同”，还在文字下面和周围圈圈点点，划了不少标记。

雄心勃勃的蒙哥马利一上任就推翻了他的前任雷克斯制订的演习计划。雷克斯的计划并不是不可行，他本人也是一个训练方面的专家，但蒙哥马利却不以为然，他要另起炉灶，再搞一套，于是召来参谋长F·E·W·辛普森少校，直截了当地告诉他：

“这个计划不行。在一天之内实施3个演习，我看毫无道理。我一共只要4个大演习，每次3天，要有3个夜晚在野外，部队一定要习惯在夜间行动。”

辛普森只得按他的要求进行修改，他8个月前刚从作战部调来，在此之前曾担任过一阵低级参谋职务，蒙哥马利来后，朋友私下都为他担心，怕他受不了蒙哥马利，也许过不了多久，就会离职而去。他自己也抱有疑虑。但经过初步相处，事情并不如想象的严重，他被蒙哥马利的效率和专心吸引了，对他敏锐的洞察力更是佩服不已，疑虑自然打消。第9旅下辖4个营，对上隶属于南方军区第3师，师长D·伯纳德少将，而军区司令约翰·伯内特·斯图尔特将军，是蒙哥马利在巴勒斯坦和埃及担任皇家沃里克郡团第1营营长时的顶头上司，他对蒙哥马利可谓最熟悉不过，和不少人一样，虽然欣赏蒙哥马利的才能，但对他骄横犯上和自高自大的缺点又无法不厌恶。现在，两个人又相会了，他们都提升了一步，可角色还是原来的角色。

在一次演习中间发生了一件有趣的事。一个地区自卫部队威特郡义勇骑兵团也加入了演习行列，该团和大多数地区自卫部队一样，按封建方式组成，军官都是些较大的农场主或地主，由于特殊的性质，官兵从上到下养成散漫、讲究享受的习气，通常军官都有自己的车子，一到晚上便出去寻欢作乐。听说每星期要有3个晚上露宿野外，这些人都慌了神，那样等于要了他们的命，所以向蒙哥马利求情，能不能高抬贵手，给予他们免去参加那些持续几天演习的特殊关照，蒙哥马利听后火冒三丈。

"我绝不让这些家伙半夜三更回来！说不定喝醉了酒，叽叽喳喳，骚扰那些卖力苦干的官兵。如果他们不想一起参加演习，就请他们从我的营地滚蛋！"他怒气冲冲地大喊大叫，吓得旁边的人大气也不敢出。等他情绪平稳一些了，辛普森小心翼翼地提醒他：

"这帮人是作战部派来参加演习的，把他们弄走，恐怕不妥吧？"

"无论如何，我不想再看到他们！"

"但让作战部知道可不大妙……"

"你说怎么办？"

经过商量，他们想出一个两全其美的办法，让威特郡义勇骑兵团到山那边扎营，这样，既眼不见为净，又可以使作战部以为仍在第9旅的营地。事情得到了解决，相安无事。可过了一阵子，该团在一旁看得好奇，又请求参加演习，并保证遵守一切规定，蒙哥马利同意了。但在演习过程中，骑兵团因为对蒙哥马利的做法不满，不久就要退出，蒙哥马利更不阻拦，这正合他的心意。第三天晚上，骑兵团在自己的营地举行迎宾晚会，邀请了蒙哥马利参加，晚会开始充满融洽的气氛，乐队奏着悠扬欢快的曲子。等斟上葡萄酒，忽然转为凄婉的丧曲，蒙哥马利正在惊诧，只见几个军官抬了一副担架走上来，上面躺着一具伪装得惟妙惟肖的尸体，是一个骑兵中尉，他在上次演习中因为处置不当而被总裁判蒙哥马利宣布战死。这时，四周响起了军官们的哀唱，他们还在中尉的胸前放上一张纸条，上写"他是被裁判的命令杀死的"。蒙哥马利对这种带有胡闹色彩的嘲弄一点不以为忤，反而觉得很有意思，他饶有兴致地看完表演，表现出很有雅量。骑兵团官兵对蒙哥马利不得不佩服。这一晚，宾主尽兴而归，蒙哥马利对该团产生点好感，他观念一变，又主动邀请他们参加同第7旅的对抗演习。

对于这次对抗演习成功，蒙哥马利在稍后所写的报告中注意表扬了辛普森等参谋人员，根据他的建议，辛普森即将晋升荣誉中校，这使辛普森十分感激。而伯纳德少将和斯图尔特将军的报告中则盛赞了这位第9旅的旅长。

"蒙哥马利准将的表现，已证明他是位优秀的旅长。他在最困难时刻接任旅长——刚好在旅演习前夕——但不久他就掌握了状况，并好好地训练他的部队。蒙哥马利的头脑灵活而清晰，知道他要做什么，并且付诸实行。他的反应十分敏锐，而且似乎有力量使他的部队也同样的机警。只要有机会，他所表现的指挥和统御才能都十分卓越。我深信当蒙哥马利的机

< 蒙哥马利的爱妻贝蒂。

> 1938 年 3 月，蒙哥马利在追悼亡妻的仪式上。贝蒂的突然去世给其打击很大。

会来临时，他的各项条件都适于晋升少将。”伯纳德少将写道。

“蒙哥马利极为能干。他的办法很多，而且能将这些办法表达出来，并传达给别人。蒙哥马利努力研究本行知识，具有远见和理解力。他是位精明强干的指挥官，刚到部队，便把他的性格影响到全旅。我了解他已有多年。我毫不犹豫地说，蒙哥马利适于晋升，担任少将级的指挥或其他职务。常备师师长，尤为适宜。”斯图尔特的评价更高。这一回，这位将军无疑是发自内心作此表示的，不仅极力称赞蒙哥马利的长处，而且对缺点只字不提。

现在，蒙哥马利成了被看好的未来将星，拥有一个很不错的开始，按他自己的战术准则来说，就是“在第二回合中居于有利地位”。象征荣耀的准将常礼服、肩章、饰带和佩刀，都有了，而且他的地位甚至凌驾于朴次茅斯港最资深的军官之上，成为驻地举足轻重的头面人物，这些都极大地满足了他的虚荣心和自豪感。

结婚以后的蒙哥马利从来没有真正拥有自己的官邸，现在这个愿望也即将得到实现，因为他的旅长专用住宅，一座半月堡式的豪华别墅马上就要装修完毕，在去爱尔兰前，贝蒂已经选好窗帘和地毯材料，装修的风格，完全体现了他和贝蒂的爱好，这样，到演习结束时，他们就能迁入居住。这个家属于他和贝蒂，还有他们的孩子。

>> 丧妻之痛

贝蒂在 8 月下旬带着戴维离开爱尔兰“新公园”，前往滨海伯纳姆。这天下午，她和儿子正走在沙滩上，忽然“哎哟”了一声，感觉脚上被什么东西叮了一口，低头一看，一只她

说不上来名称的虫子正迅速逃去。被咬的部位疼痛难忍，到了晚上，整个腿部都肿胀起来。家人找来医生进行了简单的消炎处理，便将她送到当地的一家乡村医院，派人通知蒙哥马利。这时野营演习正在紧要关头，蒙哥马利知道成功与否，对自己意味着什么。

此后的两星期，蒙哥马利只来看望过一次，因为部队的事情太多了，作为一旅之长，他不得不遵从职业的安排。吃完午饭，他又看了一下贝蒂的病情，发现除了肿痛，一切正常，至少从皮肤外表看，没什么可引起担忧的症状，蒙哥马利心想并无大碍，就返回部队。

这段时间，贝蒂的病时好时坏，起伏不定，但她坚决不让任何人来看她，也没有请专科医生来诊治，可能仍以为没什么大不了的。蒙哥马利几次要把她送往朴次茅斯，医生不同意，因为担心路上颠簸会促使病情更糟糕。这期间蒙哥马利一面要处理各种事务，既有军队的，也有驻军当地的活动，一面为贝蒂的病牵挂，只要有空，就过来探视。从朴次茅斯到伯纳姆，来回驱车300多公里，有时经常是在深夜，虽然很累，但在蒙哥马利心里根本算不上什么，他只祈望贝蒂早点恢复健康。但天不遂人愿，10月15日以后，贝蒂的情况更加严重，毒素已经向全身扩散，因为太痛，那所简陋医院的医生就不断地为她注射镇痛剂，到后来，仍无济于事，她的神志已经不清。医生告诉他，最好进行截肢手术，因为这是唯一的希望。蒙哥马利开始有点犹豫，想象贝蒂下半生将变成一个残废，怎么也下不了决心，可如果不听从医生的建议，就有性命之忧，万般无奈之下，蒙哥马利只得沉重地点了点头。

虽然实施了截肢手术，但病毒仍然顽固地一点一点吞噬着残余的健康细胞，更没有想到的是，一场突如其来的肺炎彻底粉碎了所有的希望。贝蒂感染了败血症。现在，纵然是神仙，也无能为力了。

19日，贝蒂从昏迷中醒过来，看着守护在身旁的蒙哥马利，伸出颤抖的手，嘴唇微微张了张，似乎在说着什么，蒙哥马利看到，她脸色惨白，微弱的气息随时会突然断绝。蒙哥马利万分难过，他将她扶起，握住她的手，贝蒂的眼神逐渐暗淡，终于，慢慢合上了眼睛。她去了，在丈夫的怀里，她的嘴角挂着一丝笑容，好像睡着了——永远、恬静地睡着了。

葬礼非常简单，这是蒙哥马利刻意要求的。他没有通知蒙哥马利和贝蒂家族的任何人，包括他和贝蒂的儿子戴维，两个继子约翰和迪克，他不想太多的人来打扰贝蒂的灵魂。下葬这一天，秋日高照，晴朗的天上几朵白云无精打采地飘来飘去，贝蒂安详地躺在棺中，仍像是在熟睡，在盖上棺木前，蒙哥马利最后亲吻一下心爱的妻子，过度的悲痛使他几乎崩溃。他把妻子安葬在滨海伯纳姆的墓地，下葬完毕后，谢泼德牧师开始家庭祷告，蒙哥马利噙着泪花，默默地跪在妻子的墓前。辛普森少校、一个上尉参谋和军车驾驶员，他们是仅有的参加吊唁的人，也跪在那里，为死者的灵魂祈祷。

贝蒂的不幸病逝，对蒙哥马利的打击是难以形容的，他仿佛感觉到，一直以来支撑自己的精神大厦轰然坍塌了。他把自己一个人关在屋里，这所刚刚装修好的住宅，至今也没见到它的女主人，男主人成了形影相吊的孤独的守门人。一连很多天，蒙哥马利谁也不见，旅里的事务一概不闻不问，更谈不上处理了，辛普森少校只好代劳。几天后，午夜1点钟，正在睡梦中的辛普森被电话吵醒，他抓起话筒。

“喂，辛普森，是你吗？”电话里传来一个熟悉的声音。

“是我，长官。”辛普森听出是蒙哥马利，赶紧回答。

“过去几天，我把旅里的事情都甩给你去应付了。明天上午9点，请将所有的公事都放到我的办公桌上，我要开始工作。”

1937年11月，蒙哥马利在从伤痛中走出之后，又投入繁忙的部队事务中。对爱妻不间断的深切哀念，已经沉淀在内心深处，作为一个统率数千人的指挥官，他不能过多纠缠于个人感情缺失。热爱军旅、认真负责的他，在心情上渐渐趋于平静。

蒙哥马利于1938年10月，被正式授予少将军衔，离开他在军事生涯中的第一个重要的指挥岗位，赴巴勒斯坦担任新编成的第8师师长。巴勒斯坦这时正陷进民族仇恨中。由于纳粹的疯狂迫害，大批犹太人违背英国政府规定的限额，非法涌入巴勒斯坦地区，这引起了当地阿拉伯人的不满，驻扎在那里的英军当局又无力制止，结果激化了矛盾，情况变得越来越糟。阿拉伯人用手中的武器，开始叛乱。发展到后来，在这里旅行的人必须有军队的保护，否则安全堪忧。蒙哥马利一到，就用他一贯与众不同的手法处理问题，他把指挥部设在海法。将部队编成3个旅，分驻各个地区，每个地区指定一名负责军官，同警察加强联系，以便齐心协力对付叛军。这一时期，蒙哥马利走遍了每一处管辖的地区，拜访每一位政府官员，同每一个警察谈话。他每天的工作量相当大，早上天不亮就起床，一直忙到晚上，半夜才就寝。

经过调查，蒙哥马利搞清楚了叛军的编制组成情况，掌握了一手资料。他了解到，叛军的性质不过是一群组织简单的草寇而已，流窜乡野，但行踪诡秘，不好抓捕，当地不少农民被胁迫参与，更增加了军事行动的难度。如果能区别对待，就能将其分化，因此，蒙哥马利向作战部提出首要的两点注意事项，即一要坚决镇压真正的叛军及其组织；二要争取城市居民和农民的支持。为此在处理有关事务时，必须确保绝对公正。他在实际中完全按照自己提的原则来办，并要求所有部队遵守。当一切进行得差不多了，蒙哥马利决定采取彻底的剿灭行动，他派出部队，在夜间突然包围反抗者盘踞的地区，逮捕了可疑分子，同时将私藏的武器统统收缴，对于确实有罪的，公正合理地予以判决。这样，不出几个月，就完全改变了局势，几股叛军被击溃，匪首或被击毙，或逃之夭夭。

刚来巴勒斯坦还没多久的时候，军事秘书处就通知蒙哥马利，他被选定为第3师的师长接班人，原师长伯纳德将军即将退休。听到这个消息，蒙哥马利无比兴奋，不仅是因为第3师是个在一战中立下赫赫战功的有名的“钢铁师”，蒙哥马利对它向往已久，而且还因为，这个师辖有第9旅，如果能指挥第3师，又同时统率第9旅，没有比这更好的事情了。等到1939年春天，军事秘书处通知说，伯纳德将军已经被任命为百慕大总督，可望于秋天赴任。蒙哥马利给秘书长布朗勒中将写信，表示“随时奉命回国”，鉴于伯纳德将军有两个月的休假，因此他希望在7月份就接手第3师。

此时，蒙哥马利已经呈现身体不适的征兆，先是头晕、呕吐，然后胃部也开始不舒服起来，这些，蒙哥马利暂时都不放在心上，以为过一段时间就好。

但到了5月24日，仍然没见好的迹象，并且，病情越来越严重，头疼发烧得很厉害，浑身像散了架，连走路的力气都没有，他被送进海法的军队医院。在病床上躺了十来天，仍不见好。6月19日，放射科医生给蒙哥马利做了胸肺部检查，发现左肺中部有结核感染现象，伴有肋膜炎症状。第二天，请来驻巴勒斯坦的英军首席军医顾问马什中校再做一次检查，马

> 1939年3月，蒙哥马利在耶路撒冷。

< ∧ 1938年，巴勒斯坦中部的难民营。

什在诊断报告上写“据一般病状，加上X光的结果，整个症状，极有肺结核菌的可能”，因此他建议回国治疗。蒙哥马利要先到达塞得港。然后再乘一艘叫“SS兰奇”号的下一班轮船，因为不能坐火车，由飞机直接送到塞得港，两名修女和男护士把他抬上担架，蒙哥马利面色苍白，躺在担架上，一动也不能动，连痰也咳不出来，抬上船时，别人都以为他可能活不了了。但这回幸运女神再一次眷顾了蒙哥马利，没几天，他慢慢开始能自己动弹，船到了蒂尔伯里时，已经能到处走动了，他与专程来照顾他的妹妹温莎在一起聊天。别人看见他好端端地又恢复健康时，都不相信。到英国之后，蒙哥马利住进预先为他安排的米尔班克医院。医院早在十几天前接到来自埃及的报告，说蒙哥马利要用担架抬入，但他们却看见一个大踏步走进来的将军，气色不错，他告诉医生自己身体很棒，胸部已不痛，体温、舌头、心脏，一切正常。

在米尔班克医院住了5天，检查结果，的确没发现什么异常，已经完全康复。医生让他休假3周，8月10日回来复查。蒙哥马利跑到临近肯特郡的七橡镇，和奎达参谋学院院长盖伊·威廉斯一家住在一起。他隔三岔五向陆军部探询提前接任第3师的可能，哪怕非正式的也行，至少让他尽快制订冬季训练计划，因为大战的乌云已经蜂攒蚁聚般压了过来，再不抓紧最后的机会，永远不会有了。

1938～1939年的欧洲，一派山雨欲来风满楼的形势。

第四章

大撤退之后的奋进

1887-1976 蒙哥马利

奥金莱克在任时，为第5军制订的防御指导思想是击敌于海滩，主张尽量将野战工事前推，尽一切可能阻止敌人将重装备推送登陆。蒙哥马利接手军长后，几乎将奥金莱克的一套全部推翻，命令立即停止构筑海滩防御工事，取消奥金莱克以一个装甲师作为机动队的要求，对整个部队的编成和人事动了大手术……

★张伯伦（1869～1940）

英国首相，20世纪30年代绥靖政策的代表人物。1937年5月28日，张伯伦出任保守党政府首相。执行与纳粹妥协，怂恿其东进反苏的政策。在远东，他奉行纵容日本侵略中国的政策。1938年9月，积极参加策划出卖捷克斯洛伐克的慕尼黑阴谋。9月30日，同希特勒签署《英德互不侵犯宣言》。第二次世界大战爆发后，被迫作出强硬姿态，下令加速实行重整军备计划。1940年5月，在内外交困中辞去首相职务。

>> 征战法兰西

1939年8月28日，第二次世界大战爆发的前夕，也就是德军进攻波兰的前3天，蒙哥马利正式就任第3师师长。

9月3日，鉴于希特勒进攻盟友波兰，英法两国在同一天对德宣战。张伯伦★这时仍然抱有一丝幻想，即战争可以制止，所以在组建远征军赴欧洲大陆一事上一拖再拖，等到波兰被占领3个星期后，才有真正的行动。远征军的总司令是戈特，这让所有人感到意外。蒙哥马利的第3师隶属第2军，军长布鲁克；远征军的另一个军——第1军军长是约翰·迪尔。第3师完成动员后，进行了3次临战演习。19日，乔治六世国王检阅了全师。两天后，蒙哥马利派出5名军官组成先遣队去法国，师道路运输部队随后向福茅斯开进。26日，蒙哥马利召集营级以上军官训话，把自己的作战思想传达给他们。部队预定在3天之后的凌晨开拔，趁此机会，蒙哥马利对全师半数以上的预备人员进行突击训练，重点是实弹射击，为此用掉了10万发步枪子弹，但蒙哥马利不放心，又让每名士兵加练投掷手榴弹，以备未来之需。

和以前一样，蒙哥马利对军容并不重视。在他看来，军人从哪里来无关紧要，关键是能打仗，将一支部队塑造成一个卓有效率的战斗体，能在外国土地上作战。至于军容仪表，需要的只是适应时间。因此，从他掌管第3师的那天起，就把注意力放在编组和指挥上面。蒙

哥马利的部队编成情况是：下辖第7、第8和第9旅，3个野战炮兵团，1个装甲防御炮连，3个野战工兵连，不久又增加1个机枪营，另加配属的通信单位。精锐的主力是3个禁卫营，总兵力超过1万人。

对于这次赴欧作战，蒙哥马利感觉和1914年时没什么太大的不同，如果说有，那就是上次自己是作为一名少尉排长来的，而这次，已经是响当当的少将师长了，即便那一次后来被提升，仍不可同日而语。今天整个师的命运，每一名官兵的生与死，都掌握在自己手中，取决于自己的决策是正确，还是错误，一师之长，风光无限的将军，既是一种荣耀，同时也担负着责任，不是每个人都能干得了的。但蒙哥马利从来不畏惧挑战，越是困难，越带艰巨性的事情，越能激发他的好胜心。贝蒂去世后，他已一无所求，军队、军事事业，构成他的全部。

< 1939年10月6日，蒙哥马利与英第二军国司令布鲁克在法国合影。

< 蒙哥马利陪同英国战争大臣视察第3师防御工事。

MONTGOMERY

第3师奉命渡过英吉利海峡，进入里尔以南地区展开防御，军长布鲁克原以为可以抓紧时间训练一下部队，但他的建议被总司令戈特否决。这段防区是一片极广的开阔地，到处留有突破口，布鲁克在日记里写道，如果德军现在就来的话，完全可以大摇大摆地通过。幸好德国人还没来，纳粹的铁蹄正卷向北欧，丹麦、挪威继波兰之后，成为希特勒魔掌的下一个牺牲品，西线之所以暂时不动手，是因为希特勒看出英法的胆怯，不愿意抢在德军行动前主动进攻，所以敢大胆北上。但这不等于他忽略西线，事实上他在消灭波兰军队后，就一直着手入侵西欧的准备。代号为

“黄色战役”的计划，很快就拟定好了，但因为天气突然变得恶劣而被迫推迟，后来又因为各种原因，整个秋天和冬天，希特勒发布了14道推迟在西线发动进攻的命令。

陆上暂时平静，海上却掀起巨澜，德国海军在大战爆发的第一个星期内，就击沉了11艘英国舰船，总吨位几乎相当于1917年4月德国潜艇袭击最厉害时在一周内所损失的一半。但随着战局的发展，数目逐渐降低，一方面固然是由于英国人吸取了教训，更重要的，希特勒看英法在西线磨磨蹭蹭，举棋不定，才下令减少攻击，不过这一点，英国人自己却不知道。

蒙哥马利、布鲁克和迪尔等人很清楚，德军的进攻是早晚的事情，即使不是，也应该假定有可能，但戈特根本不当回事。这个被认为是20世纪英国最勇敢而又最庸碌的陆军司令官，热衷于把注意力放在一些枝节的事务上，小到士兵的服装靴子、钢盔如何穿戴，都要过问，对影响作战的行政后勤工作等，反倒不大在心。他的司令部设于哈伯克附近，下属部门各指挥部，分散在周围的13个村庄。这样的布置给通讯联络带来了问题，要传递命令，或者找一个人，很不方便。戈特不仅是个庸才，还是个悲观主义者，他对自己统率远征军作战，根本没多大信心。对蒙哥马利他一向瞧不顺眼，刚到法国不久，因为“性病事件”，就威胁要将蒙哥马利解职。

事情的起因是这样的，蒙哥马利出于抚慰军心考虑，允许第3师士兵在周末去里尔城内放松，包括寻找妓女获取生理满足，他听说，里尔的妓女都是比较干净的。但11月份蒙哥马利接到报告，说发现40多人患上性病，而且这个数字，还有可能继续增加。蒙哥马利命令调查，原来是这些士兵同乡村女人胡搞染上的，于是他发布5点命令，采用密信的方式，下达给各级军官，他说不反对这种行为，但必须做到安全，为此要采取必要的预防措施，避免得病。后来不知怎么，信落到了总司令部的随军牧师手里，自然戈特也知道了。他抓住此事，派布朗里格出面告诉布鲁克，让蒙哥马利公开收回成命，并要免除他的师长职务，遣送回国。布鲁克当然不愿这么做，不仅是因为他和蒙哥马利的交情，临阵易帅，也绝不是一件什么好事，况且，他很理解蒙哥马利的用意，因此坚持亲自处理此事。他把蒙哥马利叫来训斥了10分钟，见蒙哥马利一声不吭，怒气才渐消。最后，布鲁克摆平了此事，他后来说：

“我始终要感谢上帝，让我能在蒙哥马利军旅生涯的这一危险时刻挽救了他。”

这个事件使蒙哥马利成了议论的话题，有好事的人给他起了个“爱情大将军”的诨名，他师里的一个通信员还为此作了一首打油诗。这个人后来当了高等法院法官。

天气使德军的西线进攻一再延期，这给英军一个极好的准备机会。蒙哥马利指挥部队挖战壕，修建掩体，在阵地外围拉上铁丝网，对付德军坦克的反坦克障碍也布置就绪。但光靠这些是远远不够的，在德军还没进攻之前，蒙哥马利抓紧时间训练部队，以他估计，如果德军打过来，英军的4个步兵师无法抵挡，尤其是面对横冲直撞的装甲部队的攻击，但是可以利用有利的河川地形，阻滞其推进。通过袭扰、爆破等手段进行后退作战，以守为主，引诱敌人深入，再伺机反攻。他相信事情大有可为。布鲁克支持他的想法，但戈特却嗤之以鼻。

这样蒙哥马利就带领部队按自己的战术思路来付诸实践，从10月以后的5个月，一共领导了5次大规模的演习。戈特象征性派了几个军官前来参观，布鲁克对演习结果很满意，对蒙哥马利表现出的军事才能认识更深刻，当然，他也指出了其中一些需要改进的地方。蒙哥马利都心悦诚服地接受。能让他这么做的人不多，包括后来认识的许多人，布鲁克是其中之一。在蒙哥马利眼里，布鲁克具有真正的统帅风范，临危不惧，沉着冷静，并且对他一向另眼相看，照庇颇多，蒙哥马利是发自内心敬重他的。

不久张伯伦到了法国，遍视前线部队。12月16日，他来到第3师，蒙哥马利陪他共进午餐。午餐后，张伯伦把他悄悄拉到一边，低声说道：

“蒙哥马利，我认为德国人是不会进攻我们的，你说呢？”

蒙哥马利对张伯伦政府和他本人的做法早有意见，闻言当下立即答道：

“首相阁下，我认为，德国人将按照他们所选择的时间进攻我们，现在已是冬天，我们必须做好隆冬一过，敌人就将来犯的准备。”

张伯伦自讨了个无趣，一时语塞。

1940年4月份，当和煦的春日融化封冻一冬的积雪的时候，西线的火药味越来越浓，德军已经在这里集结了200多万大军，只等希特勒一声令下，便开始雷霆攻击。前线的盟军全部进入警戒状态，各部队要求做到在6小时内能够出动。一个星期过后，德军毫无动静，有些部队开始松懈了。负责主要防守任务的法军照样睡大觉，吃喝玩乐不误。蒙哥马利也担心自己的部队麻痹大意，马上起草了一份备忘录，发给下属各级指挥官，提醒他们要把修筑防御工事放在次位，而集中全力于最重要的工作，“保持体力、精力和军事技能的最佳状态”，这样才能有信心击败敌人。蒙哥马利清楚地知道，德国人的大炮和枪口已然正对准了英法盟军。

5月10日，晴空万里，微风和畅，一个平凡而又舒心的日子，谁也不会想到在今天会发生什么大事。

天刚蒙蒙亮，希特勒在一帮高级军官的前呼后拥下，鱼贯进入缪恩施特莱菲尔附近的“鹰巢”大本营，在西面40公里的地方，马达声的轰鸣震耳欲聋，无数坦克排着有序的队形，驶向比利时边界，头顶上轰炸机呼啸掠过长空，希特勒蓄谋已久的西线攻势开始了。德军装甲部队长驱直入，空军向比利时、荷兰、卢森堡和法国北部的工业中心城市、机

∧ 荷兰首都遭到德军飞机猛烈轰炸。

场、桥梁、仓库投下一颗颗硕大的炸弹。仅仅5天，5月15日上午，荷兰宣布投降。

这天早上7点半，刚在5天前取代倒台的张伯伦出任首相的温斯顿·丘吉尔还在熟睡，一阵急促的电话铃声将他惊醒。丘吉尔抄起话筒，里面传来法国总理保罗·雷诺激动的声音：

“我们被打败了！我们被打败了！”

“什么？”丘吉尔大吃一惊。他无论如何不敢相信，德国人的装甲部队进展如此神速，号称欧洲最强大的法兰西军队又如此不堪一击，但雷诺的话字字清晰地再次传来：

“是的，这一仗我们打输了，在色当附近，我们的战线被突破了，他们的坦克和装甲车成批地涌了进来。”

事实证明，这次打击是毁灭性的，英法为他们的战略失算付出了沉痛代价。在战争开始后，一直以来法国人都以为他们的马其诺防线★固若金汤，因此把主力部署在色当以西至英吉利海峡的法比边境上，根本想不到德军会从这条防线的北端阿登山区以南的色当一线突破，因为那里丛林密布，不利于坦克通行，但希特勒正是选择从那里打开了突破口，法军一败涂地。

战争打响后，蒙哥马利的第3师奉命作为军队的先头部队，由部署区域向东进入比利时。在此之前，比利时国王说什么也不答应英军这么干，因为他梦想保持“中立”，不想得罪希特勒，现在事情紧迫，只好厚着脸皮求助。蒙哥马利通知各级指挥官，要他们告诉部队，这次是真刀实枪的作战，不是演习。第4师和第50师随后跟进，沿途受到当地居民的夹道欢迎，他们把英军看作救星，因而给予这样的礼遇。

部队向卢万挺进，11日拂晓，到达卢万以东数公里之外的迪尔河一线指定的防区，这时发生了意外：驻守在这里的比利时步兵第10师神经过敏，不问青红皂白便开枪射击，幸亏及时发现对方的身份，否则交起火来，后果不堪设想。过后，蒙哥马利去见这个师的师长，让他撤走军队，因为根据盟军的安排，由英军来接防该地区。师长是个白发苍苍的老将军，盲目而固执，坚决不同意，他说没有利奥波德国王的命令，他不能离开一步。事情陷入僵局，布鲁克亲自晋见比利时国王，也无济于事。最后，戈特下令蒙哥马利将部队转移到第1军的左侧。蒙哥马利认为卢万战略位置非同小可，占据通向布鲁塞尔的要道，不能让用骡马充当运输工具的比利时军队来防守，这样太危险，他拒绝执行戈特的命令，而把部队开到卢万以西，在比利时军队后面成梯次展开，相当于预备队。他把情况通报了那位老将军，对方居然高兴地同意了。午餐时，他顺便又连同此事汇报给布鲁克，布鲁克问他怎么说的，蒙哥马利回答说：

“我对他说，将军，我和我的师将毫无保留地听从你的调遣，我建议让我们来加强你的防线。”

> 英法联军军官们正在马奇诺防线视察。

★马其诺防线

法国在第一次世界大战后、为防德军入侵而在其东北边境地区构筑的防线。1929年12月马其诺任法国陆军部长，经他努力，法国国会于1930年通过了沿东北部边境修建绵亘防线的巨额拨款。于是，防线即全面展开施工，至1936年基本建成。整个工程耗资达60亿法郎，土方工程量达1200万立方米。1940年5~6月，德军主力通过阿登山脉，从马其诺防线左翼迂回，占领了法国北部，接着进抵马其诺防线的后方，使防线丧失了作用。

∧ 1940 年 5 月，法国步兵正躲在临时路障后面阻击德军。

布鲁克又问他，万一德军来了，怎么办？

“那好办，到时候我会把那位师长严加看管起来，一切由我来负责指挥。”蒙哥马利狡黠地回答道。

“可怜的比利时指挥官，怀里抱着一条毒蛇，自己还不知道呢。”布鲁克打趣地说。两个人都哈哈大笑。

戈特对蒙哥马利的抗令十分恼火，但干生气没办法。蒙哥马利的性格他是清楚的，所以只好听之任之。13 日，德军进至迪尔河，比利时第 10 师放弃抵抗，慌里慌张地跑了。当晚，蒙哥马利接管了整个卢万地区，这样，由他指挥的第 3 师要独自面对来势凶猛的德国人了。

然而 15 日，整个法军突然溃退，英军的右翼出现了缺口。自从比利时军队撤退后，戈特竟然不知道卢万还有蒙哥马利的部队守备，虽然这是由于比军散播谣言，说德军已经攻占的结果，从根本上来说，是盟军的通信联络方式太差，无线电从来没使用过，全用民用电话，容易出故障和被切断，造成彼此不通声气。盟军统帅机构指挥混乱，远征军名义上属于比约特将军的法国第1集团军群的一部分，事实却归盟军下属的东北战区司令乔治将军直接指挥，带来与法军、比利时军协调的问题。从16日开始，盟军内部的电话联系全部中断，只有靠人员联络的原始方法。这天，戈特派出情报长官梅森·麦克法兰少将，率领几名情报参谋和一支小分队策应远征军的南部翼侧，他更是变得两眼漆黑，什么也不知道了。

蒙哥马利的第3师顽强坚守卢万，15日德军一度攻进车站，很快被蒙哥马利击退，但在德军猛烈炮火下，有的部队遭受较大伤亡。趁敌人再次进攻前，蒙哥马利召集参谋人员，调整了部署。他在驻守这期间，一般在下午茶时间会见司令部各级参谋，讨论问题，而后发布当晚和第二天的命令，吃完晚饭后就上床，从不耽搁，睡觉期间决不许人打扰。知道他有这个习惯的人，除非有紧急情况，否则不敢叫他。这天晚上，一个不明就里的参谋军官冒失地跑进来，唤醒了蒙哥马利。

"长官，德国人打进来了！"

"滚开！你难道看不见我正在睡觉？"蒙哥马利好梦被搅，气不打一处来，咆哮着说道。

可怜的下属吓呆了，站在一旁不知如何是好。蒙哥马利放和缓口气，冲他一挥手：

"去，叫驻卢万的旅长把他们赶回去！"

说完倒头继续呼呼大睡。他必须保持充足的睡眠，不然就无法集中精力思考，心神衰枯只会出昏招，这是蒙哥马利大敌当前，仍镇定自若的原因。况且他对自己的部队极具信心，一支经他一手带出的训练王牌之师，还有什么不放心的呢？手下的各级指挥官也个个信得过，不合适的都已被他清理走，现在第3师像一块精炼的钢铁，他大可不必太操心。

他对下属下达命令也非常简单，从不啰嗦，他手下一个机枪营营长布莱恩·霍罗克斯中校，对此有过精彩的描述：

"……蒙哥马利就要下命令了。我非常纳闷，不知道怎样才能掌握已经分配给我营的复杂任务。但我的忧虑完全是多余的，因为他只用很少几句话就把整个计划给我们讲清楚了。"

法军和比利时军队继续像潮水般后退，无论在集中程度、打击力量，还是机动能力上都占据绝对优势的德军坦克部队，以势不可挡的攻击迅疾向英吉利海峡推进，虽然有零星抵抗，但整个盟军的败势是无可挽回了。16日上午，戈特召集第1军军长M·G·H·巴克、第2军军长阿兰·布鲁克开会，他说为了避免被包围，所有部队当天晚上分批分阶段向斯凯尔特河撤退。蒙哥马利得到这个消息是布鲁克告诉他的，因为以前反复演习过撤退，所以第3师队伍有条不紊，但友邻部队的情况就不妙了。由于比利时军队不战而溃，使第4师白白损失了1个骑兵团；第1军似乎更糟糕，巴克将军因为过分紧张已经好几宿没睡，布鲁克18日去见他时，巴克张皇失措，刚决定的主意，转眼又推翻了，他声称要留下来，同德军决一死战，布鲁克好劝歹说，他才不再坚持，两人商定好次日中午撤退。但布鲁克回到司令部，发现他又变了主意，执意要提前撤退。如果那样做，将是很危险的事，因为这有可能使第2军的右翼暴露，德军一旦从后面突入，后路就断了。第2军的右翼为第1军的第1师，为消除这种危险，师长亚历山大少将命令一个骑兵团担任掩护。蒙哥马利也采取了同样措施，令军中唯一剩存的第5英尼斯基宁龙骑兵团来掩护自己。他们都安全撤到斯凯尔特河线。德军也在步步逼近。

19日，德军7个装甲师杀向索姆河北，进抵离海峡只有80公里的地方。20日，第2装甲师占领阿布维尔，至此，完成对40万英法盟军的分割包围之势。现在盟军的形势危急到了极点，对于英军来说，前面只有两条路，或者冲破包围，撤回英国，或者掉向索姆河，同法军靠近，两种选择都有危险。在这个几十万人生命攸关的紧要时刻，庸碌无能的戈特却做出了一个在他本人也许是一生唯一重大正确的决定，后来也改变第二次世界大战历史的决定：向敦刻尔克撤退，再由此退回英国本土。

蒙哥马利常常对戈特的种种可笑荒谬的指挥决定给予冷嘲热讽，但在这件事上，却给予了他很高评价。他在回忆录里叙述此事时写道：

“对此，我给他满分，并期望历史将给他以同样的评价。他拯救了英国远征军的士兵。”

在这期间，英军的给养和弹药补给出现了严重不足，后来不得不空投弹药，食品等给养被迫减半供给。为了给部队解决吃的，蒙哥马利动开了脑筋，当时兵荒马乱，周围村庄的农民都一逃而空，但农场还在。他派军需官找到当地的村长，向他征用菜牛，赶着这些菜牛，部队走到哪里，就带到哪里，好比有了“活的配给牛肉”，再也不用为吃发愁了。他捡了一列被丢弃的弹药车，这样，又解决了一个难题。

>> 无奈的撤退

29日，蒙哥马利奉命率第3师撤退到敦刻尔克海滩东面的周围阵地，去填补中央的空隙。德军4个师的兵力正在对这里展开进攻，蒙哥马利在路上看到大量的卡车、物资、装备扔弃一旁，包括不少受伤的英军士兵。他们的呻吟声，传到蒙哥马利的耳朵里，使他心里很不好受，这么多年的军旅生涯，经历过生与死的考验，使他对这一切都能够熟视无睹，不过想起一些不必要的损失，和造成损失的责任者，他的悲悯之心，就被调动起来。次日拂晓，进入预定防区，指挥所设于拉庞郊区的一片沙丘地上，前面不远可以俯瞰到波涛汹涌的大海。炮兵、工兵都被蒙哥马利当成步兵编入防守部队，因为这种时候，再带他们的装备纯属多余。第8、第9旅很晚才到，由于缺乏睡眠，所有人都快顶不住了，只有蒙哥马利神采奕奕地视察阵地，一点没有疲倦的样子。在撤退过程中，他的起居习惯仍然雷打不动，按时进餐、睡觉，以便保持充足的精力。他总是那么充满着自信，他对部下开玩笑说：“我们都被放到一个极不寻常的集会里来了。”并且毫不谦虚地说自己是英国陆军中最好的师长，他的第3师，就是最好的师。他的自信影响着身边的每一个人，人们为他的精神感动，激发心底的豪情，条件再困难、艰苦，也被置之度外，对未来、对前途，充满美好的希望。

一大早，军长布鲁克来到指挥所，他是来辞行的，陆军部已经来令调他回国整训新军，

∧ 1940年10月，蒙哥马利与布鲁克一起探讨战场形势。

今晚就必须启程。对他的离开，蒙哥马利感到恋恋不舍，被这个突如其来的消息搞得有点心神烦乱。布鲁克似乎也为他们的分别而伤感，但还能克制，他们一边聊，一边走到一座沙丘上面。

“我就要走了，不知道下次还能不能再见到你。”布鲁克叹了一口气，说着，眼圈红了起来。

“会的，再说，这只是暂时离开嘛，说不定有一天，我还会成为你的手下哩。”蒙哥马利表面上笑，其实心里也很苦涩。

“我搞不明白，陆军部为什么非要我回去？”

“这也是为了保存精英，因为战争还早着哪。我们都可以死，但像你这样的，却不能。”蒙哥马利半开玩笑地说。

“说实在的，我真舍不得离开，尤其是你，唉！”布鲁克说到这儿，再也忍不住，眼泪扑簌簌流了下来，同时抱住了蒙哥马利的肩头。蒙哥马利从来没见过他这样，在他心目中，布鲁克一贯是坚强严肃的人，很少动感情，他只好拍着他的背，以示安慰，除了这个，一时也不知说什么好。

布鲁克恢复了平静，临走前，想起了什么，对蒙哥马利又说道：

“噢，我忘了告诉你，我走后，你将接替我的职位，这是已经确定好的。”

蒙哥马利简直不相信自己的耳朵，军长？这么快，让他来当？他可是几个师长当中资历最浅的呀，即使论战功，也不能说是绝对超过别人，迄今为止，真正值得他炫耀的还没有一件。布鲁克好像看出他的心思，解释说：

“是我推荐的你。琼森太老，富兰克林能力不够，马特尔也好不了多少，第2军几个师长中，只有你最合适。”

当天下午5点，蒙哥马利正式接任第2军军长，他的第3师师长职务，由肯尼思·安德森准将接替。晚上，布鲁克乘船回英国。

6点，戈特召开了远征军司令部在法国的最后一次军事会议。他的指挥部设在拉庞的海岸线上，良好的通信设备可以保证与伦敦畅通联络。蒙哥马利作为军长首次参加，与会的另一名军长是巴克中将。因为离总司令部很近，他步行很快就到了，别的人还都没来，只有戈特一个人孤独地等候在餐厅里。这是自5月10日以来，蒙哥马利第一次看到远征军总司令。戈特一脸愁闷地坐在那里，见蒙哥马利进来，装出很高兴的样子，对蒙哥马利说：

“你好，蒙哥马利将军，祝贺你荣升军长，我为你感到高兴。”

“谢谢总司令阁下。”

“今天夜间，你要切实加强你那里战线上的战斗巡逻。”戈特紧接着说道。

会议的内容是部署撤退的，传达了陆军部发给他的最后指示，戈特用眼光扫视一下会场，说道：

“我打算让巴克将军留下，担当这个重任。蒙哥马利的第2军先走，时间或者明天，或者后天。不知诸位对此有何意见？”

V 法军总司令甘末林向英军戈特将军（前右）授勋。

在座的人互相对视了一下，都没有吭声。

“巴克将军，之所以留下你的第1军，是因为你们防守的敦刻尔克港西翼至关重要，必须坚持到最后。远征军能不能安全撤走，全看你们了。”见无人反对，戈特转向巴克，解释自己这么做的理由。接着他又补充一句：

“实在不行，必要时就投降。”

“我服从总司令部的一切命令。”巴克显示出一副无所谓的样子，但他在说完话后，即低下头去，闷声不语。投降，这是一个让军人感到耻辱的字眼，蒙哥马利心想，巴克此刻一定很难受。

会开完了，人陆续散去，屋里只剩下戈特和蒙哥马利两人。

“蒙哥马利将军，有事吗？”

“我想单独和你谈谈。”

“好的，你说吧。”

“我认为，派巴克留下来担任指挥官，很不合适。最好换一个头脑清醒、临危不乱的人，如果再运气好的话，第1军撤出来一点没问题，谁也不用去投降。”蒙哥马利直截了当地说道，也不管是否引起戈特的不快。事实，他这样说超越了权限，作为一个下属，同僚的任免他是无权置喙的，但是，在事关数万人生死存亡的关头，良心和责任感迫使蒙哥马利必须出面。

“依你说，换谁来合适？”戈特好像并没怪罪他的意思，向他询问道。

“第1师师长亚历山大将军。只有他才能担此重任。”

戈特沉默了一会，轻轻动了动嘴唇，说道：

“好吧。”

于是巴克将军被取消职务，送回国内，亚历山大代替了他。

从总司令部回来后，蒙哥马利立即召集所属几个师长开会，通知准备第二天晚上登船撤退。他拟订了一个撤退计划，简单而直接：当德军逼近时，用炮兵和空军给予打击，尔后第3和第4师趁夜色掩护撤退到海岸沙丘，从驶入海中的运输车辆临时搭建的简易码头上船。为了尽快建好这样的码头，31日上午，蒙哥马利动用3个师的所有工兵。由于天气恶劣，工兵作业几乎无法进行，但蒙哥马利一直保持乐观。下午2点半，他召开最后一次会议，参加的为军所属各级指挥官，会上，蒙哥马利下达最后一道书面命令。他在海滩沙丘上设立了一个接待站，并专门指派一名军官负责登船的指挥工作。

晚上8点半，蒙哥马利和亚历山大见面，两个人都对顺利地撤退极

具信心。一个半小时前，心瘁力竭的戈特乘一艘驱逐舰已经离开，亚历山大向他保证，不惜牺牲自己的生命，将第1军全部撤回国，决不投降一兵一卒。

德军出动了飞机，对敦刻尔克猛烈轰炸，使这个港口城市到处起火，满眼断壁残垣，对抢运士兵的英国船只也进行了袭击，幸运的是，德军威力巨大的火炮尚未达到射程，对白天的撤退工作进展影响不大。但到了晚上11点，继续从海滩撤退已经不可能，一方面是因为码头被炸毁，另一个原因则是潮汐太低，码头的作用已经失去，蒙哥马利只好命令所有来不及上船的官兵，沿海滩奔向港内，从那里登船。

最后一批撤离部队必须赶在6月1日拂晓进入敦刻尔克附近的环形防御区内，蒙哥马利站在沙丘上，亲自指挥，看着一辆辆运输车和一队队士兵从身边通过，脸上露出满意的笑容。正在此时，只听“轰隆”一声，一发炮弹落在身后几米远的地方爆炸开来，蒙哥马利吃了一惊，回头望去，看见他的侍从官查尔斯·斯威尼捂着头，龇牙咧嘴，原来被弹片擦破了头皮。蒙哥马利大声呵斥他：

“查尔斯，你这个笨蛋，为什么不戴钢盔？”

“军长，你不也没戴吗？”

蒙哥马利朝头上摸了摸，果真是这样，不由得笑了起来。他看了看表，凌晨3点30分，于是他一挥手，带头朝港口走去，身边除了斯威尼，还有他的参谋长尼尔·里奇，和一个勤务兵。从海滩到敦刻尔克足有五六公里，他们一行步行了一阵，发现一辆卡车扔在路旁。他们开车找到海军岸勤站，顺利被引到一艘驱逐舰跟前。蒙哥马利一边上船，一边放眼朝周围看去，天色已渐渐发白，刚才朦胧的情景看得比较清楚了，水面上漂浮着救生衣，还有其他各种东西，偶尔露出一两个黑点，那是被敌军击沉的舰艇和船只的烟囱和桅杆。远处敦刻尔克海港冒着浓烟，火光映红了天空，一阵阵零星的爆炸声破空传来，岸上的英国士兵都急急忙忙地等待登船，有的互相拥挤，把后面的队伍弄乱了，指挥的军官高声吆喝出来制止。这种撤退的场景，蒙哥马利似曾相识，一战最初时的记忆浮荡在脑海里，可又和那完全不同，也许是时过境迁，一切都变了，也许是天生的坚强性格在起作用，他没有过多的感慨，而是把思绪拉回，去考虑以后的事……

6月1日午前，蒙哥马利乘驱逐舰到达多佛尔，登陆上岸。他的第2军总共撤出64000人，其中23000人从海滩上直接被救走，其余的从敦刻尔克防波大堤上撤退，期间，几乎没受什么损失。

∧ 从敦刻尔克海滩上撤离的英法联军。

< 德军出动了飞机，对敦刻尔克进行了猛烈轰炸。

2日黄昏时，亚历山大也成功撤出第1军，他忠实履行了自己的承诺，英军后卫部队没有一人投降，全部回来。蒙哥马利没有推荐错人。远征军副参谋长布里奇曼战后给蒙哥马利写过一封信，谈到此事，他说道：

"第1军参加敦刻尔克最后撤退一幕的全体同仁，他们有很好的理由感谢你，因为是你设法让亚历山大留在那里。"

的确，如果最后担任指挥官的不是亚历山大，而是激动慌张的巴克，第1军或许就是另外一种命运了。也许，敦刻尔克的土地上，将多埋万具尸骨，纳粹的集中营里，又将增添几万英国军人的身影。仅仅一句话，蒙哥马利一句越权的话，使这两种命运都避免了。而正是蒙哥马利和亚历山大，创造了敦刻尔克大撤退的奇迹。至6月4日，整个撤退工作基本结束，总共有33.8万名盟军士兵逃出法西斯军队的虎口，这其中，英军有21.5万，法军和比利时军队12.3万，大大超过英国海军部原来希望救出的人数。保存下来的人，成为未来抵抗法西斯的重要力量，意义是深远的。但仍有几千法军没能来得及撤走，为德军俘虏，远征军的重武器和装备，也全部丧失。

>> 国内备战

蒙哥马利在6月1日撤返英国的当天下午3点，去伦敦向陆军部报到。他在伦敦的旅馆里饱饱地睡了个美觉，第二天上午，径直来到帝国参谋总长约翰·迪尔的办公室，向他汇报了最后撤退阶段的情况，包括拉庞会议的经过。

"蒙蒂（蒙哥马利的昵称），你明白吗，我们国家1000多年来正第一次面临敌人入侵的危险？"神情沮丧的迪尔冲蒙哥马利说道。

蒙哥马利笑了起来。他和迪尔是老朋友，在他面前，蒙哥马利举止很随意。

"这有什么可笑的？"迪尔不满地白了他一眼。

"如果英国人还能看到几个废物赖在指挥岗位上时，他们就根本不会相信，有这种危险。几个星期以来发生的事情证明，某些人不适合自己的职务，不如让他们退休，享清福好了。"

"你指哪些人？"

蒙哥马利一口气说出几个名字。迪尔一边听着，一边随着那个名字的出口，情不自禁地轻轻点头，似乎和蒙哥马利有同感。当听到"戈特"两个字时，就停住了，惊讶地看着蒙哥马利。

"戈特？你是说远征军司令官戈特勋爵？"

“对，没错。”

“他怎么了？远征军正要重建，我们准备让他再当总司令。”

“自打远征军到了法国，一切就乱糟糟的，缺乏有效领导和指挥。这一次，不能让他干了。”

“谁来干好？”

“依我看，只有阿兰·布鲁克将军最合适。”

“也许你说的都对。”迪尔叹了口气，话锋一转，开始埋怨起来：

“可这种时候说这样批评的话，不怕有点那个了吗……现在远征军刚撤回来，正需要士气和信心，切不可说丧气话……”

“你怕传出去？没关系，房间里就你和我。”蒙哥马利笑嘻嘻地说。

“那倒不是。总之这种评论，不大好……”

“我认为进行这样坦率的谈话，有益无害。”

“你的话不是没有道理。”

虽然迪尔当面没再说什么，蒙哥马利却在第二天收到他的一封信，他告诫蒙哥马利，以后不要再发表类似昨天的言论，因为那样，终究可能会产生不良的副作用，影响军心。蒙哥马利对帝国总长这种小心谨慎的作风，打心里头不以为然，不过，毕竟是他的顶头上司，至多唧咕两句，蒙哥马利还不至于不服从。

从敦刻尔克撤回来的士兵，受到英雄一般的接待，不列颠岛到处设立了接待站，不管他们是什么部队的。一些表现突出的军官受到嘉奖，蒙哥马利被授予了骑士勋位衔，这使他非常自豪。

第2军损失虽然不太大，但面临重新装备和整编的问题。蒙哥马利向迪尔请求允许他重新回到第3师，就任师长，以便对这个老牌“钢铁师”进行整编。迪尔表示同意。当时，英国政府准备重组远征军，再度赴法支援作战，而国内所有的车辆、武器仅够装备一个师，经过争论和协商，第3师被选中，蒙哥马利知道后很高兴。这时，他听说远征军的总司令戈特被免职了，布鲁克取而代之，这个消息使他更加兴奋不已。蒙哥马利马上给自己的老上级加老朋友写信，表示祝贺，并说期盼能在法国重聚。几天后，收到了布鲁克的回信，信中说他正忙于重组军队的一系列事务，但很快就完，不久就动身去法国。

然而，此时的法国即将面临覆顶之灾，法西斯军队从阿布维尔到莱茵河上游整个横贯法国的600公里的战线上，发动大规模进攻，6月10日，法国政府撤出巴黎。4天后，巴黎陷落。17日，法国投降。布鲁克还没来得及有所作为，匆匆从法国撤回。第51苏格兰高地师和法国军队一起向德军举手投降。英国远征军宣布解散，布鲁克将军又回到他战前的职位——南方军区司令。

撤销了再度赴法的任务，第3师原来被陆军部打算派到萨塞克斯郡海岸驻防，隶属第12军，6月21日，又被调出作总预备队，此后10天内，陆军部一会儿一个决定，不知道到底

< 英国首相丘吉尔。

将第3师放在哪里才好，蒙哥马利被弄得晕头转向，对陆军部的再三反复，十分气恼。

蒙哥马利重任第3师师长后，连续召开好几次师属军官会议，讨论有关问题，他要求每个人给他写一份关于法国之战的教训总结报告，在6月10日之前交上来。14日，蒙哥马利颁布了5页的《1940年5月英国远征军在法、比作战的重要经验教训》的备忘录，后面有20页的附录。他在备忘录里对德军战术进行了详细的研究，并同英军对比，指出，“德军的战术水准是第一流的”，承认确实比英军优越。

在英军将领中，蒙哥马利是最先提出这种看法的。

17日，蒙哥马利召集全师466名军官训话。开始讲之前，他宣布一条新规定：在他讲话中间，任何人不得出声，咳嗽或清嗓子的声音也不行。因为，他认为所有的人都必须围绕他来转，不仅保持视觉的接触，而且要专心去听，他就是中心。训话分成两段，留出休息时间，前半段讲法国之战的旧事，表扬了有出色表现的人，发了一枚优异服务勋章；休息过后，主要提出希望，鼓励他们带好士兵，调动士兵训练的积极性，使他们在任何时候对自己充满必胜的信念。

当天晚上，第3师开到布赖顿周围的滨海防区，这里被认为是德军有可能入侵登陆的地点之一。陆军部获取机密情报，7月2日至9日德军将会大举入侵不列颠。6月30日，蒙哥马利召开师属各级指挥官会议，要求一律停止其他活动，包括陆军部规定的特别作战训练，全力以赴作好备战工作。

蒙哥马利授权他们征用民间私有财产，作为指挥部来使用，任何可以用来改善防务的资材，均属征用之列，但他们必须亲自把握决定，不能随便让下级来做，以免惹出军民纠纷。

全师都被动员起来挖掘战壕和反坦克壕，昔日美丽的海边别墅花园，转眼变得坑坑洼洼，布赖顿的码头加强了警戒。蒙哥马利自己来往防区内巡视，有一天，走到一个机枪阵地，看见射界被前面一栋房子挡住了，他指着房子，问陪同在身侧的第9旅旅长布莱恩·霍罗克斯：

“霍罗克斯，这是谁的房子？”

“不知道。”

“把里面的人给我撵走，房子炸掉！妨碍防务的东西，不能让它留。”

第3师大搞战备的做法引起附近居民的抗议，因为他们无法相信不久几天，德国法西斯部队就会过来。当时，出于鼓舞士气和民心考虑，政府中有人把敦刻尔克撤退说成是伟大的胜利，回来的军人也很风光，有的在衣袖上面绣上彩色花纹，标着“敦刻尔克”字样，在大街上招摇过市。所以很多老百姓不了解真实情况，根本不去想德国人会打过海峡来，不列颠岛无数年来未遭外敌入侵的史实，也使他们不那么想。市长、议员和业主纷纷登门，劝告不要扰民，蒙哥马利不得不费一番口水，解释德国人随时要来的危险性，实在迫不得已，才这么做的，送走了那些人，他命令照干不误。

7月2日，第3师师部迎来了贵客——温斯顿·丘吉尔，时任英国的首相，他在夫人和

∨ 德军占领法国后，趾高气扬地沿着香榭丽舍大道进入巴黎。

女婿邓肯·桑兹的陪同下，到布赖顿视察。算起来，这是蒙哥马利第二次见到丘吉尔，一战快结束时他们曾在法国有过一次会面，不过，那时没说过一句话，严格讲算不上认识，蒙哥马利对鼓舌如簧的政客一贯没什么好印象，认为这些人应对目前造成的困难负责，但他知道丘吉尔是个例外。战争爆发前许多年，丘吉尔就敏锐地预测到，他的远见卓识明显不同，可惜得不到应有的重视。蒙哥马利陪首相到处参观，为了给他留下深刻印象，特地安排了一次反击演习，地点在皇家北爱尔兰营的驻地兰辛学院，蒙哥马利给该营的演习课题是，假定那里的一个小型海岸机场已被德军占领。丘吉尔兴致勃勃地观看，对演习很满意，尤其是赞扬了布朗式机枪排的表演。演习结束后，首相邀蒙哥马利到布赖顿城里的皇家阿尔比恩饭店共进晚餐。丘吉尔问蒙哥马利喝什么。

“水。”蒙哥马利十分简洁地回答。

首相有些意外地看着他。

“我不喝酒也不抽烟，百分之百的健康。”蒙哥马利一本正经地又说。

“是吗？”丘吉尔呵呵大笑，得意地冲他晃了晃手中的雪茄烟，说道：

“我既喝酒又抽烟，可是百分之二百的健康。”

蒙哥马利也跟着笑了，餐桌间的气氛顿时活跃起来。吃到一半的时候，丘吉尔透过窗户，望见布赖顿码头的售货亭里，一排士兵正忙着架设机枪哨，他颇有感慨地告诉蒙哥马利说，以前他在这儿附近上过学，没事常去亭子里看跳蚤表演，接着他们谈论第3师的防务。丘吉尔问蒙哥马利有什么问题。

“首相，我想我的师来这里，不是死待着等德国人的，这个师目前装备最好，战斗力也最强，任何时候拉出同任何敌人打都没问题。可现在，您瞧瞧，我们在干什么？每天挖沟壕，这种活派哪个部队都成，我向您请求，首相，给我拨一些汽车，让第3师作为预备队，随时担任机动反击的任务。”蒙哥马利将早想说的话一口气说出来。

“唔……这个建议很了不起。”

首相连连点头，答应亲自过问此事。回去之后第二天，丘吉尔即口授了一份备忘录送给陆军大臣安东尼·艾登。在备忘录里，丘吉尔说他对第3师沿50公里的海岸线展开，而不是控制于后方作为机动预备队感到吃惊，而且，这个师缺乏必要的运输车辆。首相在最后强调指出“考虑到英国有大量的公共汽车和运货卡车，而且从英国远征军中又回来了大量的驾驶员，应有可能立即纠正这一缺点”，无论如何，他要让第3师师长在当天“全部接管甚至现在还载着游客往返行驶在布赖顿海滨公路上的大量公共汽车”。有了首相发话，手下人自然照办。丘吉尔满足了蒙哥马利的愿望。

在布赖顿的谈话中，蒙哥马利保持预备队实行机动防御的思想受到丘吉尔的赞赏，也开始考虑控留预备队的重要性，他一直将之形容为“花豹”——“等待着突然跃起攻击敌人”。因此督促陆军部赶紧着手实施。

∧ 正在进行演习的英军士兵。

>> 统领第5军

1940年7月23日，蒙哥马利晋升为中将，同时被任命为第5军军长。在此之前，陆军部刚刚进行了大的人事调整，布鲁克接替艾恩赛德出任英国本土最高武装力量总司令，他的南方军区司令由奥金莱克接替，而奥金莱克正是蒙哥马利的前任。奥金莱克在任时，为第5军制定的防御指导思想是击敌于海滩，主张尽量将野战工事前推，尽一切可能阻止敌人将重装备推送登陆。蒙哥马利接手军长后，几乎将奥金莱克的一套全部推翻，命令立即停止构筑海滩防御工事，取消奥金莱克的以一个装甲师作为机动预备队的要求。不仅如此，蒙哥马利还对整个部队编成和人事动了大手术，坚持按自己的想法来指挥第5军，对防区和防御政策重新进行调整，以第4师接替第50师担负较宽的海岸线正面防务；规定各单位构筑工事的兵力不得超过一半，剩下的人要么训练要么去休假；他还主张用地方警卫部队担任海滩防御任务，军直属部队与两个正规师则抽调到其后方，集中力量搞冬季训练，包括进行从排到军的各级实兵演习，着重演习进攻，而不是防御。他很快就制订出从1940年8月到1941年春季的训练计划。具体实施方法是，首先进行单兵或小组训练，然后是模型演习和旅通讯演习，最后是集体训练。在集体训练期间，至少每周举行营及旅演习一次，每月全师举行野外实兵演习一次。

9月底，蒙哥马利带着他的这些计划前往伦敦，拜访了布鲁克及陆军部要员，获得了批准。到10月中旬，第4师和第50师将防御工事的构筑交给新成立的专负施工的特种海滩防御营，转调到后方，开始小规模的训练和演习。这样，奥金莱克的海滩防御战略思想，在第5军完全失去影响了。

10月7日到12日这一周，蒙哥马利把所属部队营以上长官召集到位于朗福德堡的司令部，参加他举办的军研究周活动。研究周的目的，是使各级指挥官在实施大规模演习或实战之前，能在布制模型上研讨各种不同的作战思想问题。研究计划由蒙哥马利亲自起草，他甚至还拟订了一些要发问的问题，在研讨中让部队长官们回答。不过，多数时候，都是他一个人站在台上，滔滔不绝地为那些人讲解。布鲁克和奥金莱克都曾亲临现场听过，奥金莱克后来回忆，“一切的一切都富有启示性”，让他自叹弗如。

在为达成提高作战效能而实施训练这件事上，蒙哥马利投入了救世主般的狂热激情，他每天东颠西跑，往来各个部队防区之间视察、训话，继军研究周之后，又开办了一个为期两周的基层军官培训班，还设立了一个体育人员训练大队。蒙哥马利坚决要求，部队必须最低限度能行军40公里，并且在行军之后，能立即投入战斗。蒙哥马利对部队体能的重视，这一点很少有人比得上，他把它看成是与精神同样重要的作战要素，甚至上升到事关英国陆军“健全问题”的层次，“英格兰陆军不够健全，必须使它健全”。健全的途径，就是靠刻苦锻炼。

第5军在他的督导下，进行艰苦严格的训练，按照他的要求，训练必须适应各种各样的天气和气候。每次视察或到某处，他都要向官兵灌输这样的观念：

“无论雨、雪、冰、泥，无论好天气还是坏天气，白天还是黑夜，我军都必须比德军更善战！”

只有具备全天候的作战能力，才能发挥最大的效率，打败德国人。为此，所有训练必须向高水平发展，所有演习都必须根据一切可以想象得到的方式进行。蒙哥马利组织和实施的训练项目，有的强度和难度之大，达到闻所未闻的地步。他要求师一级以上的大规模演习，必须事先计划好，以保证指挥官们、参谋们以及部队能够连续持久战斗。他声称，任何一级的指挥官和参谋，如果不能经受紧张、过度劳累的生活，或者表现得厌倦无力的话，就应无情地将其撤换掉。

10月23日，蒙哥马利把对士兵的体能训练延伸到各级司令部的军官，宣布规定：自军部往下，每级司令部的上尉以下军官、年龄在40岁以下的少校军官及其他士官，每星期必须参加一次10公里的越野长跑。所有符合上述条件者，概莫能外。不想跑的，可以走，或者选择小跑，但都必须完成全程。这项规定一出台，马上遭到许多人的反对，因为，10公里对这些平素坐惯办公室、养尊处优的机关军官来说，可绝不是个小数字，有些人早已发福，挺胸凸肚，动一动就满身大汗，跑这么远简直等于要了他们的命。有个外表比较结实的老上校由医生陪着，找到蒙哥马利，说自己身体欠佳，如果让他跑的话，会有性命危险。旁边的医生也建议，让他免了。

“你真的认为跑步就会让你送命？”蒙哥马利说道，眼睛冷冷地盯着他。

“是的。”老上校也看着他，眼神中流露出祈求之色。

“那好，要是你现在就想到死，不如现在就去跑步。我保证，你死后，马上就会有人接替你的位置。”

老上校表情尴尬地戳在那里，脸胀成了猪肝色。蒙哥马利不等他说话，继续嘲讽道：

“如果军官们都在战斗打响、一切闹哄哄的时候再死去，那才叫麻烦呢。”

其实，那个老上校的健康状况的确不大好，但在没有得到蒙哥马利的恩赦后，只得硬着头皮参加跑步，结果自然没死，反而因为锻炼活得更好。跑10公里的规定顺利得以执行，有些40岁以上的人也参加了长跑，以增强体质。蒙哥马利已经53岁了，以身作则，坚持同大家一起长跑，后来在参谋长辛普森准将的劝说下，才改为快走10公里。辛普森曾在他任第9旅旅长期间，担任过他的参谋长，后来在第4师任一般参谋，蒙哥马利接任第5军军长后，没多久就把他调到司令部来，提升为现在的职务。这是蒙哥马利一贯的风格，对于有能力的老部下，总难忘旧情，喜欢带在身边。这样做也有一个好处，彼此熟悉，配合默契，工作起来得心应手。

当时部队有不少军官眷属随军，居住在驻地附近沿海的城镇和乡村，蒙哥马利担心一旦德军入侵，她们的丈夫惦念家小，分心误事，下令将她们全部撤离。这又导致怨言四起。但蒙哥马利顶住了压力，最终通过申明利害，用强硬的态度，把事情解决。

蒙哥马利雷厉风行的管军措施自然得罪了很多人，招来怨恨，但这并不说明他冷酷到没有人情味，在不准军官眷属随军的情况下，他让军官们通过正常方式请假，经常探望家庭。他要求部队在严格紧张的训练结束之后，能洗热水澡，吃上可口的饭菜，保证充足的休息。有时他对部属的标准会打点折扣，只要要求不太过分，他都可以给予满足。军部有一个高级军官餐厅，军直属部队的资深上校和准将们都在那里与军长共同进餐。由于蒙哥马利在那场大病后滴酒不沾，而且把爱喝晚酒的人骂为酒鬼，所以谁也不敢在就餐前，公然当着他的面喝。后来一些嗜酒的家伙，包括辛普森，在餐厅外的通道上秘密装置了一个小房间，每逢晚饭前就偷偷溜进去喝上一两杯。时间长了，辛普森担心万一被蒙哥马利发现后总不大好，于是在一天晚餐前，鼓起勇气试探说：

“报告军长，您知道我喜欢在晚餐前喝上一两杯酒。如果我在前面接待室里摆一个酒吧，您会不会介意？”

说完，用眼睛在蒙哥马利的脸上逡巡，小心等候反应。

“我当然不反对，你可以做你想做的事情，不过我可声明啊，你别拉我同你们一起喝。”军长的回答既在辛普森的期望之中，又出乎意外之外，当他确定无疑后，立刻笑逐颜开。周围的几张脸孔也都兴奋得直放光。转眼工夫，接待室里便摆起了酒桌。

经过几个月的训练，蒙哥马利决定于12月初举行全军规模的大演习。11月25日，他在朗福德堡进行模型示范，出席观摩的指挥官和贵宾多达150余人。无疑，这是英军自敦刻尔克撤退以来，在本土所举行的最大最重要的演习。而且，不论从哪方面看，该演习都是开创性的。国内武装力量总司令布鲁克在致辞时，预言这次演习“一定非常有趣”，但布鲁克还是为蒙哥马利在这次超过30000人的大演习中所表现出的才能感到吃惊。一年前，蒙哥马利带第3师在法国演习时，着眼于摩托化部队夜间运动，夺取防御阵地和有计划地撤退。这次则不同，主要是预演进攻，强调各兵种协同作战。正如蒙哥马利自己所说：“本演习的目的，是研究一个军向沙漠地区之敌进行攻势作战的运用与处置。该军兵力包括1个装甲师，1个机械化步兵师，1个陆军坦克旅，空降部队以及近距离支援飞机。”蒙哥马利对使用轰炸机进行近距离空中支援尤其感兴趣。这表明，他的战术思想正在发生变化。

1940年12月，奥金莱克调任驻印英军总司令，使他与蒙哥马利的冲

∧ 英军在本土举行防登陆军事演习。

< 德军飞机实施狂轰滥炸下的伦敦街道。

> 1941 年 7 月 4 日，英国首相丘吉尔陪同南斯拉夫国王彼得视察第 12 军，时任军长的蒙哥马利陪同视察。

突暂告一段落。后来他回忆说，他完全不喜欢蒙哥马利，“我常去听他训话：‘不准咳嗽，不准吸烟，早餐前跑步。’这一切听起来很鼓舞人心，但我却觉得有点欠妥当。我怀疑早餐前跑步是否能培养出打胜仗的人。”

对于与奥金莱克的关系，蒙哥马利在他的《回忆录》只说了一句：“我想不起来，我们在哪个问题上有过一致意见。”

奥金莱克走后，第1军军长亚历山大接任南方军区司令。亚历山大是蒙哥马利在坎伯利参谋学院任教时的学生，现在，学生变成了老师的顶头上司，这对蒙哥马利来说，多少有点尴尬。亚历山大和蒙哥马利一起指挥过敦刻尔克大撤退，为人沉着镇定，对战争的看法比较切合实际。他同意蒙哥马利的防御思想，反对奥金莱克固守海岸线的做法，虽然他自己不能组织大规模演习，但乐意全力支持蒙哥马利。由于这些原因，蒙哥马利对亚历山大充满敬意，他曾对人说：“亚历山大是唯一一个能使陆海空军的将领都乐于在其属下服务的人。”

话虽这么说，他对过去的学生爬到了自己的头顶上，还是老大不痛快。不过，蒙哥马利相信，自己总有一天也会高升，目前只好暂时屈尊了。

1940年的整个下半年，英国人民都在躲避纳粹德国飞机的轰炸，希特勒在降伏法国后，处心积虑要跨过英吉利海峡，占领不列颠本土。从7月开始，德国空军夜以继日地对英国各港口、工业中心和首都伦敦进行狂轰滥炸，企图夺取制空权。但英国人民在首相丘吉尔的领导下，英勇不屈，顽强抵抗，致使希特勒登陆英国作战的“海狮”计划不得不一而再、再而三地往后推迟。

∧ 演习中的英军坦克。

>> 领军紧张备战

1941年4月7日，蒙哥马利奉召来到国内武装力量总司令部。总司令阿兰·布鲁克面带微笑地告诉他，他将被调职。蒙哥马利一阵喜悦，以为时来运到，自己也获提拔了，没想到布鲁克下面说出来的话让他心里凉了半截：

“你准备好，去肯特郡接任第12军军长。”

“这不是原级调动吗？”蒙哥马利失望地嘟哝。

“那可不一样，肯特东海岸地区是德军最可能入侵的地方，防卫责任重大，调你去是更有重用。”布鲁克看出他有不满情绪，加以解释和安慰道。

蒙哥马利想把他的参谋长辛普森带走，于是推荐第4师师长特迪·施赖伯担任第5军军长，参谋长由第210旅旅长坦普勒来接替，这样第5军就可以继续贯彻他的作战思想和训练原则了。布鲁克听从了蒙哥马利的建议，按此作了安排。

临行前，蒙哥马利向众人一一告别。他先是到朴次茅斯，拜访了海军总司令，接着又来到亚历山大的南方军区司令部辞行。4月26日，还召集全体幕僚与校级军官，作了告别讲演。对那些见不了面的人，蒙哥马利就用书信向他们道别。

4月27日，蒙哥马利正式调任第12军军长。蒙哥马利一来，立刻使这个平静的军掀起狂风巨浪。当时在肯特郡指挥第44师的霍罗克斯说，蒙哥马利的到来，“就像在不列颠的这个乡村角落爆炸了一颗原子弹一样”。蒙哥马利在军所属各部队巡视一遍后，认为部队太过松散，军官们大都和家属住在一起，部队长官和参谋待在办公室的时间太长，生活过于舒适，于是，他下令立即采取措施：军官太太被送上火车撤走；指挥官和参谋们被赶出办公室进行越野长跑；不称职的军官被撤换。一周之内，蒙哥马利一口气撤换了3位旅长和其他6名带“长”的人物。

与此同时，他把一些老部下也带了过来，这几个人：诺克斯、布伦·史密斯、派克、博克斯沙尔、巴特勒和伯奇，都是第5军的旅长，蒙哥马利派他们到第12军各旅任职。

蒙哥马利对第12军的改造，决不仅仅限于这些，对于前任军长的兵力部署、战术观念和训练原则，他都要推翻重来。无论到哪个部队，他都不会因袭旧状，创新、变革，是他性格中最本质的一个方面。蒙

∧ 时任英军东南集团军司令的蒙哥马利在检阅部队。

< 蒙哥马利与加拿大军队步兵指挥官合影。

V 1942 年春，蒙哥马利与到访的主教和陆军妇女队指挥官合影。

哥马利很久以前就认为，第12军把3个师并列部署在肯特海岸线上，想利用掩体和工事固守每一寸海岸，是错误的，因为这种防御配置，一无纵深，二要反击时又兵力不足。根据这种思想，蒙哥马利到职不到一周，就向全军发布第一号训令，提出他的防御作战原则，又在6月份组织了名为“醉汉”的全军大演习。他在演习讲评会上指出，战争的胜利取决三大重要因素：第一，正确的攻击；第二，战斗接敌后，低级指挥官的勇气、主动性和战术；第三，部队的战斗精神。三者缺一不可，否则都会打败仗。

不久，布鲁克受蒙哥马利各次演习的推动，决定于1941年夏季举行一次名为“保险杠”的陆军全军大演习，以检验陆军自敦刻尔克撤退以来训练的效果。蒙哥马利奉命出任裁判长。演习从9月29日开始，到10月3日结束，共有4个装甲师和9个步兵师参加了演习。“保险杠”演习基本上是仿效蒙哥马利的模式，这使他感到异常高兴。10月10日，蒙哥马利在参谋学院对200多名资深军官作讲评，分析了成功和不足，思路清晰，讲得头头是道。布鲁克后来感叹，“他的表现精彩绝伦，值得赞美”。

回去后，蒙哥马利又针对演习中暴露出来的问题，计划在自己军里再搞一次演习，准备在11月下旬进行，时间三天，演习的名字已经取好，叫“大大醉汉”。可还没等开始，11月17日，蒙哥马利忽然接到命令：接替佩吉特中将担任东南军区司令。

这项任命是在当天的战时内阁会议上批准通过的，同一天，还作了以下几项任命：佩吉特接替布鲁克出任国内武装力量总司令，布鲁克则去接替身体一直有病的迪尔，担任帝国参谋总长。本来，任命定于圣诞节发布，但由于佩吉特已于11月17日离职履新，因此得以提前。蒙哥马利在宣布任命的当天，就抵达东南军区司令部所在地雷格特，他的心情非常愉快，满面春风，在职务上，他现在至少可以和他的学生亚历山大比肩齐驱，平起平坐了。这使蒙哥马利找回一些平衡。

东南军区辖第12军、加拿大军和一些地方部队，蒙哥马利把它改称为“东南集团军”。他这样做有两个目的，一是满足虚荣感，因为军区毕竟只是军区，而不是集团军，他的军区司令头衔不如集团军司令听起来响亮和振奋人心；二是这样一来，也易于下属各单位贯彻他的战术思想。

同以往一样，蒙哥马利走马上任后，首先视察了所属各部队，会见了其长官，然后，他下达了他的集团军司令个人备忘录，制订出了冬季训练计划。因为曾经归于自己领导，第12军指挥起来游刃有余，但指挥加拿大军就不那么容易了。加拿大军代理军长克里勒曾任加拿大参谋总长，因为有过这样的辉煌资历，他不仅认为自己是加拿大军军长，而且看作加拿大国家军事利益的保护人。这种自以为是的态度，使他与同样自以为是的蒙哥马利多次发生冲突。到1942年春季，加拿大军干脆在对司令部行文中，又恢复原来的东南军区的称呼。此举分明是故意对着干，这难免让蒙哥马利大动肝火。1942年2月，蒙哥马利拟订一套预备队计划，里面将加拿大军预备队列为德军入侵时使用的总预备队之一，克里勒对计划提出抗议，声称他的预备队的部署，除非得到加拿大政府或其授权代表的允许，否则谁也不能调动。克里勒的固执和迂腐表现，使他和蒙哥马利的关系从一开始就处得不好，后来在整个战争期间也是如此。

加拿大军坚强而自信，所欠缺的是良好的领导，这是蒙哥马利的认识。所以他有意于施加影响，按自己的思想进行改造，但克里勒的态度又使他心存顾虑。蒙哥马利并不打算就此放弃。加拿大军参谋长盖·塞蒙兹是一位能力出众的军官，蒙哥马利这时想到了他，决心从他那里打开突破口。在一天晚上，他把集团军参谋长、第12军的参谋长以及塞蒙兹召集到一起，秘密协调工作。在塞蒙兹的协助下，他的目的逐渐达到，加拿大军制订了一个“击退入侵”的计划，基本上体现了蒙哥马利的战术理论。虽然完全控制加拿大军还要费不少力气，但蒙哥马利总算得到一些安慰。

为了了解部属，蒙哥马利经常下去访问部队，这与很多高级将领不同，他的这种访问并没有因为他成为集团军司令而有所减少。1942年1月的东南集团军作战日记上记载着：

1月2日：集团军司令访问第43师辖区，并向加拿大官兵讲解“海獭”演习；

1月8日：司令官访问第44师辖区；

1月9日：司令官访问第46师辖区；

1月10日：司令官访问加拿大军军部；

1月11日：司令官访问西萨塞克斯本土防卫部队；

1月13日：司令官在高级军官学校演讲；

1月14日：司令官在坎伯利参谋学院演讲。

……

类似的活动还有很多，演习、战术讲座、军研究周、新武器示范等等，一个又一个接踵而来。这些活动似乎永无休止，给人的印象好像是东南集团军司令部上下到处一片狂热的工作气氛，但实际上，情况恰恰相反，气氛出奇地平静。1942年3月3日，一名刚从国内武装力量司令部调入东南集团军服役的少校情报官来到雷格特，向集团军司令汇报工作，此人的名字叫戈伦韦·李斯。据他后来回忆：

在国内武装力量司令部，参谋们总像有干不完的活，常被干扰，大家都不胜其烦……当我到雷格特汇报时，觉得一切情况都与佩吉特的总司令部大不相同。要见集团军司令没有任何困难，一经约定时间，他就会准时在那里等你。……桌上永远没有任何文件，也没有任何干扰；人们会想到眼前坐的是个闲人，要不是有客人来访，简直不知道做什么来打发他的时间。……如果他提出意见，或是下达指示，人们会觉得他曾经利用清凉平静的傍晚时间，在花园里对这些问题都做过冷静的思考。我开始感到，他与我所知道的其他指挥官不同的是，他真正地‘想过’，而他这个‘想’的含义与科学家或学者的‘想’是相同的……当思考战争的时候，他的思路流畅而集中。

凡是曾与蒙哥马利共事或在他手下工作过的人，都会觉得李斯的印象是准确的，因为这种情况符合蒙哥马利的指挥原则：高级指挥官绝不应埋头于琐事。他的理由是，假如在战役中，一个指挥官不考虑如何击败敌人，而陷入琐碎的事务堆中不能自拔，那就等于丢了西瓜拣芝麻，难成大气候。蒙哥马利认为，指挥官应抓大事，静下心来思考与作战相关的问题，至于细枝末节，属于参谋分内的事情，大可交由他们去承担处理。

1942 年 5 月，蒙哥马利率领部队在英格兰东南部举行了一次重要的演习，演习着重反映他的一种新思想，即抢占战场主动权，击败优势敌人并能在真正复杂的情况下作战，坚持 10 天之久。因为蒙哥马利认为，随着战局变化，固守本土绝不可能击败德意日轴心国军队，只有把军队训练到能在外国的土地上，以攻势行动击败敌人，盟军才能最终获胜。演习从 5 月 19 日开始，30 日结束，由第 12 军对抗加拿大第 1 军，双方兵力超过 10 万人。

演习吸引了大批参观者，其中包括美军首席参谋德怀特·艾森豪威尔。他当时的军衔是少将，美国派他和其他一些将领来英国考察了解情况。

蒙哥马利给艾森豪威尔的第一印象很深刻。艾森豪威尔在 5 月 27 日的考察记录上写道："蒙哥马利将军是位果决型人物，精力充沛，干练非凡。"对艾森豪威尔，蒙哥马利倒没多大印象，只是觉得彼此能聊得来而已。艾森豪威尔走之前，他拿出一本小册子，请他签名留念。

后来回过头看，这次代号为"猛虎"的演习，可以称之为第二次世界大战转折点的彩排，具有历史性意义。也是蒙哥马利在英国本土训练部队的顶点，获得了如潮好评。20 年后，当蒙哥马利偶然翻到这次演习的讲评稿档案本时，意犹未尽地在旁边添上这样一笔道：

"至今在加拿大仍为人所乐道。"

1941 年冬到 1942 年春天这段时间，对于英国，乃至世界上所有反

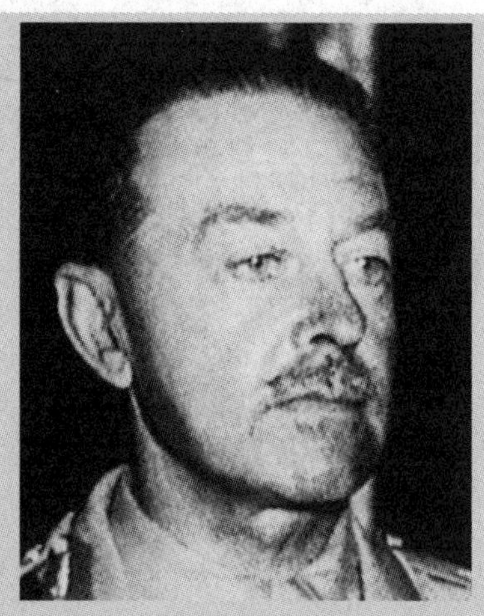

∧ 就任驻缅甸英军总司令的亚历山大。

> 日军袭击过后的珍珠港。

抗法西斯侵略的国家来说，都不是什么好日子，就在1941年12月7日，日军悍然发动对珍珠港的袭击，随后又侵占菲律宾、中国香港。1942年2月8日登陆马来亚，一周之内迫使英军驻新加坡司令官阿瑟·珀西瓦尔将军，也就是在爱尔兰战争中和蒙哥马利争辩的那位同事，率8万多守军投降。2月27日，日本海军在爪哇海战中获胜，次日登上爪哇，并于3月初占领苏门答腊。更要命的是，日军正向缅甸仰光推进，直捣印度大门，而且炸毁了西塘的唯一桥梁，将第17师的退路切断……

珍珠港事件★后，忧心如焚的英国首相丘吉尔决定派一名新陆军指挥官到缅甸去，以阻止日军向前推进，并伺机反攻。丘吉尔最终选定了亚历山大将军，提名他就任缅甸英军总司令官。

实际上，丘吉尔的安排是听从了布鲁克的建议。

布鲁克遍筛了当时的几个高级将领，包括蒙哥马利，最后确定用亚历山大去解仰光之围。这不是说亚历山大的能力一定有多么强，布鲁克看中他的遇事镇定，临危不乱，最重要的是亚历山大温和保守，善于协调各种关系。至于蒙哥马利，虽然私交甚笃，布鲁克对他在整训部队和作战方面表现出的才能十分欣赏，但清楚他的性格弱点，在缅甸危难时刻，尤其又是盟军联合作战的条件下，布鲁克显然不愿意冒险。

5月5日，亚历山大飞抵仰光，正式赴任，蒙哥马利丧失了担任真正的野战集团军司令的一次机会，但不久，属于他的机会也开始降临。

★珍珠港事件

1941年3月起举行的日美外交谈判未取得进展，日本决定对美国发动战争。1941年12月7日，日军第一批飞机开始攻击珍珠港。美国官兵对敌人的偷袭毫无准备。7时55分，日机开始向珍珠港投弹，当即炸毁美国的大量舰只和飞机。8时54分，日机171架飞机第二次猛烈轰炸珍珠港。尔后日本舰队返航。日本奇袭珍珠港，宣告美国多年推行的绥靖政策破产和太平洋战争的爆发。从此，世界反法西斯战争进入了一个新的阶段。

>> 检索……相关事件

01 retrieval

美英日等国在华盛顿举行重要会议

第一次世界大战后，美、英、日等帝国主义国家为重新瓜分远东和太平洋地区的殖民地和势力范围，于1921年11月12日～1922年2月6日在华盛顿举行了一次国际性的会议。史称华盛顿会议。有美、英、法、意、日、比、荷、葡和中国北洋政府的代表团参加。华盛顿会议实质上是巴黎和会的继续，其目的是要解决《凡尔赛和约》未能解决的关于海军力量对比和在远东、太平洋地区特别是在中国的利益冲突。

日本炮制“满蒙特殊论”

1927年4月，推行对华“强硬外交”的田中内阁上台。同年6月27日至7月7日，内阁首相兼外相田中义一在日本东京主持召开了东方会议。会议最后以田中义一的总结报告《对华政策纲领》作为结论。在纲领中，日本进一步确立了以武力侵占中国，进而征服印度、南洋群岛、中亚西亚和小亚细亚以至欧洲的侵略扩张总方针。此外，日本当局还炮制了旨在把中国东北和内蒙古地区分离出去的“满蒙特殊论”，这成为后来日本侵略中国的理论根据。

宋庆龄等人发起成立保卫中国大同盟

1938年6月14日，保卫中国大同盟在香港宣告成立。广州设有分会。发起人有中外著名人士宋庆龄、冯玉祥、宋子文、孙科、贾·尼赫鲁、保罗·罗伯逊等。宋庆龄出任主席，宋子文任会长（1941年宣布退出）。保盟成立宣言强调：“保盟目标有二：一、在现阶段抗日战争中，鼓励全世界所有爱好和平民主的人士进一步努力以医药、救济物资供应中国。二、集中精力，密切配合，以加强此种努力所取得的效果。”1941年，保盟迁往重庆。

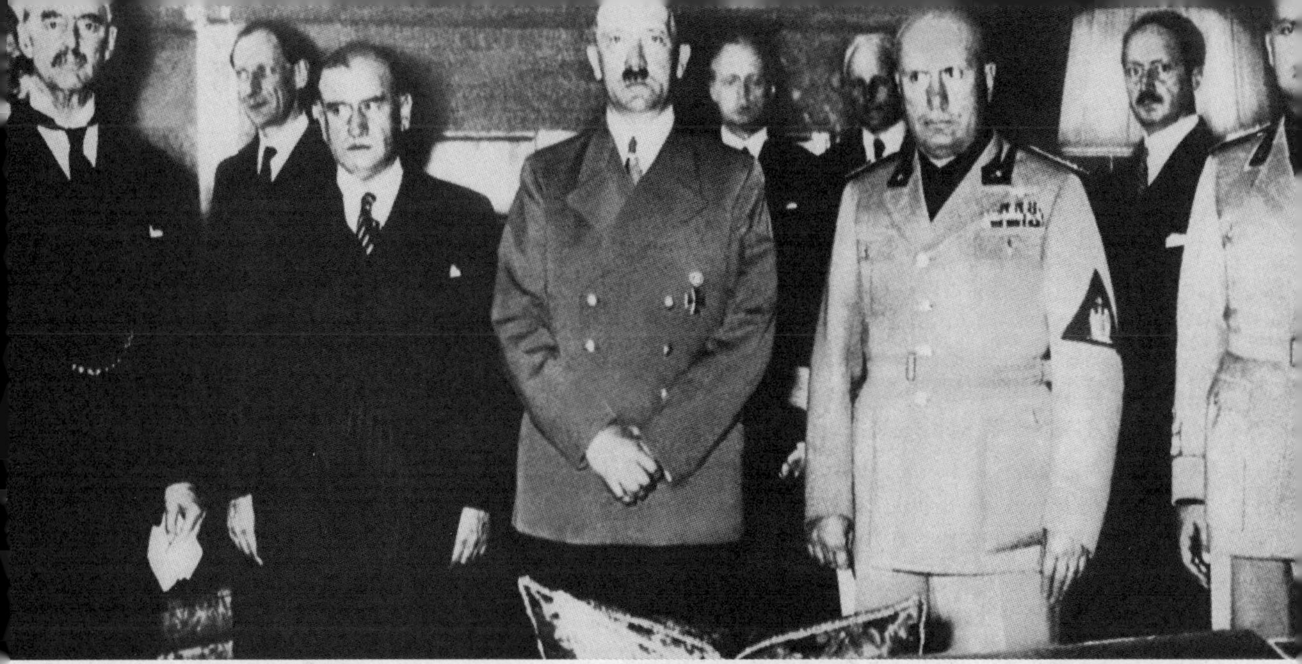

日本关东军悍然侵占中国东北

1931年9月18日夜，日本关东军为征服中国，按照预谋的计划自行炸毁沈阳北郊柳条湖附近一段南满铁路，然后诬称系中国军队所为，当即派兵突然进攻中国军队驻守的北大营和沈阳内城。南京国民政府奉行不抵抗政策。19日8时，北大营、沈阳内城相继为日军占领；中午，东大营及其附近地区也同时失守，沈阳完全陷落。21日，日本驻朝鲜军队越境增援关东军，一周后侵占了辽宁、吉林两省大部分地区。1932年2月，东北三省全部沦陷。

慕尼黑阴谋助长法西斯侵略气焰

1938年9月，英、法、德、意4国首脑在德国慕尼黑举行会议并签订了《慕尼黑协定》。协定规定：1938年10月10日前将捷克斯洛伐克苏台德地区及同奥地利接壤的南部地区，连同上述地区的一切建筑和设施，移交给德国；日耳曼居民是否占多数尚不确定的地区，暂由国际委员会占领，通过公民投票，决定归属，最后划定边界。慕尼黑会议及协定粗暴地践踏了国际法和国际关系的基本准则，鼓励和助长了法西斯国家进一步发动侵略战争的野心。

第二次世界大战全面爆发

1939年9月1日，继纳粹德国闪电入侵波兰，9月3日英法两国对德宣战。在德国军队突破波兰后，法国和英国政府立即向第三帝国发出最后通牒："终止一切对波兰的侵略行动，并从波兰的领土上撤出军队，否则联合王国和法国将履行我们的义务。"9月3日，英国首相张伯伦郑重宣布英法两国的军队将与希特勒的军队交战。英法对德宣战，标志着第二次世界大战的全面爆发。

∧ 1938年9月29日，英、法、德、意4国首脑签署了《慕尼黑协定》。

< 保卫中国同盟中央委员会主席宋庆龄等在香港。

< 1931年9月19日，日本关东军占领北大营中国军营。

< 1939年9月1日，德军向波兰突然进攻，第二次世界大战爆发。

02

>> 检索……相关事件

日本迅速走上法西斯专政道路

1936年2月26日拂晓，日本皇道派军官纠集第1师团和近卫师团的1400余名官兵发动兵变，迅即占领陆军省、参谋本部、国会和首相官邸等政府中枢机关，杀死内大臣斋藤实、大藏大臣高桥是清等人，首相冈田启介也险些丧命。兵变部队要求让皇道派的精神领袖荒木贞夫大将上台执政，建立军部独裁政权。因各方面均表示反对，2月29日，兵变被平息。但此后，日本迅速走上全面扩大侵略战争和全面法西斯专政的道路。

03 retrieval

英国牺牲中国利益与日达成妥协

1939年2月，日军在中国的海南岛登陆，对新加坡与香港之间的航路造成致命威胁，一时间英、日两国矛盾空前尖锐起来，大有剑拔弩张之势。然而，英国却不愿卷入反对日本法西斯的战争之中，日本也不愿过早刺激英国。为了缓和矛盾，同年7月，英日双方代表在日本首都东京举行谈判。英国在谈判中继续奉行牺牲中国的绥靖政策，于7月24日同日本政府签署了《有田－克莱琪协定》，从而使英日之间的矛盾暂时得到了缓和。

∧ 1939年8月23日，苏德在克里姆林宫签署了《苏德互不侵犯条约》。

苏德签订互不侵犯条约

面对德国法西斯的肆意扩张，英、法仍然奉行绥靖政策。与此同时，英国同德国进行一系列的秘密谈判，力求实现英德合作，把战火引向苏联。在这种情况下，苏联也采取措施调整同德国的关系。1939年8月21日，苏联接受希特勒提出的缔结互不侵犯条约的要求，于8月23日同德国签订了《苏德互不侵犯条约》，有效期10年。该条约的签订使苏联得以暂时置身于战火之外。

04

波兰军民浴血保卫首都华沙

1939年9月1日，德国法西斯对波兰发动了大规模的侵略战争，其150万军队兵分三路突入波兰腹地，直指波兰首都华沙。9月19日，德军以10个师的兵力发动对华沙的总攻，波兰军队和华沙人民顽强抗击德军的进攻。然而，由于双方兵力相差悬殊、波兰军民得不到有力的援助等原因，9月28日，华沙被德军攻克。在整个战斗中，波兰军民牺牲约3万人。

英国实行战时食品定量配给制

德国入侵波兰发动第二次世界大战之后，英国感到卷入战争已经是不可避免，便开始真正的大规模扩军备战。为了集中财力，1940年1月8日，英国开始实行肉、油、糖定量配给制。对家用和非必需消费商品实行严格定量和配给，使英国战时生产迅速达到高峰，如1939年的飞机产量是8000架，而1941年就达到了年产20000架。这一系列措施的实施，促进了军用工业的发展，为英国在二战中取胜奠定了物质基础。

伪"国民政府"在南京成立

在日本帝国主义的策划下，1940年3月30日，汪精卫集团在南京正式成立了"中华民国国民政府"傀儡政权。汪精卫任伪"国民政府"代主席兼行政院院长。其组织机构仍用国民政府的组织形式。辖区包括苏、浙、皖等省大部，沪、宁两市和鄂、湘、赣、鲁、豫等省小部分。汪伪政府在其辖区内实行法西斯统治，捕杀抗日爱国人士，配合日本对重庆国民政府进行诱降，妄图瓦解抗日阵线，遭到全中国人民的唾弃。

< 波兰军队开赴前线抗击德军。

第五章

措辞低调严谨的捷报

1887-1976 蒙哥马利

英军死伤和被俘1751人，损失了68辆坦克；德军伤亡约2900人，49辆坦克及装甲车辆被击毁击伤。单从数字上看双方都不能称为胜利者，但英军显然更有资格享受这一荣誉，因为战场主动权从此由不可一世的隆美尔那里，转入蒙哥马利之手……

> 在托卜鲁克向德军投降的英军士兵。

>> 初抵北非

此时，在北非战场的英军处境也很不妙，奥金莱克和他的前任韦维尔，都被德将隆美尔搞得狼狈不堪。起初他曾在“十字军战士”行动中收获胜利，把沙漠之狐赶回发起进攻的原处，因此有些昏昏然。但自从1942年1月下旬，隆美尔展开凌厉反攻以来，英军的噩梦就开始了。

由于在马耳他岛上的英军基地受到德、意空军的重创，几乎被炸垮，而英军接连几次海战又失利，坎宁安海军上将率领的舰队实力大大削弱，英国人只能眼睁睁地看着大量德军物资，经由地中海，源源不断输送到隆美尔的手中。隆美尔得到这些军援，立刻来了个出其不意的突击，把英军赶出了梅基利，接着又撤出重要港口班加西，仅仅一个月，德军又重占昔兰尼加半岛的大部，奥金莱克被迫撤退500公里，为2月中旬发动进攻而准备的储备，也全部丧失。

6月份，略事休整的隆美尔再次开始进击。16日，德军在他的指挥下，一连拿下阿德姆、贝尔汉穆德和阿克鲁马。17日，英国第4装甲旅在西迪雷泽格遭受沉重打击，只剩下20辆坦克。19日，托卜鲁克被包围，第二天晚上8时，该城陷落。21日凌晨，33000名守军未进行有效的抵抗，就放下武器，向隆美尔投降。

托卜鲁克的失守在国际上产生强烈反响，在英国国内也引起轩然大波，人们震惊、愤怒、失望、恐惧、不满，什么情绪都有，丘吉尔政府为此遭受了很大压力。人们有理由进行指责，想一想，当纳粹德军乘坐缴获来的英国汽车，拿着英国人的武器向埃及进军，英国人的心情滋味如何呢？谁能无动于衷呢？

∧ 时任英军中东总司令和第 8 集团司令的奥金莱克。

必须有所改变，如果不能，就要进行人事调整，这是战时内阁所达成的默契。留给奥金莱克的时间已经不多，但他仅仅阻止了隆美尔的继续突进，除此之外，他什么也没干成。埃及的两大城市开罗和亚历山大，仍然笼罩在隆美尔的刀光剑影中。

8月初，布鲁克和丘吉尔一前一后赶到开罗，商讨中东司令部改组事宜，首先谈到奥金莱克一人身兼中东总司令和第 8 集团军司令两个职务的问题。

“不能再让他这样了，一个都干不好，何况两个。”丘吉尔显然已经对奥金莱克非常不满。

“我同意。问题是由谁来当第 8 集团军司令好呢？”布鲁克请示首相。

“我看第 13 军军长戈特中将合适。”

“戈特不行，”布鲁克直摇头，争辩道，“戈特老了，身体疲倦不堪，难当此任。”

“那你说谁能当此任？要不，你来干好了！”丘吉尔见布鲁克反对他欣赏的人选，没好气地说道。

“首相，我认为蒙哥马利将军很适合担当这个职务，他现在正在指挥东南军区。”犹豫了一下，布鲁克终于说出了蒙哥马利的名字，上次没派他去缅甸，无论如何，这次该给他机会了。

但丘吉尔未置可否。8月6日，丘吉尔又决定还是让戈特来当第8集团军司令，同时，他还决定任命亚历山大为中东司令部总司令；蒙哥马利则去接替亚历山大任第1集团军司令，负责盟军登陆北非的“火炬”计划。这个计划是丘吉尔去年访美期间首先提出来的，最初它不叫这个代号，后来才确定，并定由美国的艾森豪威尔将军担任总指挥。

高层紧张的人事变动酝酿的这一切，蒙哥马利一点也不知道。他还是不知疲倦地奔走于各种训练、演习和讲评会之间，一天到晚，几乎没有空闲着的时候。8月初的某一天，蒙哥马利接到通知，苏格兰将举行一次大规模的军事演习，国内武装力量总司令佩吉特将军让他陪同一起前往观看。蒙哥马利跟随总司令乘坐他的“轻剑”号专列北上，到达演习地点。

演习第二天，陆军部打来电话，告诉蒙哥马利他已被任命为第1集团军司令，接替亚历山大将军，在艾森豪威尔将军的领导下共同制定“火炬”计划，要他立刻来一趟伦敦。蒙哥马利急忙赶过去，在陆军部获悉了详细情况，之后又回到雷格特的司令部，匆匆收拾了一下，准备上路。

8日早上7点，蒙哥马利腮上面涂满白色的膏体泡沫，正在盥洗室里刮脸，这时他被人告知，陆军部又来了电话。蒙哥马利往脸上胡乱擦了一把，跑过去，抓起了话筒。

“蒙哥马利将军，我奉命通知你，你任第1集团军司令的命令取消了，现在改派你去埃及指挥第8集团军。”电话那端一个声音说道。

“为什么？”

“不清楚，这是上面的决定。”

对方不等他再问，就挂断了电话。稍晚，蒙哥马利从别人那里听到了一个惊人的消息：第13军军长戈特中将昨天搭乘运送伤兵的运输机回开罗休假，途中被德军飞机击落，机毁人亡。本来，这条沿阿拉伯堡－赫利奥波利斯飞行的航线，一直被认为是绝对的安全，就连丘吉尔飞这条航线时，也没有提供战斗机护航，然而那天却偏偏出了意外，结果就让倒霉的戈特给撞上了。这真是个悲剧。当天晚上，丘吉尔、布鲁克和陆军元帅史末资一起商量，最后决定由蒙哥马利接替戈特，在征得奥金莱克同意后，丘吉尔向战时内阁发出一份关于举荐蒙哥马利任第8集团军司令的电报。8日凌晨，战时内阁复电，表示认可。

现在，蒙哥马利明白了自己被改命新职的缘由，戈特的不幸遇难，使他的非洲之行蒙上一层悲伤的色彩。不过，想到能和亚历山大合作，他又感到有点高兴，虽然他又变成了他的上级。

10日晚上，蒙哥马利乘坐飞机离开英国，当螺旋桨飞速旋转，周围空气发出尖利的怪叫声的时候，蒙哥马利朝送行的人们挥了挥手，又向可爱的英格兰大地投去最后的一瞥，俯身钻进了机舱。飞机平稳地向前飞去，外面是黑沉沉的夜幕，前方目的地，等待他的是无边无

★埃德温·隆美尔（1891～1944）

德国元帅，参加了第一次世界大战。1937年任陆军驻希特勒青年团联络官。1939年任元首大本营卫队长、随从营营长。1940年调任第7装甲师师长。1941年2月转任非洲军司令。他指挥的装甲部队行动迅速、机动，善于迅速突破对方战线，深入穿插，被称为“沙漠之狐”。1943年7月，出任B集团军群司令。1944年6月在诺曼底指挥所部抗击盟军登陆。1944年10月因涉嫌暗杀希特勒事件，被迫自杀。

际的旷野沙漠，以及一个外号叫“沙漠之狐”的德国人——埃德温·隆美尔★。隆美尔的名字在此之前频频听得到，而他往往又是和英军失败的沮丧消息连在一起，传入蒙哥马利的耳朵。马上，他就要面对这只可怕的沙漠之狐了。

“隆美尔，隆美尔，现在，该我们来较量了，我要让你见识我的厉害！”旅途中，蒙哥马利默默念叨着，眼神充满前所未有的光彩。

12日一早，蒙哥马利乘坐的飞机在开罗郊外的一个机场缓缓降落，他走出来，贪婪地呼吸几口早晨新鲜的空气，伸了个懒腰。他被接到大金字塔附近的米纳·豪斯饭店，住到一个舒适的房间里，这个房间被奥金莱克包下，原打算长期使用。洗了个澡，进完早餐，已是10点多钟，蒙哥马利派他的侍从官卡普特·斯普纳上尉替他去买一套沙漠战地用军服，随后驱车前往中东司令部，大约11点，蒙哥马利与即将卸任的奥金莱克见了面。

“蒙哥马利将军，见到你，我很高兴！”满腹懊丧的奥金莱克强作镇定，不冷不热地向他打招呼。

“我也是，总司令阁下。”蒙哥马利说道。

“我这里有一个作战计划，有必要告诉你。请跟我来。”奥金莱克的口吻不像是即将离任，倒像刚来上任。

蒙哥马利被带进地图室，奥金莱克关好门，看室内别无他人，这才轻声说道：

“知道我要在3天后把权力交给亚历山大将军吗？”实际上，上面给他的命令是今天，奥金莱克私自将日期延后，即到周末。

“知道。”蒙哥马利的意思是知道他离任，但不知道后件事。

“哦，那就好。”

奥金莱克随后向蒙哥马利陈述了他的作战计划。确切地说，这是一个撤退计划，根据

> 1942年8月12日，抵达埃及开罗时的蒙哥马利。

这个计划，如果隆美尔再发动进攻，第8集团军将退到尼罗河三角洲，如果尼罗河三角洲也不保，则沿尼罗河向南撤退，或向东北退往巴勒斯坦。

“总之，要不惜一切代价保存完整的第8集团军，不使它在战场上遭到歼灭性打击。”奥金莱克最后强调这么做的理由。

蒙哥马利本想立即反对，但转念一想奥金莱克没几天就要走人，如果现在争辩，至多不过再增添一些不愉快而已。于是，蒙哥马利表现出罕有的涵养，皱着眉头听完，然后一言不发地离开了司令部。他径直找到亚历山大，一见到他，蒙哥马利便气愤地嚷道：

“这叫什么计划！我看是逃跑计划差不多，说得好听，为了保全实力，如果那样，干脆我们别来打仗得了！”

“奥金莱克就是这么一个人，我来了好几天了，硬是不移交指挥权。”亚历山大苦笑着说。

< 1942年8月12日，新任英军中东总司令的亚历山大与第8集团军新指挥官蒙哥马利合影。

蒙哥马利向亚历山大提出，应该为第8集团军编一支后备军，如同隆美尔的部队一样，这支后备军必须拥有完善的装甲兵力。亚历山大完全同意，但因为他还未正式接任，所以不好采取行动。蒙哥马利就去找他坎伯利参谋学院的学生、现任第8集团军副参谋长的约翰·哈定少将。他见了哈定，二话不说，只问他能不能用分散在埃及的零星力量组建一个装甲军，哈定答应想想办法。下午6点，蒙哥马利与亚历山大一起过来，哈定说，建一个装甲军没问题，他已为它定好第10军的番号，下面包括第1、第8、第10装甲师和新西兰师。每个师包括一个装甲旅、一个步兵旅和师直属队。新西兰师包括两个步兵旅和一个装甲旅。蒙哥马利和亚历山大都很高兴。

13日早上5点，蒙哥马利驱车从开罗出来，向沙漠进发。在亚历山大港以西的十字路口，他碰到了如约前来接他的第8集团军司令部作战情报处长弗雷迪·德·甘冈。几年没见，甘冈变得又黑又瘦，一脸疲惫，神情忧郁，蒙哥马利请他上车，询问了解部队的情况。在这之前，为了使甘冈放松，蒙哥马利扯出往事叙旧，两人聊到有趣的地方，都哈哈大笑。

最后说起正题，甘冈伸手从包里取出一份材料，蒙哥马利接过，看也不看，朝旁边一丢：

“弗雷迪，你清楚我的脾气，我不看这个，你直说吧。”

他们靠紧坐着，把一幅地图摊开，铺在膝上，甘冈向他介绍作战形势、最新敌情、各部队的指挥官、部队士气、奥金莱克关于今后的行动命令，以及他自己对这一切的看法。一路走一路谈，不知不觉已离开沿海的公路，折向正南，驶入浩瀚无垠的大沙漠。太阳越升越高，像小山一般堆积的沙丘疾闪而过，发出炽热的白光。11点，车子开到第8集团军设在沙漠的司令部。

一下车，蒙哥马利就为眼前的景象怔住了：在满目荒凉的沙丘上，稀稀拉拉停放几辆卡车，看不见进餐帐篷，烈日炎炎之下，士兵和军官们就在卡车内或露天里吃饭，苍蝇成群结队，“嗡嗡”四处乱飞，落在众人的餐盒、头上和脸上。蒙哥马利感到一阵恶心。他问身边的人，奥金莱克平时睡在哪里，回答是帐篷外的地上，因为不能搞特殊。蒙哥马利还被告知，空军司令部设在好几公里外的海岸——柏格·艾尔·阿拉伯堡附近。稍后，代理第8集团军司令拉姆斯登中将向他介绍形势，当蒙哥马利问起撤退的事，他辩解说，确曾下达过这样的命令，但还不能最终肯定。

通过观察，蒙哥马利发现“战线上的一切都有一种捉摸不定的气氛”，情况十分危险，于是，他决定不顾一切采取行动。虽然要到15日才能接任集团军司令，但是他不能再等了，因此而起的全部责任，就由自己来承担。蒙哥马利宣布即刻解除拉姆斯登的职务，重回第30军去当军长，拉姆斯登惊讶不已，但还是照办了。在毒辣的太阳烘烤和苍蝇的围攻下用完午餐，蒙哥马利向总司令部发去一份电报，通告已接管部队，接着他便下令，所有以前有关撤退的命令，一律撤销。

他指派甘冈作他的参谋长，让他晚上6点召集全体参谋人员，他要对他们作一次重要的讲话。离开司令部，蒙哥马利直奔南翼的第13军司令部，会见了代理军长弗赖伯格、澳大利亚第9师师长莫斯黑德，同他们分别进行了长谈。

当回到集团军司令部时，已经相当晚了，参谋们坐得整整齐齐在几米外的地方恭候。趁着傍晚的一丝凉意，蒙哥马利走下车，向即将成为自己手下的全体司令部人员发表了讲话：

“首先，我要向你们作一番自我介绍。你们不认识我，我也不认识你们，然而我们必须在一起工作。因此，彼此必须相互了解，并应相互具有信心……我们今后要像一个团队一样，在一起工作；我们将共同获得这个伟大军团的信任，走向前方，直到最后胜利。

“我认为指挥官的首要职责之一，是创造一种我称之为‘气氛’的东西……我不喜欢这里现有的气氛。这里的气氛是疑虑，是回头选择下次退却的目标，是失去了我们打败隆美尔的信心，是让预备队在开罗和三角洲地区准备防御阵地。所有这些必须停止，让我们有一种新的气氛。”

“埃及的防御就在阿拉曼，而且就在阿拉姆哈勒法山脊上。在三角洲挖掘战壕有什么用？毫无用处。如果我们失去这里的阵地，我们就失去了埃及。所有现在在三角洲的战斗部队必须立刻到这里来。就在这里，我们要站住脚，要战斗，不会再有进一步的退却。我已经下令，所有关于退却的计划与指令都要烧掉，而且是立刻烧掉。我们要立足在这里战斗。如果我们不能在这里生存，那么我们就在这里死去。”

“……把司令部迁移到个像样的地点，使我们享有合理的舒适生活，使集团军参谋人员能和沙漠空军司令部的人员并肩工作。这里是个可怕的地方，使人泄气而不利于健康，并且是全非洲所有苍蝇的集合地。在这里我们做不出好的工作。让我们迁到邻近海边的地方，那里空气将是清新而卫生的……”

蒙哥马利讲话时，全场鸦雀无声，大家都屏住呼吸，仔细倾听，他讲完后，全体人员齐刷刷起立，向他致以崇高的敬礼。

蒙哥马利这篇充满乐观情绪和战斗精神的讲话，很快传到了前线，它产生的影响不可估量，这对于澄清大家的认识，稳定军心，是非常重要的。

经过一天的忙碌，蒙哥马利确实感到累了，但因为办了几件事，心里十分高兴，带着满足的微笑进入梦乡。早上正在熟睡，一个军官唤醒了他，交给他一份情况报告，这使蒙哥马利很生气，说他从来不需要什么人带着这么一个东西见他。那个军官再三道歉，并解释说奥金莱克总是很早就被唤醒，接受这样的报告。

“可我不是奥金莱克。”蒙哥马利说道，“假如发生什么事，参谋长自然会报告我；假如没什么事，我不喜欢啰嗦。”

还没正式上任，蒙哥马利就开始考虑对他认为属于“朽木”的军官进行清洗，另换新人，这样，到他上任之后，一些人被陆续解职。同时，蒙哥马利采取晋升或从国内调进的手段，补充了一批年富力强的少壮军官。从英国调来奥利弗·利斯接管北翼的第30军，霍罗克斯接管南翼的第13军，调英国龙骑兵禁卫军的威廉斯少校任情报参谋处处长，柯克曼准将任炮兵指挥官。他本来还打算把迈尔斯·登普西调来指挥计划成立的新装甲军，但亚历山大劝他，一下子调来3个新军长，未免太过分了，这样，他才放弃更好的选择不得已委任了拉姆斯登。

这些安排绝非毫无道理的，历史记录表明，蒙哥马利是一个精于选拔部属的人。在第二次世界大战期间，任何一个集团军的参谋机构，恐怕都不能同蒙哥马利的媲美。

★丘吉尔（1874～1965）

英国首相，政治家、军事家。生于英格兰。1894年毕业于桑赫斯特皇家军事学院，1904年加入自由党。1911～1915年任海军大臣，因为一战中的惨败辞去了海军大臣职务。英国参加第二次世界大战后，又出任海军大臣，反对绥靖政策，呼吁全国进行武装，准备战争。1940年任首相，组成联合政府。1941年德国对苏联发动进攻后，迅速声明援助苏联，曾出席德黑兰、雅尔塔和波茨坦等重要会议，为世界反法西斯同盟的建立和反法西斯战争的胜利作出了贡献。

V 1942年8月，英国首相丘吉尔视察第8集团军时与士兵交谈。

>> 首次斗狐

亚历山大给蒙哥马利的命令及任务很简单：歼灭隆美尔和他的军队。但怎样才能斩掉这只敏捷狡诈、常胜不败、几次三番使英国军人颜面扫地的沙漠之狐的利爪，抓住他，甚至杀死他呢？目前的形势是，隆美尔的“非洲军团”接连获胜，把英军逼退到阿拉曼一线，开罗正成为隆美尔虎视眈眈的下一步目标，到8月份，希特勒实施的巨大钳形攻势计划至少看来仍然是可行的，为配合高加索方向德军的进攻，会师印度洋，对隆美尔来说，撤退是不可能的，因此，蒙哥马利判断，他只能进攻，或早或晚，无论如何，他一定会发起进攻。而且，收集来的情报也显示了这一点。

据蒙哥马利的分析，隆美尔要进攻，很可能会选择南翼和内陆为主攻方向，这样就可以向右弯插入第8集团军的背后，遂行包抄。隆美尔的目标是摧垮第8集团军。因为他无法绕过它而通往开罗，如此一来，加强南翼的防守成为当务之急。在调来霍罗克斯之前，蒙哥马利花了一整天对南翼的第13军的阵地进行了视察，仔细察看了地形，经过研究，他把目光锁住了两个关键的地带——鲁瓦伊萨特山脊和阿拉姆哈勒法山脊。后者在前者东南方，位于整个阿拉曼战线的后方几公里处，战略意义尤为重要。但因为兵力不足，这个地方居然没有派兵防守，蒙哥马利赶紧向总司令部打报告，请求增派第44师来填补。

此外，他还了解到，隆美尔惯用的一招，就是引诱英军装甲部队主动攻击，然后他就将自己的装甲车辆藏在反坦克炮后面，摧毁英军的坦克后，再耀武扬威地开出来，迅猛夺占战场。但蒙哥马利决不会上这个当。回到司令部，一个做好充分准备，固守阿拉曼阵地，以逸待劳，对付隆美尔的计划已经在蒙哥马利的胸中孕育成形。

8月19日，首相丘吉尔★从莫斯科返回英国途中，顺道来到北非，视察第8集团军。当丘吉尔的车到达第8集团军设在海边的新司令部时，士兵们列队欢迎，蒙哥马利率领几个部下也迎了上来。

“尊敬的首相，欢迎你！”

“将军，你很好吧！”

“我很好，谢谢首相关心。”

随后，蒙哥马利向首相介绍了手下，丘吉尔一一和他们握手，大家都为见到首相而感到由衷高兴。接着，开始陪首相视察前线。蒙哥马利

∧ 蒙哥马利陪同前来视察的丘吉尔和帝国参谋总长布鲁克。

报告了准备打败隆美尔的初步设想，丘吉尔连连称好。

首相一路风尘仆仆，因此晚餐前想到地中海里洗个澡。由于没带泳衣，只好穿着衬衫走向大海，后面一帮记者紧随不舍，蒙哥马利费了很大力气才把他们撵开。

“你看，多滑稽呀，他们怎么都穿白色的游泳裤呀？”丘吉尔指着远处正在游泳的一群士兵，忽然说道。

蒙哥马利顺着他手指的方向望过去，马上笑了起来。

“那不是游泳裤，这里的军人整天只穿短裤，经常连上衣也不穿，身体都被太阳晒得很黑。而被短裤遮着的肌肤，因为晒不到，所以远看就像穿了白色游泳裤。实际上，他们什么也没穿。”他解释说。

“哦，原来如此。”首相恍然大悟地也笑了。

首相对视察结果很满意，尤其是第8集团军表现出来的同以往大不相同的积极向上气氛，给丘吉尔留下了不错的印象，在拍回国内的电文中，他充分肯定了这一点。

第二天丘吉尔离开时，蒙哥马利请他在纪念册上留言。由于蒙哥马利在8月13日接管的第8集团军，而那一天恰好又是丘吉尔的祖先马尔伯罗公爵，取得布伦海姆战役胜利的纪念日，于是丘吉尔挥笔题道：

值此布伦海姆战役纪念日，也是新司令接任之际，我祝愿第8集团军司令官和他的部队战果辉煌，威名远扬。

温斯顿·斯·丘吉尔
于1942年8月20日

各种情报表明，隆美尔将在这个月底发动进攻确定无疑，尽管这时他的人员和物资都严重短缺，坦克不全，弹药匮乏，燃料补给不足，运输车辆85%从英军那里缴来，并且缺少备件。德军的口粮质量已经差到了不能再差的地步。隆美尔本人极度疲劳，身体多处有病。但这些都不能阻止隆美尔的决心，这只胆大狡猾的狐狸仍想试一试运气，为进军开罗，作最后一搏。为引诱隆美尔上钩，蒙哥马利和甘冈一起，巧妙布置了一个陷阱。在德军即将进攻的南翼侧，在新西兰第2师箱形阵地与阿拉姆哈勒法山之间的缺口内，部署了第22装甲旅，隐蔽坦克，掘壕固守。从尼罗河三角洲调来的第44师的两个旅配置在阿拉姆哈勒法山脊上，第8装甲旅在山脊以南，第23装甲旅为预备队，放在第22装甲旅之后。第7装甲师配置到山脊正南，向西保持一个宽大的正面，当遇到敌人袭击时，马上撤退，当敌人转向左进逼阿拉姆哈勒法山地时，就从东、南两面进行袭扰。这样，不管隆美尔采取什么办法，向哪进攻，都能将他堵住。然后，开始轮到皇家空军的飞机上场，大展神威，对被困的德军实施“地毯式轰炸”。蒙哥马利还打算把他在英格兰用无线电同时指挥大量火炮射击的试验付诸实践，用密集的炮火，将德军轰个稀巴烂。

一切准备就绪，现在要做的，就是等待沙漠之狐自己来跳这个陷阱了。

在战斗来临前，第8集团军的官兵都保持着很从容镇静的感觉。因为他们相信，他们新来的司令官能够带领他们，取得胜利。用新西兰第

> 隆美尔与前来督战的德军南线总司令凯塞林元帅。

V 德军炮火正猛烈轰击英军阵地。

5旅旅长霍华德·基彭伯格的话来说："这是第一个典型的蒙哥马利式战役，一切准备活动都是在不慌不忙、时间充裕的情况下完成的。当德军进攻时，一切都已准备停当。"

8月31日黄昏，炽热的暑气稍稍退去，天空显得格外澄净，一轮浅淡的圆月已经挂在那里，沙漠里的一切，都寂静无声，用过晚饭后，蒙哥马利和往常一样很早就上了床，按时就寝。大敌当前，隆美尔随时可能发动进攻，他一点都不放在心上，很快，就鼻息咻咻地进入梦乡。

"将军！将军！"半夜时分，他被甘冈急促的声音叫醒。"什么事？"他睡眼惺忪地问道。

"敌人开始进攻了！"

"唔……噢……好极了……不能再好了……"

嘴里含糊地应着，蒙哥马利翻了个身，又呼呼睡去。甘冈无奈只好离开。早上起来，洗漱完毕之后，若无其事的蒙哥马利这才一边悠然自得用着早餐，一边听甘冈汇报昨夜的战况。

一切都在蒙哥马利的预料之中。隆美尔果然把主攻方向放在英军阵地的南翼侧。隆美尔的"非洲军团"在前一天就已出动，在通过自己的雷区不久，他们遇到了英军强大的地雷场，工兵奋力开辟通道，但情况远比原先想象的要复杂得多。正当此时，英国皇家空军的"威灵顿"轰炸机飞至，对德军的装甲车停车场进行了猛烈轰炸。照明弹把夜间变成白昼，许多车辆被炸飞上了半空，有的起了大火。而除雷工作却进展得十分缓慢，直到31日凌晨4时30分，第一个通道才被开辟出来，并且为此付出了重大代价，德国第15装甲师师长冯·俾斯麦少将被地雷炸死，德国非洲军指挥官涅林也受了伤，不能指挥。拜尔莱因上校接替了他的职务，费了很大力气，终于通过雷区，他请求准备下令撤回的隆美尔，准许他指挥第15和第21两个装甲师，继续向东进攻，隆美尔尽管有些迟疑，但还是同意了。与此同时，隆美尔还做出一个更大胆的决定，放弃原来的计划，直取阿拉姆哈勒法，以便占领可以俯瞰英国第8集团军前线的后方，以及整个战场中央的制高点。

这样，这只沙漠之狐就掉进了蒙哥马利精心设下的圈套，没用多久，他就绝望地发现，他的"非洲军团"陷入了流沙地带。隆美尔有一幅地图，那是此前不久，一队巡逻士兵从死去的一个英国情报军官身上搜出的，地图上标明，附近沙漠地区是块"硬地"，便于装甲部队行进。隆美尔怎么也想不到，当时令他欣喜若狂当作宝贝的地图，竟然也是蒙哥马

> 蒙哥马利与手下将领研究作战计划。

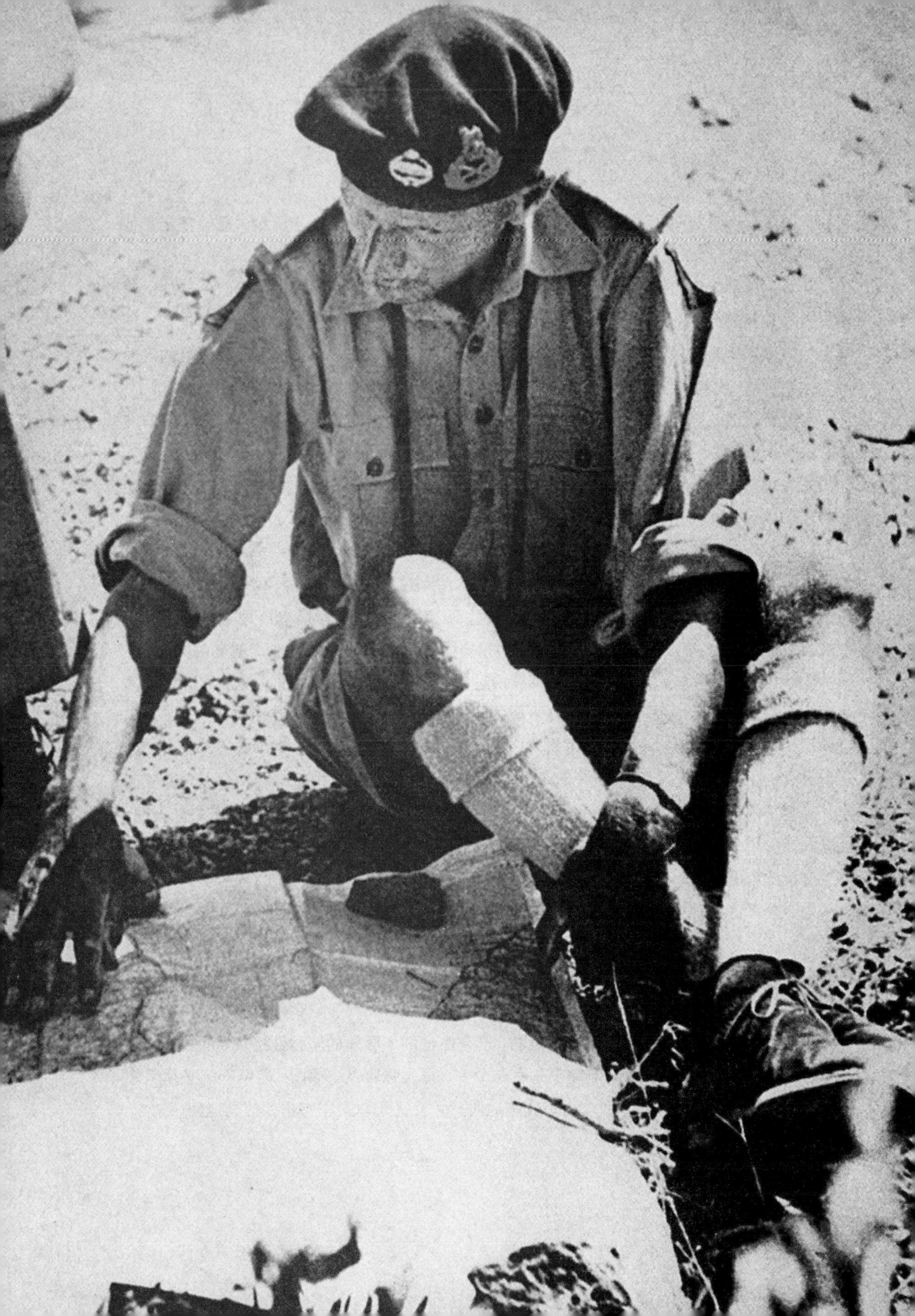

利和甘冈的“杰作”，专门引诱他上当的钓饵而已，事实上，战争还未开始，已经注定了他失败的命运了。

几百辆德军坦克、装甲车和卡车在假地图上标明“硬地”，实则是一片松软的洼地上歪歪斜斜地挣扎前行，头顶上英军飞机不停俯冲轰炸扫射，从装甲车里跳出来、准备推车的德国士兵被高爆炸弹炸得惨不忍睹。隆美尔感到了灾难正在降临。答应给他发动攻势用的汽油迟迟还未运到，没有汽油，他纵有天大本事，也无法施展，更别说现在局势是如此的不妙了。

为节省汽油，隆美尔命令装甲部队转向北推进，作预定的左包抄运动。前方，罗伯茨准将的第22装甲旅此刻正严阵以待，坦克已开到战斗位置，炮手各就各位。黄昏来临了，夕阳即将褪尽最后一抹余晖，天色骤然阴沉，折腾得差不多快筋疲力尽的德军坦克排成使人难忘的阵势，缓缓开了过来。英军士兵得到命令，在敌人坦克进入1000米距离前不准射击。这个距离很快就达到了，几秒钟后，伦敦约曼利郡部队的“格兰特”式坦克猛然开火，仅仅几分钟，所有的坦克炮口都喷出通红的火舌，突遭打击的德国人毫不示弱地迅速组织还击。德军使用的新式75毫米坦克炮威力巨大，使英军伤亡不小，防御阵地被打开了一个大缺口，罗伯茨准将立即命令苏格兰龙骑兵第2团尽快离开他们的阵地，前来封堵。

德军也遭受较大伤亡，但仍然试图继续前进，隆美尔用尽办法把他的坦克一直开到了离英军步兵旅的反坦克炮很近的地方。几百码的距离早已进入射程之内，然而奇怪的是，反坦克炮似乎全哑了口，保持令人心焦的沉默。德军坦克越来越近。忽然，炮声惊天动地，大炮终于齐鸣，猛烈的炮火过后，阵地上硝烟弥漫，冒起的尘土和坦克被击中燃烧的火光冲天而起，照亮了渐垂的夜幕。敌人丝毫没有停止不前的意思。剩下的坦克顽强穿过密集的火网，隆隆向前驶进，无法阻止它们，一些反坦克炮也被碾碎。幸亏及时获得炮兵的支援，又一轮地晃山摇的轰击之后，有的坦克当场被击毁，有的拖着浓烟勉强开了几步，一动不动了。

由于英军炮兵的火力太猛，德军损失严重，加之一直无法得到想要的燃料，隆美尔当天晚间不得不下令停止攻击。实际上，隆美尔迫切获得燃料的这个愿望早已成了泡影，因为电报泄密，3艘供油船在离开意大利横渡地中海时，被英国空军和海军截击，沉到海底去了。隆美尔丧失了创造奇迹的基本条件。

蒙哥马利知道，隆美尔是不甘心就范的，这是由他的不服输的坚强性格决定了的，困兽犹斗的力量决不能小视。因此，他向部队发布命令，再次强调以下原则：装甲部队必须坚守阵地，不得擅自出击，只有在敌攻击坦克阵地时，才允许予以狠狠打击，使其退回。

9月1日上午，蒙哥马利接到报告，德军对英军阵地进行了几次有限度的攻击，而且势头已经大减，远不如昨天那样猛烈。直觉告诉他，隆美尔是要准备撤退了，现在这么做，不过是想在撤退之前引诱英军坦克出来决战，捞回一些胜利，不至于两手空空而归，正是基于这种判断，他断然拒绝第13军军长霍罗克斯跃跃欲试的应战要求，在电话里，蒙哥马利几乎声色俱厉地警告他：

“我再重申一遍，没我的命令，决不允许主动出击，否则有你的好看！”

由于英军坦克按兵不动，固守着阵地，并不理会德军的挑衅，眼见算盘落空，隆美尔有些气急败坏了。他和头天赶来督战的德军南线总司令凯塞林元帅谈话时，破口大骂“这些英国猪，竟然不出来攻击”，让他气恨不已又没什么办法。隆美尔所有的招数已经用尽，不能根本改变整个战局，既然这样，他所能做的只有撤退。事实上，此时时机尚且有利，如果再拖延不撤，一旦归路被断，全军就难逃当俘虏的厄运。

中午时分，蒙哥马利把甘冈召到他的指挥篷车内，商讨下一步计划，因为打击了沙漠之狐的嚣张气焰，他们两个人都显得很高兴。蒙哥马利指着地图，询问他的参谋长有何高见。

“可以考虑发起一次反攻。”甘冈说道，“隆美尔这次被打得很惨，损失了不少战车，后方补给品也被我们的空军炸毁，我们一反击，他就完蛋了。”

“但我发现在新西兰师和阿拉姆哈勒法山中间，有处间隙，隆美尔很可能会从那里逃走。”蒙哥马利说出自己的忧虑。

“派新西兰师守住南边的缺口，切断隆美尔的退路，他就跑不掉了。”甘冈建议道。

为了封住这个缺口，需要抽调一些部队，此外，重组预备队也亟不可待，因为这是掌握主动权的需要。蒙哥马利请求亚历山大把正防守阿美利亚着陆场的第151旅调来；至于另一个预备旅，蒙哥马利打算使用鲁瓦伊萨特山上的南非旅，但南非师师长坚决不同意，所以蒙哥马利只好另想办法。最后，他从第30军中抽调一个中程炮兵团和一个反坦克炮团，来加强新西兰师，该军其余的部队，则陆续撤出改为预备队。这样问题算是解决了。

9月2日，隆美尔开始第一阶段的撤退，并在3日加快了撤退速度。到9月7日，非洲军团已在英军原来的地雷场及其后方站稳了脚跟。鉴于封堵事实上已不可能，于是蒙哥马利宣布停止阿拉姆哈勒法战役。

霍罗克斯不顾蒙哥马利上次给他的警告，打来电话提出，对退却之敌实行追击，至少应该夺回德军占领的希迈马特高地，因为从那里可以窥视整个第13军的防区，这对英军行动不利。蒙哥马利回答说，这正合他意，因为他正想让隆美尔保留下那里的观察哨，以便德军能够清楚看到英军准备下一个大战役时将要采取的各种欺骗措施。

在这次战役中，英军死伤和被俘1751人，损失了68辆坦克，其中13辆“格兰特”式坦克尚可修复。德军伤亡约2900人，49辆坦克及装甲车辆被击毁击伤。单从数字上看，双方都不能称为胜利者，但英军显然更有资格享受这一荣誉，因为战场主动权从此由不可一世的隆美尔那里，转入蒙哥马利之手。隆美尔的作战参谋冯·梅伦廷后来在他写的《坦克战》一书中承认，阿拉姆哈勒法之战是“沙漠战争的转折点，是各个前线一系列败仗中的第一个败仗，预示了德国的战败”。

虽然在同沙漠之狐的首次较量中，便占取上风，已属难能可贵，但苛刻的历史学家和军事评论家们在总结这次战役时，从来不乏针砭之辞，不只是对战役本身，有时更多集中在蒙哥马利的指挥风格上。人们批评蒙哥马利作风严酷有余，冒险精神不足，不能有效扩大战果，在隆美尔撤退之后，没有命令第8集团军追击，从而丧失了消灭“非洲军团”的绝好机会。

客观地说，从当时的角度看，蒙哥马利的做法无可非议，因为他面对的是隆美尔，一个以狡诈和善于创造奇迹著称的沙漠战高手，尽管遭受重创，然而“非洲军团”仍是一个具有强大火力的混成部队，在此情况下，万一出击不慎，什么事情都有可能发生。蒙哥马利不想提供给隆美尔哪怕一丁点可以利用的机会，他宁愿部队保持现状，因为坦克部署良好，居高临下，又有掩体遮蔽和炮兵掩护，一切都很有利，实在不必要去冒险。何况，蒙哥马利认为，第8集团军的训练状况还不够好。第132旅和第50皇家坦克团在截断敌军退路时遭受严重伤亡，便说明了这一点。

这次战役对于英军，只能算一次典型的防御作战，之所以成功，除

∧ 蒙哥马利在查看缴获的德军88式高射炮。

了准备充分、部署周密，以及隆美尔装备不全、战略判断失误外，还有一个重要的因素，就是蒙哥马利掌握了制空权，并且大量使用炮兵，与空军合作，改变了以往陆军和空军分散为战的状况，成功是多军兵种同心协力、紧密配合取得的。而隆美尔恰恰失去了制空权，整个过程中，德军飞机几乎没派上用场。

9月5日晚，蒙哥马利和英军中东总司令亚历山大将军进行了一次会晤。蒙哥马利认为，为了将来作战的利益考虑，在对外公开报道德军在阿拉姆哈勒法攻击受挫一事时，必须采取低调。亚历山大同意这么做。于是，经蒙哥马利起草后，第二天一早，亚历山大给伦敦作战部发去一份电文报告，请求最好不要宣传英军的战绩，如果确有必要，希望安排记者依下述概要发布：敌以装甲军团全力攻击我南部翼侧，经过五日激战，有时战况惨烈，敌终被我各兵种协同作战击退。敌人在人员及物资方面损失惨重，相比之下，我军损失较为轻微。

现在，对蒙哥马利来说，阿拉姆哈勒法山之战已经成为过去，不管这场战役的意义如何，他都不能回顾，他必须向前看，为取得彻底的胜利，去谋划下一场更重要的战役。

第六章

意志和命运的决战

1887-1976 蒙哥马利

英军在泰勒阿卡基尔附近的开阔地上集中800余辆坦克，以排山倒海之势碾了过来。“非洲军团”的坦克也毫不示弱地迎了上去，并呈战斗队形散开。英军的坦克也立刻散开，各自扑向自己的猎物，双方同时猛烈开火。这就是后世所说的阿拉曼战役中的坦克大会战……

>> 大战将临

阿拉曼，位于亚历山大港西南部，北濒地中海，在它的周围，是一片旷野，砂石裸露，坚硬无比。当1942年夏天隆美尔挥师东进时，英军在此构筑了防线，由北向南一直延伸至64公里外的卡塔腊洼地，那里是大片盐碱滩。隆美尔攻击失败后，只好又退回出发地，依托卡塔腊洼地自南向北也构筑了一个正面宽60公里，纵深15～20公里的防御阵地。隆美尔在阵地最前沿布置了大面积雷区，仅在北部雷区就敷设了50万颗地雷，雷区后面，驻守着由德、意军交叉混合编配的6个步兵师，配备高爆炸弹、火炮和反坦克炮，被称作“魔鬼的花园”。再往后，是德军装甲主力第21、第15装甲师，内含两个意大利师，分别防守战线南、北两端。

突破和夺取这个阵地，意义非凡。假如能够把德意军队逐出，并能使隆美尔遭受更大的打击，他将在北非无法再待下去。

9月14日，即阿姆哈勒法战役结束后一个星期，蒙哥马利制订了阿拉曼战役的进攻计划，代号为“捷足”，预定于10月23日夜间开始实施。

两天后，在军、师长会议上，蒙哥马利宣布了这个计划，没有人反对，但远在伦敦的丘吉尔却对此颇有微词。最使丘吉尔不满意的是进攻日期。他给亚历山大拍去电报，敦促他把时间提前，最好能在9月的第四个星期进行。亚历山大接到电报后，拿着就来找蒙哥马利，他粗略地看了一下，便把电报交还给亚历山大。

“9月份进攻？简直疯了！我不能这么做，一切还没准备好，如果进攻，将会失败。如果等到10月份，我可以保证一定获胜。你说，我是否仍要在9月份发动进攻呢？”蒙哥马利说道。

“首相这么做的意图，可能想配合苏联人的某些攻势，和盟军即将于11月初在法属北非海岸登陆的‘火炬’战役。不过，我认为‘捷足’行动只要在‘火炬’前两个星期发动，这段时间，足够消灭抵抗我们的大部分轴心国军队。”

在这件事上，亚历山大再次坚定不移地支持蒙哥马利。他按蒙哥马利草拟的电报稿，一字不动地回复丘吉尔，表示进攻不能提前，只能推迟到10月。丘吉尔尽管非常恼火，最终还是被迫同意了。

排除了干扰，蒙哥马利获得了必要的时间来解决训练和重新编组这两个棘手的问题。在他的第8集团军里，有两个刚调来埃及不久的“新手”师，第44师和第51师，都缺乏沙漠战的经验。第44师的一个旅在

< 蒙哥马利留影。

> 蒙哥马利与手下将领在前线交谈。

MONTGOMERY

夜间对穆纳西卜洼地实施袭击时，遭受惨重损失。它和另一个旅由于伤亡太重，被蒙哥马利下令解散，而剩下的一个旅，即第133旅，则被调去为第10军重建一个车载步兵旅。可以说，第44师是很不幸的。

第51高地师的运气就好多了。它拥有自己的训练场，进行过几次演习。还把所属部队配属给北面的澳大利亚师，以使后者每周能抽出一个旅来进行训练。

在第7装甲师里，第4轻装甲旅在10月18日以前担负着作战任务，不能进行训练；但第22旅承担的任务要少一些，因而进行了三次演习。

托卜鲁克失陷后，应丘吉尔请求，美国总统罗斯福答应向处于困境中的北非英军提供300辆“谢尔曼”新式坦克，这批坦克9月份已经运抵尼罗河三角洲，但由于某些原因，却迟迟没能装备部队。这样，第10装甲军的训练就受到了影响，但蒙哥马利仍命令他们以能够采取的方式进行，以保持战斗力。

在部队训练上，还有一件事蒙哥马利非常重视，这就是扫雷训练。蒙哥马利责成工兵处长基希准将组建扫雷分队，训练排雷，并让工兵第3连连长彼得·穆尔少校来专负起这项工作。穆尔成立了一个扫雷学校，在他和后来的新西兰人柯里少校的领导下，这个扫雷学校制订出了一套训练方法，并且在10月23日以前训练出56组扫雷人员。他们发明了用“马蒂尔达”坦克改装扫雷装置的办法，来减少工兵排雷的危险，这种装置被称为“蝎子”，但后来实际上根本没使上用处，工兵主要依靠地雷探测器排雷。“蝎子”不过是野战条件下，对扫

∧ 在诺曼底登陆的盟军。

★诺曼底登陆

1944年6~7月，盟军在法国北部的诺曼底地区进行了战略性的登陆作战。此次战役是"霸王"作战的重要组成部分。目的是夺取集团军群登陆场，为开辟欧洲第二战场、发展对西欧的进攻、配合苏德战场最后击败纳粹德国创造条件。战役从6月6日登陆开始，到7月24日胜利结束，德军大败。期间，盟军伤亡12.2万人，德军伤亡和被俘11.4万人。这次战役，对美英盟军在西欧展开大规模进攻，加速纳粹德国的崩溃以及决定欧洲战后形势，起了重大作用。

雷装置的一种有价值的试验而已。它在英国几经改进，到诺曼底登陆★时才开始发挥作用。

10月15日，英国情报机关向蒙哥马利透露了隆美尔"非洲军团"的处境，这份情报显示，隆美尔面临着的困难是难以想象的：食品只剩3个星期的供应，坦克汽油仅够维持一个星期，运输工具、零件和弹药，都极其匮乏，军队减员严重，5万德军和54000意军中，大

> 1942年10月，蒙哥马利在前线部队视察时训话。

多为病号。此外，蒙哥马利还知道，隆美尔由于向希特勒抱怨军需物资补充跟不上，以及表达了对北非局势的悲观看法，招致了纳粹元首的不信任，希特勒把他看成一个失败主义者，对他能否继续指挥“非洲军团”表示了怀疑，隆美尔的地位开始动摇。

这一切情报，无不对英军有利。然而在此以前，蒙哥马利已经获悉阿拉曼德意军队的防御体系，尤其是那数十万颗地雷铺就的一系列地雷带，使得他很不安。10月6日，蒙哥马利被迫重新修改了他的“捷足”计划，修改后的计划代号仍叫“捷足”，但作战原则却与原来有根本区别。简而言之，就是在使隆美尔相信英军主攻方向在南，并向此地域调动部队的同时，第8集团军首先对敌步兵进行粉碎性打击，并将敌装甲部队隔开，使其不能前往接应，然后，再以密集的装甲群摧垮“非洲军团”，将其彻底消灭。这是一项大胆的沙漠战术的创新。蒙哥马利一改过去先以密集的装甲群歼灭敌装甲部队，继而再扑向暴露的步兵的一般战法，而将之完全颠倒了过来。

这种新战术不仅不合常规，而且带有冒险性。一旦被隆美尔化解，战局就变得难以预料，所以遭到从集团军到中东总司令部各级指挥官与参谋的齐声反对，第10装甲军反对得最为起劲。拉姆斯登和他的师长们都认为，照这个计划打，步兵很可能受阻，而且，他们对坦克能否顺利通过布雷区而到达另一端，缺乏信心。为此，他们召开会议，声明不同意新的计划。此时，蒙哥马利应邀去海法参谋大学演讲，于是，参谋长甘冈来到第10装甲军，做拉姆斯登的工作，对他说明这是蒙哥马利的命令，必须服从，但这并不能使拉姆斯登屈服。第二天，蒙哥马利一回来，甘冈便把情况告诉了他。蒙哥马利二话不说，命令道：

“去把拉姆斯登叫来！”

当拉姆斯登来到后，蒙哥马利几乎不给他争辩的余地，劈头盖脸就将他训斥了一通，末了，他解释了行动的可行性，并申明自己不容更改的决心。拉姆斯登只好接受分配给第10装甲军的任务。

蒙哥马利知道，“捷足”计划能否成功，阿拉曼战役最后能否获胜，关键在于使隆美尔再上一次当，为此，从一开始，蒙哥马利就着手实施代号为“伯特伦”的欺骗计划。总的计划的核心，是把准备从北面发动进攻的部队尽量隐藏好，不使敌人看出任何迹象，同时，相应地，还要制造出从南面进攻的假象。

鉴于阿拉曼附近的地形特点，要把一支拥有1000余辆坦克、1000多门大炮、几千辆军车、数万吨作战物资以及81个步兵营的庞大进攻部队，通过寸草不生的旷野沙漠，而不为狡诈的隆美尔发觉，简直太难了。每件东西的伪装或暴露，都得以魔术大师的手法来进行才行。蒙哥马利就是这样的魔术大师。他让人用假车辆扮演坦克和其他车辆的运动，到10月1日以后，这些假卡车、大炮、武器牵引车等都要进入阵地，而到进攻前一天夜里，所有的假车辆再摇身一变，全部换成真的作战用车。英军还在距阿拉曼车站不远，伪装了一个巨大的物资堆集所，从表面上一点也看不出来，此外，为了让敌人相信威胁来自南面，9月27日开始，蒙哥马利还派人在那里铺设了一条假输油管，修建了假油泵房、假储油罐和一个蓄水池。

一切做得天衣无缝，即便是最锐利的敌军侦察机和高倍望远镜，也休想察觉丝毫端倪。

这时，英军的情报机构也开动起来，积极配合“伯特伦”计划，故意发出一些虚假情报，以吸引隆美尔对南部防线的注意。到10月21日，一切布置就绪，各种情况表明，德军对英军即将从阿拉曼防线以南发动攻势，确信无疑。

在此期间，士兵和军官们的休假和外出活动照常进行，以不露出破绽，但在这一天，经蒙哥马利发布命令，这些都被停止，所有离开岗位的人立即回到军营转入作战状态。

决战的时刻就要来临。蒙哥马利表面上看去平静安详、镇定自若，内心实则激动不已。即将打响的战役，意义之重，在他指挥作战以来是从没遇到过的，就在前一天，即10月20日，首相丘吉尔专门致信亚历山大，指出这是一场“很可能对未来有重大影响的战争”，这场战役的成败，已经不仅关系到能否击败隆美尔，而且还会关系到盟军即将开始的“火炬”战役。万一失败，整个盟军的战略计划将会被全盘打乱。但蒙哥马利对胜利充满坚定的信心。

10月23日，星期五，上午，蒙哥马利向战地记者发表了演讲。他对获胜表现出的无比渴望与自信的态度，使这些记者们久久难忘。下午，蒙哥马利带着甘冈，把他的指挥所搬到第30军和第13军的军部之间，这样做是为了方便指挥，一辆“格兰特”式坦克被特地调来，以备随时使用。科宁厄姆空军中将的沙漠空军司令部也移至这里，空军的配合必不可少。

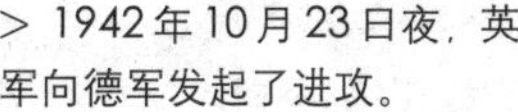

> 1942年10月23日夜，英军向德军发起了进攻。

>> 气吞万里

晚上9时40分，英军进攻开始了。顿时，等待已久的千百门大炮向敌人的炮兵阵地发出震撼天地的怒吼。接着，阿拉曼沙漠上便成了火的海洋，烈焰奔突，沙尘蔽天，遮住了皎洁的月光。20分钟后，暴风骤雨般的英军炮火又把德意军队的前沿阵地，变成了地狱。炮击过后，借着曳光弹和探照灯光，头戴钢盔的英军士兵，手端寒光闪闪的刺刀，排着严整的队形，走进烟幕尘雾。他们冲击的步伐是那么坚定有力。

突如其来的攻击把“非洲军团”代总指挥施图姆将军打懵了。他想破脑袋也不明白，英军在北面如何集结和部署了那么多的炮兵，因为从来没有任何迹象显示，英军要从这里发起进攻。紧接着，第20装甲师司令向他报告，南面也遭受英军进攻，而且似乎是一场主攻。这时，海岸巡逻部队也打来电话说，英国军舰在轰炸机群的支援下，正向靠近地中海的第90轻装甲师猛烈轰击。这样一来，就把施图姆弄得更不知所措了。通信线路已被炸坏。为了摸清情况，他爬上一辆装甲车，命令朝第90轻装甲师司令部方向开去。但在半途遭到英军炮火袭击，施图姆从车上摔了下来，心脏病突发，当场死亡。冯·托马将军接掌了“非洲军团”的指挥权。

敌人很快组织起有效的反击，炮火给英军造成大量伤亡，前进受阻。到次日凌晨，除了南非第3旅，在北面发动攻势的第30军，其余部队几乎都没有占领预定目标地带。奉命打通两条走廊的第10装甲军在通过雷区时遇到麻烦，直至拂晓时，第1装甲师仅仅开辟出一条通道，第10装甲师稍好些，但也不过4条通道而已，他们都未能越过米泰里亚山脊而到达预先指定的开阔地带。这其中固然有敌军地雷障碍的因素，但拉姆斯登和第10装甲师师长盖特豪斯等人缺乏进攻意志也是一个原因，他们对德军专打坦克的88毫米高射炮十分顾忌，故而延滞了行动。

南面的第13军也陷入雷区造成的困境，第7装甲师在进攻后不久，即遇到敌威力强大的“一月”和“二月”雷区，“蝎子”扫雷装置被毁，士兵伤亡严重，部队拥塞在“一月”雷区的两侧，“二月”雷区则无法突破。到了早上7时30分，敌军实施反击，火力凶猛，第1法国旅阵亡了两个上校，车辆全部丢失，寸土未得。

在这种艰难的情况下，利斯将军十分焦急，如果装甲部队再畏惧犹豫，逡巡不前，担任粉碎性打击任务的弗赖伯格的新西兰师就无法于米泰里亚山脊立足，更不用提向西南发展战果了。上午10时40分，利斯在弗赖伯格的司令部打电话给蒙哥马利，报告盖特豪斯毫无为步兵提供支援的意思，为此他感到愤怒，这时弗赖伯格提议，用他的第9装甲旅通过米泰里亚山脊，只要第10装甲师能就地予以支持。但他的这一建议仍遭到盖特豪斯的拒绝。

中午，施图姆的死讯传到蒙哥马利的指挥所，12时25分，蒙哥马利下令给拉姆斯登，必须使两个装甲师通过最后目标，第10装甲师务必当晚在第30军炮兵的支援下，打到新西兰师外线，进入开阔地带。但他在下午1时50分接到的报告，仍然是“毫无进展”，这使蒙哥马利对拉姆斯登产生极度不满，他在2点钟要通了第10军军部的电话，拉姆斯登不在，蒙哥马利告诉他的参谋长，不管如何，都要为到达桥头堡作最后一次努力，为此，他本人准备不惜接受更多的伤亡。

入睡前，第1装甲师总算超越步兵先头部队的消息传来，蒙哥马利长松了口气。不久，蒙哥马利就睡着了。

大约凌晨2点多的时候，德·甘冈迈着急匆匆的脚步走进了蒙哥马利的房间，不顾一切叫醒了他，甘冈的脸上浮现出紧张焦灼的神色。蒙哥马利立刻意识到一定有什么不妙的事情发生。

“装甲部队进展怎么样了？”蒙哥马利还没有等甘冈开口，便问道。

“重新停滞不前，而且第10装甲师又退回到雷区的后面。”甘冈说道。

“什么？盖特豪斯这个混蛋！他究竟想干什么？”蒙哥马利盛怒之下，脱口骂道。

“我已经通知拉姆斯登和利斯两位军长，一个半小时后，来集团军司令部开会，汇报情况。”

“很好！叫他们来，我要问问拉姆斯登到底怎么回事。”

3时30分，拉姆斯登和利斯准时到达，各自报告了自己部队的战况进展。面对蒙哥马利的质问，拉姆斯登将军解释说，山脊上雷区的纵深比预计的要大，敌军火力太猛，而英军却不再有掩护炮火，因为距离不够，已经开辟通道进入西斜面开阔地带的一个装甲团，以及随后可能跟进的几个团，随时有暴露在敌人炮火之下的危险。为避免无谓牺牲，因此，他才授权盖特豪斯这么做。蒙哥马利不等他说完就摆手制止了他，接着蒙哥马利开始说话，他只强调一点，计划必须得到贯彻执行，没有讨价还价余地，任何迟疑、动摇，或者撤退都是决不允许的，然后便结束了会议。散会后，蒙哥马利把拉姆斯登单独留了下来。

“如果你想继续当你的军长，那么，从现在起，把部队重新开上去。告诉盖特豪斯，他也一样。”蒙哥马利异常严肃地对拉姆斯登说道。

“我可以保证这么做，但不能保证盖特豪斯也能这么做。”

蒙哥马利看出他对这个下属心存畏忌，于是亲自打电话给盖特豪斯，把同样的话又重复了一遍，盖特豪斯屈服了。

装甲部队重新投入进攻，很快，一辆辆英军坦克冒着德意军队密集的炮火，穿过滚滚硝烟和沙尘，隆隆地驶过狭窄的通道，进入开阔地带，到25日早晨8点，北面的装甲部队全部到达该区域，这比原定到达的时间，即24日早晨8点，整整晚了24个小时。

好在还不至于太晚，在形势上英军处在了有利地位，只有南面的第13军仍顿步在“二月”雷区之前，一筹莫展。霍罗克斯已经竭尽全力，但连续突击都以失败告终，这位意志坚强的将军也开始失去信心了。不过，因为本来只是佯攻，虽然受挫，对战局的影响并不很大。为保存实力，尤其是第7装甲师的实力，在了解了形势之后，蒙哥马利果断命令霍罗克斯放弃进攻，就地转入守势。

步兵开始实施蒙哥马利的粉碎性打击计划，由米泰里亚山脊向西南发动进攻，但这一次，情况又变得困难起来，在经历一天的惶惑和迷惘后，此时，冯·托马将军已经准确判断出英军的主攻方向，在北面而不是南面，德军加强了反击，并且使用上了装甲部队，英军伤亡数字惊人。新西兰师和南非师各自只剩下了两个旅，而且均已疲弱不堪，无力继续进攻。新整补后的苏格兰第51高地师首次作战，便遭受减员一半的无情

> 英军士兵被击毁的德军躲在坦克后伺机进攻。

∧ 亲临前线指挥作战的蒙哥马利。

命运。情况十分危急。蒙哥马利让甘冈通知第10军和第30军军长，立即到新西兰师司令部召开一次会议。

中午12时，蒙哥马利乘坐那辆专为他配备的“格兰特”式坦克，神色匆忙地来到新西兰第2师司令部。简陋的会议室里，两位军长拉姆斯登和利斯已经等在了那里，利斯将军一脸苦闷，面容憔悴，拉姆斯登将军却显出很精神的样子，服饰洁净，衣冠楚楚。拉姆斯登一贯是个很讲究仪表的军人。

“对目前形势，你们有什么看法？”蒙哥马利用征询的眼光看着两位将军。

“我认为，形势已经对我军不利，敌人反击威胁越来越大，第30军的进攻，必须停止……”利斯将军说道。

“我同意这个建议，另外，装甲部队也不能向前再推进了，不然，就会遭到毁灭性打击……”拉姆斯登念念不忘要撤出他的装甲军，因此随声附和道，但话还没说完，就被蒙哥马利打断了，他说：

“我已不止一次说过了，再不要动后撤的念头，现在只不过遇到一点小麻烦而已，这说明不了什么。我们必须要战斗，坚持下去，胜利必将属于我们。

“鉴于眼前严峻的形势，必须对行动做出调整，我决定：

第一，‘粉碎性’作战任务不变，但应立即改变方向，第30军全力据守米泰里亚山脊，不再向西南进攻。

第二，改由澳大利亚第9师承担这一任务，向北朝海岸打，开辟一条新的进攻路线。新西兰等师补充休整。

第三，第10装甲军自第1装甲师夺取之桥头堡处，向西及西北方向推进。

第四，第10装甲师从新西兰师地区撤出，加入第10装甲军行动。”

这一变动后来被证明对战役取胜，起到了决定作用，这次会议也成为阿拉曼战役的一个转折点。

会议一结束，利斯和拉姆斯登就按新部署分头行动去了，蒙哥马利也回到自己的指挥所，静候消息。

莫斯黑德准将的澳大利亚师任务完成得极为出色，从25日夜开始，对“非洲军团”阵地实施了突击，前进了3000米，在经过激烈的战斗后，英军于午夜时分，攻占了北面的重要据点——第29号高地。德军一个营被歼，但是澳大利亚师也为此付出了高昂的代价。但他们表现出了英勇

善战的作风。这个师一名士官，仅用两磅重的反坦克炮弹，一个人就摧毁了敌人的5辆坦克，战斗结束后，他因为这一惊人纪录而到处享受了英雄的礼遇。

就在这天深夜，隆美尔从阿尔卑斯山的休养地回到了阿拉曼前线，他的这次回国之行是郁闷的。除了身体略有康复，他什么也没得到，几乎两手空空地归来了。希特勒答应提供的新式武器，一件也没兑现。此外，墨索里尼*也远远没能满足他最低限度的运送军需品的要求，还有，令隆美尔更担心的是，元首似乎对他本人失去了信任。在临来之前，希特勒对隆美尔说，他是“出于无奈”才让他回去继续指挥“非洲军团”的。

隆美尔一回来，就在第二天清晨侦察了被英军占领的第29号高地，然后他做出决定：集中所有坦克兵力，全力反攻，把英军打回原来的主阵地。一声令下，德军和意大利军队向这个高地展开了猛攻，英军拼力坚守，战斗打得异常惨烈。

*墨索里尼

意大利法西斯独裁者、国家法西斯党党魁。1921年11月成立意大利国家法西斯党。1922年10月纠集5万名法西斯党徒向罗马进军，迫使国王任命他为首相，攫取了国家的最高领导权。1925年1月公开宣布实行法西斯极权统治，自称政府首脑。此后接连发动侵略战争。后因盟军在西西里登陆和国内人民反法西斯运动的高涨，于1943年7月被国王逮捕并软禁。1945年4月在逃亡途中被游击队俘获并枪毙。

< 澳大利亚士兵冒着德军炮火冲锋。

10月26日整个上午，蒙哥马利都站在指挥所的地图旁边，时而皱起眉头沉思，时而拿起电话向前线的指挥官们了解最新情况，再作出指示，或者，抓起笔在随身携带的日记本上写着什么。隆美尔重返回来的消息他已经知道，蒙哥马利并不在乎，他可以在英军屡战屡败的境况下，初次交手，就轻而易举灭掉他不可一世的威风，更何况这一次总体优势已经掌握在自己的手中？他信心百倍，胜算在握。但他仍不敢大意，因为他深知，战场瞬息万变，一个不经意的失误，就有可能导致战局朝相反的方向发展。一招出错，满盘皆输的例子，古往今来太多了。

战役开始两天来，部队伤亡和失踪了6140人，坦克损失了290辆，这大大超出了蒙哥马利的预料。他原来曾估算，整个战役英军会死伤10000人左右，而现在仅仅不到三天，

BERNARDLAW MONTGOMERY

∧ 蒙哥马利与手下3名将领在一起，左起利斯、拉姆斯登、蒙哥马利、霍罗克斯。

> 蒙哥马利在审读作战报告。

伤亡数字已达预计的2/3，而这其中，又以执行粉碎性作战任务的步兵居多。再这样下去，他将面临严重的兵员短缺问题。

中午11时30分，蒙哥马利召集3个军长，利斯、拉姆斯登和霍罗克斯到澳大利亚师师部开会，会上进行了新的部署，他说道：

“各师自23日22时起迄今，一直奋力战斗，都没得到足够的休息，而多少出现疲劳不堪难以为继的现象，因此，需要一段时间，让各师休息整顿一番。利斯将军的第30军虽然负责桥头堡的安全，但暂时不必再执行大型作战任务，各师即刻以休整为要，准备迎接未来不久的恶战。霍罗克斯第13军的第7装甲师，也即解除防御任务，进行休整。唯一的攻势行动，由第10装甲军来担任，夺取肾形山脊后，由此向西及西北推进，这项行动必须保证百分之百地完成——拉姆斯登将军，你有什么困难吗？”

在蒙哥马利眼里射出的逼人的光芒之下，拉姆斯登只好无奈地摇了摇头，表示能够接受。其实，蒙哥马利对拉姆斯登能否完成任务心里也没有底，因为第10军的几次表现，差不多快使蒙哥马利丧失了信心，他这么安排，也是迫不得已，因为步兵实在不能再打了，必须使装甲部队前出，从而为步兵在翼侧建起一道屏障。

下午4时，柯克曼准将前来报告弹药消耗的情况，他神情忧虑地告诉蒙哥马利，照目前的消耗率，英军储存在中东的所有炮弹，只够维持10天之用，但如果消耗得再大些，连10天也不够。

“没关系，这场仗顶多再有一个星期就结束了，要不了10天，别为弹药担心。”蒙哥马利为柯克曼打气说，脸上现出轻松自信的表情。

等柯克曼走后，他拿出日记本写道：“我不为此事担心，假如我们每天每一门炮消耗150发炮弹的话，我们还可以支持3个星期。”真正使他担心的是拉姆斯登，柯克曼刚才还向他透露，拉姆斯登作战从来不把炮兵指挥官带在身边，这个消息令蒙哥马利非常惊讶，同时大为恼火。在他看来，

∧ 英军炮兵向德军阵地炮击。

这简直不可思议，蒙哥马利马上给拉姆斯登打去电话，命令他改正过来。下午6时，经过反复考虑，蒙哥马利决定对部队进行重新编配和部署，同时决定下次的进攻，仍将由表现上佳的澳大利亚师承担，他们负责沿着海岸公路的轴心，一直打到敌人后方，诱使德军装甲部队出来决战，然后再予以歼灭。

10月26日夜至27日黎明，第1装甲师经过艰难努力，终于使第7摩托旅到达预定目标，推进到肾形山脊西北的“山鹬”阵地，和西南的“沙锥鸟”阵地。蒙哥马利听到这一消息，如释重负，拉姆斯登总算争了口气。但他马上担心隆美尔的反击。因为，澳大利亚师已经获得翼侧屏障，势必使隆美尔认为英军想在突出部突穿，从而倾其所有力量反攻，在这种情况下，英军能否顶得住，就很有问题了。

果然，隆美尔对英军澳大利亚师这一突出部分如鲠在喉，视为眼中钉，肉中刺，必欲拔之而后快。迅速从南面调来了第21装甲师，加上德军第15装甲师和意大利利托里奥师，向英军澳大利亚师和装甲部队发起猛攻，隆美尔显然准备孤注一掷，他甚至把负责防守北面海岸的预备队第90轻装甲师也用上了。

但非常不幸的是，隆美尔赌得太早了，到最后关头，最最需要的时刻，他却没有了下注的资本。

10月27日整个一天，英军同轴心国军队激烈交战，英国澳大利亚第9师、苏格兰第51师和第1装甲师打退了敌人一轮又一轮的疯狂进攻，始终坚守阵地，德国和意大利军队在英军的炮火和殊死的肉搏战中损失惨重，据估计，当天损毁的德军坦克共有60多辆。英军坦克则损失甚微。

前线传来的战报令蒙哥马利十分满意，并且，也为英军将士的浴血奋战精神所感动。但紧接着，10月28日的早晨，一个不好的消息传至：第2步枪旅的第2营，在未能获得装甲部队的支援下，终因弹药告罄，而被敌所击破。第24装甲旅也因误入雷区，造成严重伤亡。蒙哥马利听了之后，很是痛心，毫无疑问，装甲旅的这种损失是很不必要的，蒙哥马利认为，旅长肯钦顿应该对他的处置不当负责。

现在，蒙哥马利已经意识到，德军的装甲部队全部集中在了北面通道的正面，第1装甲师要再从那里突破，是永远不可能的了，必须寻找改变途径。7时和8时，在相隔一个小时的时间内，蒙哥马利连续召开了两次会议，参加的人除了他，另外就是利斯和拉姆斯登。蒙哥马利要求拉姆斯登撤出第10军，改为预备队，肾形山脊地区转入防御，由利斯的第30军负责，包括将来的进攻，也由第30军负责。最后，他说：

“下一次，我要另派新西兰师向西北进攻，占领西迪阿卜杜勒拉赫曼，从那里再派装甲部队向西南突击，截断敌人的补给线，阻止敌人口粮、油料和饮水的供应，这样，就可将隆美尔全线击溃。”

说着，蒙哥马利用力朝下，作了一个狠狠打击状的手势。

蒙哥马利的这一变招够灵活和聪明，也够大胆。因为以步兵担任作战，拖住敌装甲部队，而以调出的装甲部队充当预备队，尔后去实施穿插，的确超出一般战术范围，这会令狡诈著称的隆美尔无论如何也想不到。但这一计划的成功，需要一个前提，就是他必须有足够的预备队，使新西兰师获得补充，确保它能从澳大利亚师夺取的桥头堡打出去。为了解决这个问题，蒙哥马利在11时又招来第13军军长霍罗克斯，提出从他的军抽调出一部分兵力，加强充实新西兰师，霍罗克斯毫不犹豫地答应了。经研究，以下部队将依次加入到新西兰师中去：第151步兵旅、第131步兵旅和希腊旅。这样就能保证新西兰师持续推进，当加入的一个步兵旅已有相当损耗时，即归还第13军建制，由下一个旅递补。

>> 决胜阿拉曼

11月2日凌晨1时正，“增压”计划打响了。英军的300门大炮同时喷出火苗，炮击德意军队阵地长达3个小时，接着，新西兰师在移动弹幕掩护下，开始向意军防线展开进攻，到黎明时，占领了预定阵地，并跟随第9装甲旅的坦克和战车，向西挺进。

但拉姆斯登的第10军的装甲部队再次扮演拖后腿的角色，因推进缓慢，而落在了步兵的后方。而第9装甲旅由于坦克性能不佳，摆来摆去开进时扬起的漫天沙尘导致能见度极差，在敌军猛烈的反坦克炮火袭击下，损失惨重，94辆坦克有74辆被击伤，官兵阵亡230人，最后不得不撤退。然而在蒙受巨大牺牲的同时，这个旅摧毁了敌人在西迪阿卜杜勒拉赫曼铁路防线上的35门大炮，并且幸存的坦克，仍坚持战斗了一段时间，使第1装甲师的第2和第8装甲旅得以通过走廊，顺利在开阔地上展开。

随后，这支装甲群和源源不断涌上来的步兵一起向前推进，他们击溃了1个意大利步兵团、1个德国装甲营，与此同时，开始攻击“非洲军团”的后方补给线。

隆美尔拼命组织反击，试图堵住那4公里宽的缺口，于是，11月2日上午，一场惊心动魄的坦克会战开始了。

英军在泰勒阿卡基尔附近的开阔地上集中了800余辆坦克，而德意军队坦克，只剩下区区可怜的不到100辆。英军坦克以排山倒海之势碾了过来。“非洲军团”的坦克也毫不示弱地迎了上去，并呈战斗队形立刻散开，英军坦克也立刻散开，各自扑向自己的猎物，同时猛烈开火。德意军队还击，炮兵发射大炮和反坦克炮。顿时，辽阔的沙漠空地上，炮声隆隆，尘烟滚滚，战车纵横交错，相互追逐厮杀，有的坦克被击中，片刻之间便淹没在熊熊大火之中。不一会，空中又响起了“隆隆”的马达声，原来是英国皇家空军的轰炸机飞来了，转瞬之间，数不清的炸弹从天而降，雨点般落到德军坦克当中，爆炸开来。几分钟之内，许多德意坦克中弹起火，有的被掀翻一旁，长长的、恐怖的火舌从座舱里窜出，在空气里燃烧得呲呲作响，然后又化作浓浓的黑烟，直冲云霄。没过多久，这些坚硬无比的陆上移动堡垒就烧成了一堆残骸，它们的周围，躺着战斗员的尸体，有的已不辨头脚和四肢，只有焦黑的一团。

经过两个小时的激战，英军重创德意装甲军队，自己也伤亡惨重。到了下午，两军坦克再次会战，输红了眼的隆美尔不惜投入了全部剩余坦克，对英军进攻部队的两翼展开反扑，但由于缺少空中支援，他的坦克只能接二连三成为英军飞机练习投射的活靶子，一半变成了废品。剩下勉强能使用的，仅有55辆，分别为德军35辆，意军20辆。而这时，蒙哥马利正在集结，准备发起最后进攻的坦克，还有数百辆。

隆美尔知道，这场仗他已经输了，彻彻底底、完完全全地输了，毫无任何翻盘的可能。他的老本几乎已拼光，维持供应的补给线被切断，几天前意大利人派出的装满汽油和弹药的运输队，还没等送到手里，在地中海上就被英国舰队击沉，隆美尔仅存的一丝希望彻底破灭，等待他的，只是两个难堪耻辱的字：失败。

为了避免全军覆灭的命运，这天下午4时30分，隆美尔下令撤退到阿拉曼以西96公里的富凯阵地，然后便向德国最高统帅部连发了两封密电，请求允许他的军队退却，否则，2个德国和4个意大利的非摩托化师，将因为无法撤出，“大部分会沦为英军的俘虏”。希特勒于次日回电，命令隆美尔竭尽全力坚持到底，“决不可以后退一步，把每一支枪、每一名战士投入战斗”，“要么就是胜利，要么就是死亡，别无其他道路”。

“武器、汽油、飞机、增援部队，这一切都有助于局势，唯独空谈是无用的。”隆美尔看完电文，将它愤愤地丢到一旁，此时此刻，他已被无边的绝望和孤独所吞噬。

残存的德国和意大利军队停止撤退，继续进行抵抗。为了尽早结束战役，围歼“非洲军团”，蒙哥马利下令英军不要懈怠，全力以赴作最后一击。11月3日夜间，英军印度第4师和苏格兰第51高地师向敌人发起了两次猛烈的攻击，于次日黎明，突破了泰勒阿卡基尔的

> 隆美尔面对英军的强力攻势，不顾希特勒的反对，命令部队撤退。

中心阵地，并为装甲部队打通了一条通道。紧接着，成百辆坦克和装甲车排着声势骇人的阵势，咆哮着一辆接一辆鱼贯而过，驶入开阔地带，迅即向西面和北面冲去。巨大的马达轰鸣声，在空旷的沙漠里传出很远很远。

曙光透出了地平线，蒙哥马利面色安详地站在指挥所里，听取前方传来的捷报，对即将到来的胜利，他似乎显得并不十分兴奋。胜利，固然是每个统帅追求的终极目标，喜悦，自不待言。但当一切都在预料和掌握之中时，这份喜悦因而也就平淡了许多。蒙哥马利现在即是这种心态。听完汇报，他坦然自若地掏出日记本，写道："我们的装甲兵终于到达敌后，可以在没有地雷的乡野，自由机动地作战了。"

11月4日下午，鉴于大部分阵地已被英军突破，心力俱疲的隆美尔只好不顾希特勒的命令，下令全线向富凯撤退，事实上，他下不下命令都已一个样，"非洲军团"已经一溃千里，成千上万的败兵争先恐后地向西逃跑，任何阻止都是徒劳的。

蒙哥马利向第8集团军发出追击的命令，他登上了指挥车，随着浩浩荡荡的胜利队伍一起出发，他的指挥车开到哪，哪里就响起一片欢呼，士兵们情绪高昂，以各种形式表达对他的热爱和敬意，他们看到，他们小而轻瘦的司令官身上，罩着一袭长绒衫，一张窄狐狸的脸孔下面，系着一条丝质围巾，手里拿着双筒望远镜，时不时地举起，向远方观察。最惹眼的是头顶上的黑色双徽贝雷帽。说起这个贝雷帽和双徽，它的出现，最初是偶然的，阿拉姆哈勒法战役前夕，蒙哥马利到澳大利亚师去视察，戴上了澳大利亚师的贝雷帽，感觉很舒服。后来又到一个装甲团视察，装甲团的士兵同他开玩笑，把一枚装甲兵的军徽别在了他的帽子上，从此蒙哥马利就戴着两个帽徽的贝雷帽出现在了部队当中，这顶独特的帽子，于是也就成了他的独家标志，人们一看到它，就知道司令官来了，这对鼓舞部队士气、增强战斗力发

> 被俘的德“非洲军团”司令冯·托马将军向蒙哥马利致意。

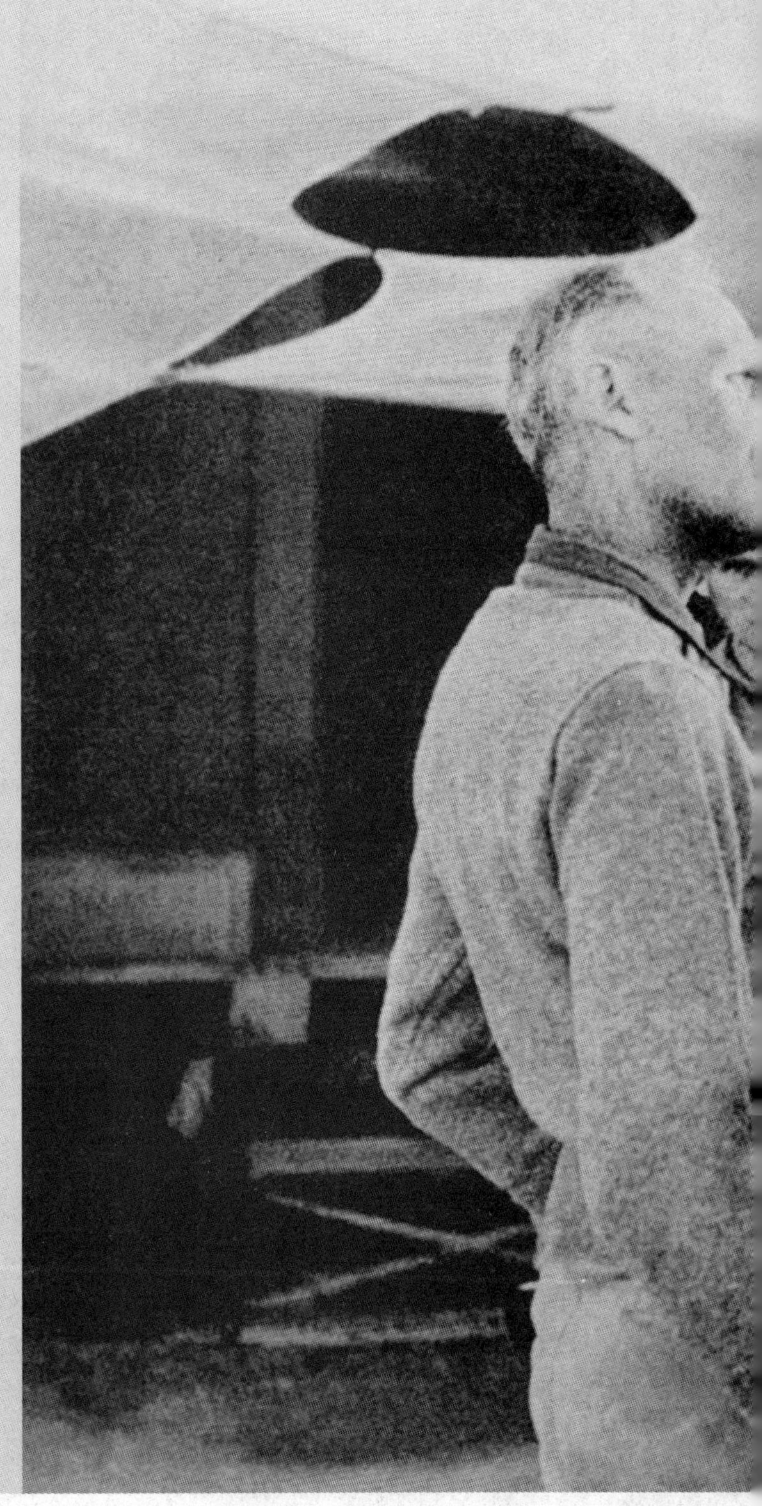

挥了特殊的作用，因为士兵们相信，自己的指挥官和他们共同战斗在一起，而非躲在安全的后方，发号施令。

11月4日晚上，蒙哥马利同被俘的“非洲军团”司令冯·托马将军共进晚餐。他们一起谈论9月间的战斗和当时正在进行的战事。晚餐过后，蒙哥马利命人收拾餐桌，然后拿出一幅埃及沙漠地图，摊在桌上。蒙哥马利希望从冯·托马嘴里套出点口风，对他说：

“我的部队今晚就将到达富凯，你有何感想？说说，你对此会怎么处置，冯·托马？”

其实，此时英军推进的距离，连那一半还没到，冯·托马也不上当，不露声色地只是连连说：

“哦，形势非常之严重，的确非常之严重。”

正如他所说的那样，形势非常严重，“非洲军团”的溃败，乃至覆灭已经指日可待。蒙哥马利向富凯方向的进击，敲响了在北非的法西斯军队的丧钟。

第七章

进军突尼斯与意大利

1887-1976 蒙哥马利

由于蒙哥马利的鼓吹导致了“赫斯基”作战行动的计划修改，从而降低了美第7集团军的作用。现在，在亚历山大的纵容下，蒙哥马利又从他们手中抢走了一条宝贵的公路，以便他得意扬扬地进入墨西拿，甚至不允许美军向巴勒莫推进。巴顿是一个军人，他服从了命令……

> 英第 8 集团军的装甲部队在泥泞的道路上前行。

>> 乘胜追击

11 月 5 日凌晨，隆美尔抵达富凯，在那里建立了司令部，他的“非洲军团”的大部分残兵败将，也在这天白天陆续到达了。隆美尔原打算在富凯停留一段时间，以便让后面的步兵，特别是南面的意大利步兵，能够逃生，但他很快就认识到这种希望是渺茫的。蒙哥马利指挥的英军正以秋风扫落叶之势，追赶而来，11 月 5 日晚，隆美尔下令向马特鲁港撤退。

撤退时，法西斯军队人心惶惶，几乎毫无秩序可言，车辆和人员严重阻塞了道路，在黑沉沉的夜间，为追击逃军，蒙哥马利命英国空军把天空照得通明，数千枚照明弹如同吊灯一样，高挂在沙漠的上空，指引空军攻击目标。在空军的支援下，新西兰师向富凯冲去，同时，第 1 和第 7 装甲师向马特鲁港展开合击。然而，就在此时，忽然乌云布满天空，转瞬之间，暴雨如注，原本坚硬的路面在几分钟之内便被滚滚洪流淹没。道路泥泞，给养、油料和弹药无法跟上。到 11 月 7 日，追击行动不得不停止。虽然沙漠空军继续给敌军以沉重的打击，但隆美尔还是充分利用这 24 小时的喘息时间，使绝大部分的残余部队沿海岸公路撤走。

11 月 8 日清晨，当蒙哥马利率领一组巡逻部队进入马特鲁港时，发现隆美尔已于头天夜间离去，向西撤往塞卢姆。

在马特鲁港，蒙哥马利险些被俘虏。事情经过是这样的：他派遣一个侦察组，为他在马特鲁港一带选择司令部的地址。蒙哥马利的继子迪克 · 卡弗，也在这个侦察组中。当接近马特鲁港时，侦察组取道前往港口以东的“走私湾”海岸。不料，那里还留有德军，于是这个侦察组被德军后卫部队俘虏了。这时，蒙哥马利正领着一小支警卫队跟在这个侦查组的后面，双方发生了一场激烈的遭遇战。如果不是这样的话，他很可能也会走上那条通向“走私湾”的路，从而难免当俘虏的命运。真是十分惊险，而又万幸。

★亚历山大（1891～1969）

英国陆军元帅。参加过第一次世界大战。二战初期，1939年至1940年任英国驻法远征军第1师师长和步兵军军长。曾指挥敦刻尔克大撤退。1941至1942年指挥在缅甸英军。1942年8月任英军中东总司令。1943年2月任地中海战区盟军副司令，参与指挥西西里岛登陆战役和意大利战局。1944年12月任地中海战区盟军最高司令。战后，1946至1952年任加拿大总督。1952至1954年任英国国防大臣。1954年退役。

∧ 亚历山大与蒙哥马利在北非。

11月15日至17日的第二次大雨，再次挽救了隆美尔和“非洲军团”，尽管拥有强大的装甲力量，英军却空无用武之地，没能全歼马特鲁港的残敌，也没能通过沙漠前往阿杰达比亚，切断逃向阿盖拉之敌。

就在第8集团军击败“非洲军团”，并奋力追击残敌时，11月8日，由英军和美军组成的盟军的3个特混舰队，在艾森豪威尔将军统率下，分别在法属北非的阿尔及尔、奥兰和卡萨布兰卡登陆，“火炬”战役获得成功。这个消息使蒙哥马利十分高兴，因为这样第8集团军从此将不再独自作战，它将和艾森豪威尔将军指挥的登陆大军一道，东西夹攻，加速法西斯军队在北非的崩溃。而对隆美尔来说，这却是一个坏得不能再坏的消息，他一直担心的事情终于发生了。在与拜尔莱因商议之后，隆美尔得出的看法是，“非洲军团”必须迅速往西撤退，甚至轴心国现在就必须撤离北非。隆美尔希望不惜一切代价避免一场激战，并且打算撤离昔兰尼加，尽快地沿苏尔特湾海岸，往后撤退。但墨索里尼却不这么认为。他认为应该在东面尽可能远的地方保留一个立足点，而且保留的时间越长越好。希特勒支持意大利“领袖”的建议，下令隆美尔坚守阿盖拉隘道。

11月12日，在埃及的轴心国军队被全部肃清。蒙哥马利也不再是中将，而是上将了。因为指挥阿拉曼战役取得非同凡响的胜利，蒙哥马利在11月11日获得晋升，同时被授予巴斯骑士勋章。

∧ 阿拉曼战役中，被俘的德、意官兵被押往战俘营。

第8集团军在阿拉曼所取得的辉煌胜利，扭转了北非战场的危急局势，成为第二次世界大战的一个重要转折点。英国首相丘吉尔曾对阿拉曼战役给予高度的评价，他说这一仗是“命运的关键”，将“永载史册”，“在阿拉曼战役以前，我们是战无不败，在阿拉曼战役以后，我们是战无不胜。”

整个战役，德意军队伤亡和被俘59000人，其中意大利的4个师被全歼，损失火炮1000多门、坦克450辆。尽管蒙哥马利没有抓住最佳追击时机，给予“非洲军团”进一步的毁灭性打击，他的用兵仍然显得过于谨慎，但毋庸置疑，他的指挥却是非常成功的。不肯冒险至少避免了更大的人员伤亡，在这场决定性的战役中，英军人员的伤亡数字，只相当于对方的1/4。

首相的赞许使蒙哥马利信心倍增。此外，亚历山大★也不遗余力地支持他。到11月15日，蒙哥马利夺取了迈尔图拜附近的几个机场，接着，又夺取了德尔纳附近的机场。虽然暴雨使迈尔图拜在11月19日以前不能使用，但重要的护航船队于11月20日到达马耳他岛，使这个岛屿复苏了。同一天，第8集团军进入了班加西。两星期后，第二个护航船队到达马耳他岛。从此以后，该岛再也没有出现过严重危险。

11月23日夜间，隆美尔撤退到布雷加港和阿盖拉地区，开始构筑阵地。尽管隆美尔奇迹般地把他溃散的部队又集拢起来，但他对当时的形势感到绝望。意大利人的企图是不惜一切代价坚守阿盖拉阵地，并且得到了希特勒的坚定支持，但隆美尔却认为防守这个阵地不太可能，按照他的想法，应该立即从阿盖拉向西撤退，在加贝斯隘口建立一个巩固的防御阵地。该地离突尼斯边境和另一支德军只有200公里，并且车辆只能在大海与杰里德盐沼之间的宽仅12公里的地带行进。但隆美尔无法抗拒纳粹元首的命令，此外，他还受到意军最高统帅部驻非洲代表团和巴斯蒂科元帅所领导的“超利比亚”司令部的双重节制。可以说，隆美尔是没有多大发言权的。

11月28日，绝望无助的隆美尔只得飞回德国向希特勒求救。正在苏联战场问题上焦头烂额的纳粹元首不分青红皂白地将隆美尔训斥了一通，最后答应派戈林和他一起到罗马，进行谈判。但最终一切都毫无结果。隆美尔后来写道：“飞回非洲后，我意识到现在只能完全依靠我们手头的资源了。”

但是，隆美尔手头的资源实在少得可怜，在军需物资方面，尤其是坦克装甲车辆的用油上，已所剩无几。

相比之下，英军无论从后勤补给，还是兵力上来说，都占据着绝对的优势。但蒙哥马利也有他的问题，在迫近阿盖拉阵地时，他发现官兵中普遍有一种焦虑情绪，因为他们当中的许多人已到这里来过两次，而且两次都因隆美尔作了准备，把部队前出至开阔地带，又将英军赶了回去。大多数英军老兵视此为畏途。因此，蒙哥马利决定“必须尽快攻下阿盖拉，以免拖久了士气可能低落”。

这时，第30军已接替第10军的任务。蒙哥马利与利斯一起侦察了阿盖拉的阵地。蒙哥马利计划由弗赖伯格率领新西兰师迂回到敌人的南侧，开赴马腊达北面的阵地，从那里，袭击隆美尔部队的后方，同时，由第51高地师和第7装甲师从阿盖拉的正面，发起进攻。时间定为12月15日。

蒙哥马利把制订具体计划的任务交给利斯，自己飞往开罗去度周末，顺道去看望亚历山大，商讨下步计划。他还准备购置一些新衣服，4个月的沙漠生活之后，他该清洁一番了。去教堂参加礼拜，也是必不可少的内容。

来到开罗之后，蒙哥马利意外地发现，自己已经成了家喻户晓的名人，星期天去圣乔治大教堂做晚祷时，他的出现，引起了不小的轰动。人们齐刷刷注视着他，蒙哥马利感觉到，所有眼睛的目光都集中到了自己身上。

从开罗返回班加西以东的司令部后，蒙哥马利做出了提前发动阿盖拉之战的决定，因为巡逻报告表明，隆美尔从12月6日夜间起，已经开始把非摩托化的意大利部队向后撤退到布埃拉特阵地。为了防止这个沙漠之狐逃掉，蒙哥马利因此做出了这个决定。下令第51高地师从12月11日晚上起，对主阵地猛烈袭击，全面攻击从14日开始。

等到12月15日傍晚，弗赖伯格率领两个步兵旅到达海岸公路附近时，已经有包括坦克在内的小股敌军利用这两个旅中间10公里的缝隙，成功脱逃。

接下来的第二天，战斗较为激烈，有的地方整天混战，形成拉锯局面。双方都互有俘获反复。隆美尔的坦克部队最后突围到了西面，遭到新西兰师的截击，英国皇家空军继续毫不留情地实施轰炸，英军俘获了德军450名士兵、25门大炮和18辆坦克。至此，阿盖拉战役胜利结束。第8集团军向西追击了2000多公里，已经深入到的黎波里塔尼亚。攻取的黎波里，指日可待。

为了使部队保持充足的战斗力，蒙哥马利决定让第8集团军就地休息，圣诞节之后再发动攻势。面对即将到来的圣诞节，蒙哥马利作了细心安排，他要求部队在沙漠条件允许的情况下，尽可能以最愉快的方式度过。当时气候寒冷，火鸡、葡萄干布丁、啤酒等都要到埃及订购，但在参谋人员的努力下，这些东西全部按时运到。

圣诞节到来前夕，蒙哥马利向第8集团军全体官兵发布了圣诞文告，祝大家圣诞快乐。在文告中，他引用了约克郡一位名叫赫尔的姑娘寄给他的圣诞贺信，使文告充满了浓厚的温情。这封信是这样写的：

亲爱的先生：

祝您和第8集团军中我们的小伙子们过一个非常愉快的圣诞节。祝你们身体好，运气好，并感谢上帝，将给我们带来1943年的胜利。

蒙蒂，再接再厉。向你们致以最好的祝愿的是一位有男朋友在第8集团军的约克郡的姑娘。

圣诞节过后不久，又收到了第8集团军一名士兵的来信：

先生：

尽管军队条例并未完全禁止二等兵写私人信件给集团军司令，我这样做也许是很正常的。然而这并不是一封真正的私人信件，因为它代表第8集团军成千上万的士兵们的心。

至1942年10月21日止，我已入伍两年半，但我对军队并不十分关心。我认为治军是长官们的事，与士兵关系不大。

但是，在10月21日，助理军需主任不拘礼节地召我们在一起，宣读了你的文告。在部队过去从未宣读过这种对部队充满信任和信心的文告。文告是一种纽带。我从军以来，这还是第一次使我感到我从属于某种东西——从属于有任务去完成的某支生气勃勃的力量，任务是如此艰巨，即便像我这样的文书工作在这个庞大的作战系统里也有它的地位。从我同本单位和其他单位的士兵的交谈中，我体会到你的演讲是坦率的，它在士兵们的精神方面，产生了巨大影响。

你的充满人情味的个人文告比任何日日命令收效更大。我为我有这种新的感情而感谢你。你使我们作为第8集团军的一个成员而感到自豪。

你现在发给我们的圣诞节文告，由于它表达了亲人般的友情和温暖，使我们人人铭感不已。

从总体上来说，由于部队多少受形势所迫，因而很少说话，我谨再次代表我们在利比亚成千上万的士兵们，以他们伟大的兄弟般的感情，由衷地感谢你。

最后，祝你圣诞快乐，祝你在1943年获得更辉煌的胜利。

先生，上帝保佑你，并随时指引着你。

你忠实的部下
二等兵杰弗里·格莱斯特

这名普通士兵的来信，使蒙哥马利非常高兴。蒙哥马利一直珍藏着这封信，后来还将它原文照录在他的《回忆录》中，因为这封信最真实地说明了他已在第8集团军官兵心目中所树立的形象，以及他的讲话对士兵的精神所产生的巨大作用。

12月29日，英军先头突击部队开始逼近布埃拉特防线。开罗的广播电台说，隆美尔的"非洲军团"已被装进蒙哥马利的瓶子，瓶塞即将盖上。隆美尔听到这个广播后，对身边的参谋人员说："只要坦克能加满汽油，瓶子里的军队很快就会跑掉。"

实际上，无论是隆美尔还是巴斯蒂科元帅，都认为布埃拉特阵地不可能长期坚守，隆美尔已在考虑往突尼斯撤退，并且他通过雄辩，终于说服巴斯蒂科从意军最高统帅部那里获得了可以相机撤退的权力。

> 蒙哥马利在圣诞节仪式上致辞。

< 蒙哥马利向部队官兵训话。

蒙哥马利认为，突破隆美尔的布埃拉特防线的要点在于速度，而进军的黎波里，关键取决于后方勤务。从班加西到的黎波里为1000公里，从布埃拉特到的黎波里为400公里。因此，进攻前必须集结足够的供应物资，以保障部队进军的黎波里的需要。蒙哥马利下令尽快备足供10天战斗用的汽油、弹药和供应物资。参谋人员报告说，必要的军需品的集结可望在1月14日前准备就绪。于是，蒙哥马利决定于1月15日凌晨发动攻势。

1月15日，第8集团军开始向的黎波里进军。起初一切顺利。但到1月19日，进至胡姆斯－塔尔胡纳一线时，遭到负隅顽抗的敌军的拦阻，苏格兰第51师面对这股顽敌，竟束手无策。蒙哥马利叫来该师师长，严厉训斥他的懦弱无能和缺乏活力，这一通训斥起到了效果。1月23日凌晨4时，英军先头部队进入的黎波里。当天中午，蒙哥马利在的黎波里塔尼亚的意大利副总督处正式受降。

英军受到了当地群众的热烈欢迎。在最初阶段，蒙哥马利实行了严格的军事管制措施，以确保秩序稳定。为防止部队乍进大都市而贪图享受，影响士气，蒙哥马利命令禁止使用宅邸、大楼等作为指挥部和营房，所有人员必须住在沙漠或旷野。他带头把自己的司令部设在离城4公里的田野中。

两天后，接到了下面的报告："居民粮食状况恶化。"这个消息对英军来说是不利的，因为一旦出现饥荒，军队就将负责向他们提供粮食，这将使部队陷入严重困境。这也是德国人求之不得的。为避免出现这种情况，蒙哥马利下令：在的黎波里塔尼亚的英军成员，无论是军官还是士兵，都不准在餐馆和饭店里用餐。军官和其他人员前往的黎波里时，必须携带自

< 蒙哥马利在的黎波里城内检阅部队。

∧ 蒙哥马利向指挥官们布署战斗任务。

> 蒙哥马利在的黎波里出席意大利驻利比亚指挥官的投降仪式。

TRIPOLI

己的口粮。可以在的黎波里开设俱乐部为官兵服务，但只能供应茶点，官兵不能在里面就餐。

占领的黎波里后，蒙哥马利第一件要做的重要事情，就是恢复港口的畅通。因为单纯依靠从托卜鲁克和班加西这条漫长的公路运输线，显然已经不行了，的黎波里港作为最抵近前线的港口，能被充分利用起来，是最好不过的事情。第8集团军和海军一起行动，以最快的速度疏通港口，经过努力，第一艘船于2月3日进港，2月9日，第一个护航船队到达的黎波里港，卸下大批作战物资。自此，这个港口开始恢复正常的日卸货量。第10军不久也解除任务，赶来的黎波里。

这期间，丘吉尔和布鲁克来到了的黎波里，视察部队。蒙哥马利举行了简短的阅兵式，欢迎首相和帝国参谋总长。参加检阅的有苏格兰师、新西兰师、皇家装甲部队和皇家陆军后勤部队。部队精神饱满，威武雄壮的形象，使丘吉尔深受感动。蒙哥马利请首相作了振奋人心的讲话，丘吉尔说：

"自从你们在阿拉曼取胜之后，你们在活动营帐中每住一晚，也就和亲人们团聚接近了一天。战后当人们问起你在第二次世界大战中做了些什么时，你只要说当时我随第8集团军进军就够了。"

英美盟军在法属北非登陆后，使隆美尔的"非洲军团"处于东西夹击之中，为了尽快把法西斯留在北非的军队消灭掉，并对英美联军指挥权问题作出安排，1月14日至24日，英美首脑在卡萨布兰卡会议★上确定了1943年的战略。在这次会议上，双方还一致确定由艾森

∨ 蒙哥马利陪同丘吉尔视察英军部队。

豪威尔继续担任盟军总司令，而且在蒙哥马利的军队进抵突尼斯边境后，也归其指挥，与肯尼思·安德森中将的英国第1集团军、乔治·巴顿少将的美国第2军合编为第18集团军群，司令由盟军副总司令亚历山大兼任。

>> 利剑所向披靡

2月初，英美盟军东西并进，向德军退守的马雷斯防线逼近。蒙哥马利率第8集团军占领马雷斯以南数公里的梅德宁阵地。狡猾的隆美尔利用盟军合围之势未成、立足不稳之机，果断出击，于2月20日发起卡塞林战役，在卡塞林隘口将美军打得大败，使其蒙受沉重损失。德军随即越过卡塞林隘口。

不过，隆美尔获得的只是战术意义上的胜利，此时，英美盟军在突尼斯前线的兵力共18个师另2个旅，人员装备整齐，而德军不仅武器、人数处于劣势，其后方补给线只能依靠一条漫长而通过狭窄隘口的公路，时刻面临被切断的危险。

> 罗斯福、丘吉尔在卡萨布兰卡会议期间举行记者招待会。

★卡萨布兰卡会议

1943年1月，罗斯福和丘吉尔等人在摩洛哥卡萨布兰卡举行了一次战略性会议。会议主要讨论了未来的作战计划、未来的法国政治、土耳其在战争中的立场等问题。会议通过了进攻西西里的作战计划，还通过了美国建议的对日作战方案，计划对所罗门群岛、新几内亚、关岛等发动一系列进攻，并实施收复缅甸的“安纳吉姆”计划。美、英在会议上签订了在亚洲划分势力范围的秘密协定，土耳其被认为是英国势力范围，中国被划归美国势力范围。

2月20日这一天，亚历山大将军给蒙哥马利发来紧急电报，请求采取行动以缓解美军所面临的压力。蒙哥马利满足了他的要求，到2月26日，第8集团军的行动迫使隆美尔停止了对美军的进攻。

蒙哥马利担心，隆美尔从第1集团军的正面撤走后，会掉过头来对付第8集团军。而真正令他忧虑的是，在梅德宁的英军，因为抽调去支援第1集团军而受到削弱，以现有兵力，能否挡住困兽犹斗的隆美尔的凶猛反攻，蒙哥马利心里没底。这种焦虑直到3月4日才消除，在这之前，蒙哥马利果然得到了德军向英军正面调动的情报，并为此作了准备。

为了给即将到来的马雷斯战役打好基础，巩固第8集团军的前哨梅德宁阵地，蒙哥马利从的黎波里火速调来新西兰师，作为拱卫，第7装甲师部署在这个师的右翼，在新西兰师与第7装甲师之间有个缺口，蒙哥马利命第201近卫步兵旅来填补，同时为便于协调行动，这个旅也暂时归于第7装甲师麾下。

3月5日晚上，所有的迹象都表明，隆美尔将于第二天早晨发起进攻。

果不其然，6日天刚破晓，两群德军坦克从马雷斯防线内陆一端的群山中钻了出来，在清晨的薄雾中，沿着梅德宁与图坚之间的公路前进。几乎同时，另一支德军装甲部队也从哈卢夫隘口向梅德宁冲来。

英军的各种野战火炮对坦克目标进行了猛烈的轰击。当坦克快到近前时，威力巨大的反坦克炮将它们变成一堆堆废铁。在战斗中，英军士兵发现，昔日不可一世的“非洲军团”的确已成强弩之末，不仅战斗力急剧下降，在意志力方面也与以往不可同日而语，坦克和步兵见势不利，有的转身便跑，或者稍作抵抗，就举手投降。英军的阵地事实上没有遭到任何突破。

到中午时分，隆美尔撤回部队重新编组，于下午又发动了进攻，但同样无功而返。当晚8时30分，隆美尔下令停止进攻，结束了他在非洲进行的最后一场战斗。

在一天的断续战斗中，英军伤亡130人，坦克无一损失，而“非洲军团”伤亡人数为650人，此外，还损失了52辆坦克。

反攻的连续失败使隆美尔清楚地意识到，轴心国的军队如果再继续留在北非，就等于“明显的自杀”。3月9日，他将部队交给阿尔林将军代理后，便返回欧洲养病。隆美尔向希特勒提出了尽早撤军的要求，但被置若罔闻，并最终失去了“非洲军团”的指挥权。不久，冯·阿尼姆将军接替了他的职务。

现在，蒙哥马利指挥的第8集团军自东、南方向，英国第1集团军从西、北方向，已经完成对马雷斯防线的包围。马雷斯防线早先是法国人在战前为了防止意大利人侵入突尼斯而修建的，它临海的尽端，是主防线瓦迪济佐，正面为一道由炮台、防坦克壕和铁丝网组成的坚强屏障，从前线一直到迈特马泰山，绵延30公里。从迈特马泰山脉向西，则是浩瀚无法通过的沙海。进行迂回运动是不可能的，除非取道通往特巴戈山和梅拉布山之间的峡道弯路，但现在，德国和意大利人已经在那里修筑了工事，并派装甲部队和步兵把守，因此，在正面

∧ 德军坦克部队沿公路向前开进。

突破马雷斯防线不可能的情况下，如何找到一条通往沙海的路，从翼侧包抄敌军阵地，成为此仗能否胜利的关键。

所幸的是，早在1942年12月，蒙哥马利还在他的“大理石拱门”司令部的时候，就已派遣了一个“沙漠远程侦察组”前去沙海实施侦察。到1943年1月下旬左右，这个侦察组报告说，他们在沙海找到了一个可以实施翼侧包围运动的隘口，即怀尔德隘口。通过怀尔德隘口，可以到达沙海那一边的泰拜盖隘口。而通过泰拜盖隘口，就可以到达哈迈平原、加贝斯和大海。

在这种情况下，蒙哥马利的歼敌计划很快形成。

3月14日，亚历山大下达了一项命令，要求美国第2军向米克纳西和加贝斯发起攻击，以威胁德军的交通线，策应和支援第8集团军全力夺取马雷斯防线。

3月20日，蒙哥马利向第8集团军发布文告，号召全军将士：

“向突尼斯进军！把敌人赶到大海中去！”

22点30分，第30军向马雷斯防线的主阵地瓦迪济佐开始发动了进攻，第51高地师扼守战线，第50师和第23装甲旅随即越过战线发起冲击。不久，第151旅在敌强大猛烈的防御炮火之下，渡过济洛扎奥干河，并夺取了对岸的两个重要据点。但当轮到支援坦克强渡时，却出现了一些麻烦。第50皇家坦克团的坦克携带着大柴捆前进，这些大柴捆用来扔在干河里，以便连成一条简易道路，不料坦克废气的热度却把许多柴捆点着了。更糟糕的是，领头的坦克不慎淹没在三英尺深的水里，堵塞了整个道路。工兵们只好另修了一条旁道，帮助3辆坦克到达了对岸。但到后来，连旁道也堵塞了，到该坦克团接到撤退命令时，渡过河的坦克仅为4辆。

第二天夜里，在得到第69旅第5东约克团的加强后，第151旅又进行了一次强渡。这一次进展顺利，共有42辆坦克渡过了干河，到达对岸，与另4辆坦克会合。但是由于坦克在渡河时造成了道路的严重破坏，使得运输工具和反坦克炮都滞留在原地，无法跟上来，结果在德军第15装甲师凌厉的反击下，损失了30辆“瓦伦廷”坦克，刚刚到手的阵地又被夺回。为避免更大的伤亡，22日2时，蒙哥马利下令撤回剩余的部队，退到瓦迪济佐对面的出发阵地。

鉴于右翼攻击受挫，蒙哥马利决定改变计划，将进攻重点转向左翼，利用新西兰军的突破打开局面。而第30军，则留在阵地上继续吸引敌人的注意。

3月20日早晨，当蒙哥马利得知新西兰军已暴露隐蔽位置时，当机立断，令它立即投入战斗，向西进击。

新西兰军的动作很快，但在进行了接敌行军后，却不可思议地缓慢下来。这使蒙哥马利大惑不解，同时也很心焦，他给弗赖伯格发去催促电报，要求他务必尽快赶至哈迈，而后，按原定计划再向加贝斯和马雷斯防线后方推进，但弗赖伯格似乎没有表现出任何紧迫感。在3月21日午夜至22日黎明前，第8装甲旅和新西兰第6旅的旅长都曾试图突破泰拜盖隘口，但都被弗赖伯格制止。弗赖伯格不愿意迅速采取行动，是有两个原因的，一方面他认为自已部队会处于可能招来敌人猛烈反击的暴露位置。另一方面，是冀图保存实力，因为弗赖伯格深知新西兰军代表一个人力资源有限的小国，如果孤军深入，以致遭受毁灭性打击，那是他所不能想象的。

蒙哥马利看穿了弗赖伯格的心思，对于这个部属，他是比较了解的，并懂得如何控制他。23日，蒙哥马利再次给弗赖伯格发报，提出派第1装甲师连同霍罗克斯的第10军司令部前来增援。同时，蒙哥马利还决定，印度第4师由梅德宁向内陆挺进，以加强对敌人翼侧的威胁，并开辟另一条冲击线。

左翼的闪电攻击于3月26日下午4时开始。白天，太阳在英军背后，直射敌人的眼睛。当时风沙飞舞，英军处于上风头，风卷沙尘直扑敌阵。

敌人原来只作好了对付夜间袭击的准备，没料到下午就遭到了猛烈的袭击。在这次攻击中，沙漠空军用“真正的低空闪电攻击”进行支援，出动了22个中队的“喷火”式战斗机、“猫”式轰炸机和“飓风”式反坦克飞机，把敌人阵地上的每一台车辆，所有的可见和移动目标，都炸成了碎片。由于当时的进攻正面很窄，这种攻击产生了毁灭性效果。

蒙哥马利把这次进攻也取名为“增压”作战，但它比阿拉曼战役中的“增压”作战更为成功。弗赖伯格一开始行动就夺得了必要的地盘。接着，第1装甲师的坦克按时开到了它们的停驻线。23时后不久，月亮就升起来了。虽然月亮被云层遮暗了，但在午夜时分，布里格斯还是开动了他的装甲部队。于是，在逐渐明亮起来的月光下，出现了英军和德军肩并肩地向哈迈快速奔驰的奇特景象，有时这两支军队甚至混杂起来了。但是，英军还是被德军超过去了。敌第164师指挥官冯·利本斯泰因，费了很大劲才把一些野战炮和反坦克炮集合起来，组成一条薄弱的防线，使逃跑的军队在哈迈村以南几公里远的地方停了下来。

但在那里，战斗也逐渐变弱而最终停止。敌人已在主动地退却。到3月29日，新西兰军和第51高地师向加贝斯开进，蒙哥马利已经获得胜利。

德军第21装甲师掩护梅塞的集团军撤退到了加贝斯隘口以北大约30公里的阿卡里特干河防线。然而，在3月30日和31日，第21装甲师又离开那里去同德军第10装甲师和意军森泰罗师会合，以阻止美第2军的推进。

隆美尔曾经一直希望把他的军队撤到他所谓的“加贝斯隘口”，实际上，是撤到沿阿卡里特干河的防线。要是当时他能够从阿盖拉撤退到这里的话，他可能已经获得足够的时间来加固阿卡里特干河的防御工事，把它发展成一条比马雷斯防线更坚固的防线，从而使他能够在这里进行相当长时间的抵抗。这里是一个真正的隘道。防线的一侧依托大海，另一侧位于离海20公里的内陆，是根本不能通行的杰里德盐沼泽和盐湖。在离海10公里的地方，有一个高约200米、长2公里的鞍状山脊。该山脊叫作“鲁马纳”，十分险峻，大有一夫当关，万夫莫开的气势。可惜的是，隆美尔已离开非洲，而且德军也没有时间来加固这道防线了。

霍罗克斯早在29日就派第1装甲师和新西兰部队对阿卡里特干河防线进行了侦察。他建议进行另一次闪电攻击，但蒙哥马利拒绝考虑这个建议。到3月31日，霍罗克斯就不得不承认单凭他的部队是不可能突破这条防线的。蒙哥马利决定先用第30军的步兵进行常规攻击，然后由第10军的机动部队来扩张战果。进攻发起时刻定在4月4日深夜至5日黎明前。

正式进攻于4月6日4时在黑暗中开始，梅塞被打得晕头转向，因为他估计蒙哥马利要等10天后月圆时才会发起进攻。在发起进攻前几小时，图克的廓尔喀士兵就向法特纳萨高地上的哨所渗透了。这些廓尔喀士兵在不断增强的后续部队的支援下，非常有效地执行了任务。到早晨，整个法特纳萨高地就全被印第4师占领了。但在英军战线的右翼，却是一团混乱。第50师在反坦克壕沟上和鲁马纳山脊下面的地雷场上进行了激烈的战斗。在鲁马纳山脊上，第51高地师虽然已经夺得了阵地，但仍然遭到德意军的凶猛反击。该师的情报总结

∧ 被英军击毁的德军坦克。

报告说:“毫无疑问,本师在这一天经历了这次战役以来最激烈的一次战斗。”但是,英军的英勇作战并没有迫使敌人配置在鲁马纳山脊下的88毫米高射炮退却。这些大炮把在新西兰师前面摸索前进的第8装甲旅的坦克一辆接一辆地击毁,有效地阻挡了蒙哥马利部队的前进。

然而,这场战役还是打赢了。那天下午,“非洲军团”的高级军官们开始绝望地商量对策。虽然第15装甲师和第90轻装甲师这些久经沙场的部队,仍和往常一样凶猛地作战,但它们的指挥官已丧失一切希望。4月7日,战线突然崩溃,梅塞命令部队向西退却。到4月12日,与蒙哥马利对抗的这支德意军队已在他们的最后设防地区站稳了脚跟。这是一个名叫昂菲达维尔的小村庄。在这里,突尼斯的主要山脉面海的一侧降低了高度,在海与山之间形成了一个狭窄的平原,平原上有向北通往突尼斯首都的公路和铁路,“打到突尼斯去!”这是马雷斯战役前蒙哥马利向第8集团军官兵发布的激动人心的文告的主题。4月13日,新西兰师先头部队向昂菲达维尔的防御工事逼近。

4月10日,第8集团军占领了斯法克斯。艾森豪威尔将军的参谋长比德尔·史密斯2月间曾在的黎波里,与蒙哥马利讨论如何尽快地使第8集团军和第1集团军在加贝斯北部会师。蒙哥马利说,他将于4月15日前到达斯法克斯。史密斯说,如果他果真能做到这一点,艾森豪威尔将军将满足他提出的任何要求。蒙哥马利说他一定能做到这一点,希望能得到一架归他个人使用的“空中堡垒”式飞机。史密斯同意了这一要求。

进入斯法克斯后，蒙哥马利给艾森豪威尔发去电报说："今晨8时30分进入斯法克斯。请派'空中堡垒'来。"

艾森豪威尔弄清情况后，为了搞好关系，就把一架"空中堡垒"连同一个美国空勤组送给了蒙哥马利。4月16日，飞机飞来了，于是，蒙哥马利成了一名完全机动的将军。为了这事，帝国参谋总长布鲁克后来曾狠狠地责备了蒙哥马利一顿，说他不应为比德尔·史密斯的一句玩笑话而当真，因为艾森豪威尔得知这个消息时曾大发雷霆。

4月23日至26日这段时间，蒙哥马列在开罗参与制定"赫斯基"(进攻西西里的代号)作战计划，他已于2月间被任命为该作战行动的一个特遣部队的指挥官。在离去之前，他对霍罗斯特说："现在我大体制订一个计划，通过沿着海岸的强大的进攻来突进到突尼斯。"但血的教训使蒙哥马利认识到，有裂缝的山坡能够吞没进攻者的人力，却使防御者实际上坚不可摧。于是，他最后放弃了进攻的计划。

4月26日蒙哥马利回到昂菲达维尔后，患了重感冒和扁桃腺炎，卧床不起。鉴于第1集团军最初对突尼斯的突破作战并不成功，蒙哥马利急于同亚历山大商量怎样迅速结束在突尼斯的战争，并转而计划西西里战役，于是，请求亚历山大来见他。亚历山大于4月30日来到第8集团军司令部。蒙哥马利对他说：

"有必要整编第1和第8集团军，这样才能在最合适的地带使用最大的力量来进攻突尼斯。"

蒙哥马利建议，由霍罗克斯带领印第4师、第7装甲师、第201近卫步兵旅和若干炮兵部队前往第1集团军的战线，并接管那里的第9军，负责突破突尼斯的作战。亚历山大表示完全同意。于是，蒙哥马利和亚历山大一起召见了霍罗克斯，并指示说："你要突进到突尼斯，结束在北非的这场战争。"

霍罗克斯率领部队前往第1集团军，并于5月6日率军从迈贾兹巴卜北面发动强大的闪电攻击，沿着迈杰尔达河谷一直冲进了突尼斯。5月13日，继隆美尔负责整个指挥的意军总司令梅塞陆军元帅向第8集团军投降。至此，非洲战争全部结束，德意军队以惨败告终。

第8集团军对北非最后胜利所做的贡献是巨大的。它把隆美尔和他的军队赶出埃及、昔兰尼加、的黎波里，然后协同第1集团军将他们全歼在突尼斯。从阿拉曼到突尼斯相距大约3000公里，第8集团军却在3个月内拿下的黎波里，6个月内拿下突尼斯，创下了光辉的业绩。

6月初，首相丘吉尔在蒙哥马利的纪念册上题道：

敌军在突尼斯全军覆没，最后投降总数达24.8万人。这标志着阿拉曼战役以及进军西北非这个伟大业绩的胜利结束。祝你们在以往的成就和新的努力的基础上，取得更加辉煌的胜利。

温斯顿·丘吉尔

1943年6月3日于阿尔及尔

>> 挥师西西里

北非战争于1943年5月13日完全结束之后，蒙哥马利决定在西西里战役开始之前，回英国去作短期休假。5月16日，他乘“空中堡垒”离开的黎波里，17日到达英国。除前往了解将直接开赴西西里滩头登陆的加拿大第1师以外，他同他的儿子戴维·蒙哥马利一起度过了十分愉快的时光。6月2日，蒙哥马利返回第8集团军，开始集中精力为西西里战役做准备。

英美联军进攻西西里的作战代号为“赫斯基”。该战役的作战计划早在1943年1月就已开始制订。卡萨布兰卡会议之后，联合参谋长委员会于1月23日任命艾森豪威尔为“赫斯基”作战行动的总司令，亚历山大为副总司令，海军上将坎宁安为海军部队指挥官，特德为空军部队指挥官。艾森豪威尔受命成立一个特别参谋部，来计划和准备这次作战行动。亚历

< 蒙哥马利与艾森豪威尔的参谋长史密斯合影。

< 1943年3月29日，蒙哥马利与艾森豪威尔在北非第一次会面。

∧ 蒙哥马利在指挥部内向属下下达命令。

山大被任命为地面作战总指挥官。

2月11日，艾森豪威尔任命了他属下的几个指挥官。两天后，联合参谋长委员会同意了这些任命。地面部队指挥官为：蒙哥马利领导东部特遣部队，最初称为545特遣部队，实际上就是第8集团军，下辖两个军即第13和30军；巴顿领导西部特遣部队，即第343特遣部队，包括美国的第2军（由奥马尔·布莱德雷指挥），该军最后升级为美国第7集团军。这两支特遣部队将在亚历山大的司令部的指挥下作战。在这次战役的计划阶段，该司令部称为第141部队，后来，则简单地把所辖两个集团军的番号加在一起，称为第15集团军群。

蒙哥马利的第545特遣部队的参谋部，于2月22日在开罗开始工作。登普西少将被选拔来领导这一参谋部。登普西本来是从英格兰调来接管编余的第13军司令部的，现在只好让他先负责第545特遣部队的参谋部工作。因此，第8集团军最初阶段的“赫斯基”行动作战计划，是由登普西负责制订，直到4月中旬德·甘冈摆脱了西部战场的事务，到开罗来接管他的参谋长职务时为止。然后，他才去专门处理第13军的具体问题。登普西是一个从不夸大的人，他认为蒙哥马利在制订“赫斯基”作战行动的最后计划中，起了决定性作用。

英国和美国的计划人员并不是从一张白纸开始计划这次战役的。早在1941年，英军就认真研究能不能在强大的“十字军”进攻作战中扩张战果时，进攻西西里，结论是不能。然后，1942年11月，英国的参谋长委员会提出了一个进攻西西里的概要计划，但这个计划的严重缺点是兵力十分分散。亚历山大曾建议对此计划作一些小而重要的改动；除非十分必要，不要分散使用各师；用伞兵夺取海滩，而不是夺取机场。这个计划实际上已在3月13日由艾森豪威尔原则批准，但蒙哥马利却不予批准。登普西提醒蒙哥马利注意这一点，于是蒙哥马利给亚历山大发了下述电报：

“我认为伦敦制订的这个计划背离了实际作战的一切常识性规则，完全是理论性的。它没有任何成功的希望，应当重新制订。”

接着，他就动手来制订计划了。从这时起到计划制订出来，以及最后被接受为止，连续进行了许多次曲折复杂的辩论。蒙哥马利始终认为，西西里战役的关键问题，是适当地集中兵力，成功地夺取包括卡塔尼亚、锡拉库萨和奥古斯塔等港口在内的西西里岛的东南角。但同时他也认为，如果放弃夺取其他港口和机场，也是错误的。

4月23日，蒙哥马利离开昂菲达维尔，到开罗去与德·甘冈及其幕僚人员讨论“赫斯基”计划。这时已经制订出7个计划，但没有一个使蒙哥马利感到满意。4月24日，他给亚历山大发了一份很长的电报，包含3个要点：一、所有的计划都有毛病，因为每一个人都想从自己制订的永远不可能获得成功的计划中获得好处；二、蒙哥马利坚决要求制订他自己的集团军的计划；三、第8集团军必须在锡拉库萨和南部的帕基诺半岛之间登陆。接着，他补充说：“我不能判断这种解决办法会对整个战役产生什么影响。”

4月29日，亚历山大决定在阿尔及尔举行会议，蒙哥马利因卧病在床，便让利斯代他前往。从会议上的审议情况看，蒙哥马利的解决办法

< 西西里战役前，蒙哥马利向部队官兵讲话。

< 蒙哥马利离开北非前与机组人员交谈。

产生了很大的影响。特德拒绝了蒙哥马利的计划，理由是，按这个计划不能夺取大量机场，并且不能保证获得空中优势。而坎宁安则认为，这个计划不能保护靠近海岸的船只免遭空袭。但亚历山大认为，从陆军的观点来看，这个计划的基本概念是正确的。于是，艾森豪威尔行使他的权力了，他于5月2日召开了一次最高级会议。在会议上，蒙哥马利提出了一个全新的计划。根据这个计划，美国人要放弃在战役初期夺取巴勒莫的主张，改为在南部的杰拉一带海岸登陆。而第8集团军则仍在他原来建议的地方登陆。也许这是进攻西西里的最好计划。蒙哥马利抓住了实质性问题，并且拒绝作出任何让步。结果，他的计划成为最后被采纳的进攻西西里的计划。

虽然蒙哥马利的计划是正确的，在战役初期，它却把美国人降低

∧ 亚历山大将军被任命为西西里战役地面行动总指挥官。

> 登陆后的英军部队。

为一个次要角色。巴顿不是一个甘居次要地位的人，因此，这必然会伤害他的感情。这一点，艾森豪威尔是完全清楚的，但出于对共同事业的忠诚，他还是接受了蒙哥马利的计划。

蒙哥马利的进攻计划被接受之后，英军与美军的地面行动，实际上已浑然一体。双方在战斗中都需要相互的直接支援，其后勤也需要相互帮助。显然，协调、指挥与控制，需由一位集团军司令和一个联合参谋部负责。蒙哥马利向亚历山大提出了这一看法，亚历山大表示赞同，于是向艾森豪威尔提出，但艾森豪威尔未表同意。他认为，组织上还是英、美两支军队分开，但归亚历山大统一指挥。

进攻西西里的作战计划的制订者和其他人都专心地考虑在何处登陆，却没有人研究西西里战役应该怎样展开。蒙哥马利认为，为了快速占领西西里岛，防止驻岛敌军逃回意大利，应该制订一个总体计划。因此，他提议：

“两支军队并肩在南岸登陆后，应该迅猛地向北挺进，把这个岛屿切成两半。接着组织一个西向的防御翼侧。两支军队集结起来迅速驰往墨西拿，以防止敌军渡越海峡逃跑。海、空军也必须紧密合作，不使任何敌军由海上逃跑。”

亚历山大表示同意，但后来仗却不是这样打的。

7月10日凌晨，第8集团军开始登陆，尽管风和海浪很大，但蒙哥马利的要求还是达到了。第5师的皇家苏格兰燧发枪团于当日傍晚占领了锡拉库萨。在诺托湾登陆的第30军也取得了胜利。英军第一天就攻占了宽100公里、深10～15公里的登陆场。

美军的作战要艰难些。他们在南部海岸的登陆受到了风和海浪的很大影响，而且岸上敌人的抵抗也更积极些。还遭到了几次骚扰性空袭。尽管如此，到这一天结束时，美军3个师的突击部队还是上了岸，进占了杰拉和利卡塔，夺占了3处各宽12～15公里、深3～5公里的登陆场。

如果说墨西拿是意大利的大门的话，那么具有许多丘陵和大山群的埃特纳火山就是这扇大门的门槛了。埃特纳火山耸立在卡塔尼亚平原的北面，它俯视着西西里

∧ 英国空军对德军进行了地毯式的轰炸，很多德军坦克起火燃烧。

这个三角形岛屿的东南角。如果要从南面或西面接近和占领墨西拿，就必须经过埃特纳。虽然从任何地图上看，这种地理要求都是十分清楚的，但作战计划却没有把一旦登陆成功以后，怎样到达墨西拿这个问题讲清楚。

7月12日，蒙哥马利给亚历山大打电报说：

“我的作战情况非常好……我建议让我的集团军向北进攻，以便将这个岛截成两半。”

但是，在蒙哥马利看来，这样做需要把美第7集团军用作一种静止的翼侧警卫部队。而巴顿的雄心更大，到7月13日的时候，他已经注视着巴勒莫了。那天，亚历山大去看望巴顿时，允许巴顿有限地向前推进。

> 1943年7月，蒙哥马利在西西里岛南岸登陆后乘水陆两用车进入城区。

傍晚刚刚回到司令部，亚历山大就接到蒙哥马利的电报。蒙哥马利在电报中说，在断裂多山的西西里岛作战的指挥官，必须拥有可供使用的良好公路，而当时只有两条良好的公路可供第8集团军使用。一条是经过埃特纳火山的东翼侧，大致向北延伸的114号公路，蒙哥马利准备让第13军使用这条公路。另一条是向西北方向延伸而经过卡尔塔吉罗内－恩纳－莱昂福泰的124号公路，这条公路将使他的部队能够迂回驻守在卡塔尼亚平原上的德军。但是，124号公路位于美军的作战地幅内，而且布莱德雷也像蒙哥马利所打算的那样，准备把这条公路用作第2军的进攻轴线。令人不安的是，英军偷偷地抢先使用了这条公路。美军于7月13日傍晚，在124号公路上发现了第51高地师。

午夜时分，亚历山大下达了一个“绝对命令”，指示布莱德雷将这条公路移交给蒙哥马利。这样，亚历山大就好像是用盐来擦巴顿和布莱德雷的伤口。由于蒙哥马利的鼓吹导致了“赫斯基”作战行动计划的修改，从而降低了美第7集团军的作用。现在，在亚历山大的纵容下，蒙哥马利又从他们手中抢走一条宝贵的公路，以便他得意扬扬地进入墨西拿，甚至不允许美军向巴勒莫推进。巴顿是一个军人，他服从了命令。

但是，美军交出124号公路并没有产生预想的结果。无论是蒙哥马利的希望也好，还是美军的担心也好，都没有成为现实。7月13日，希特勒决定迅速赶调两个师到西西里，另外再加上一个由赫布将军领导的军司令部。此外，墨西拿海峡的控制和防御已经完全“德国化”，并且随着战斗的发展，德国人接管了作战指挥，特别重要的是，接管了意军撤离西西里岛的指挥。

因此，西西里战役的胜利变得困难了。由于蒙哥马利的两条进攻轴线都进展缓慢，亚历山大向帝国参谋总长报告说，他打算用第13军经由卡塔尼亚向墨西拿进攻，并派埃特纳火山西面的第30军先到圣斯特凡诺海岸，然后再转回来向墨西拿进攻。实际上，亚历山大是想对蒙哥马利施加压力，要他抢在德军继续加强防线以致能够从意大利本土调来增援力量以前，拿下墨西拿。

7月16日，亚历山大以指令的形式，把上述计划下达给各集团军指挥官。这个指令严重地伤害了美国人的感情。美第2军军长布莱德雷说道：“它证实了我早先的疑虑，只有蒙哥马利才被允许去进攻墨西拿。”巴顿深信自己也能到达墨西拿，对分配下来的任务十分不满，因为分给他的任务，是对付岛上力量较弱一端的敌人。于是他乘飞机去找亚历山大讲理，要求得到向巴勒莫推进的许可。亚历山大权衡形势之后，批准了巴顿的要求。然而，从理论上讲，蒙哥马利的第8集团军仍然是主要的打击力量，亚历山大希望该集团军所属各师能够通过卡塔尼亚和恩纳两条进攻轴线到达墨西拿海峡。7月16日，蒙哥马利发给亚历山大的电文称，希望“今晚就到达卡塔尼亚”。蒙哥马利发给他的乐观电文，助长了他的这种希望。

7月22日，巴顿的部队抵达西西里岛北岸，进占巴勒莫。而在头一天，蒙哥马利由于命令第13军在卡塔尼亚前面转入防御，并决定用第30军在左翼进行主攻而遭到了一次局部失败。7月25日，亚历山大召开了一次协调会议。会上美国第2军受领了向东突进的任务。到7月27日，美军就占领了圣斯特凡诺和尼科西亚，而从南面开上来的第30军加拿大师则占领了阿吉拉。这样，第15集团军群终于到达敌人主要防线的边缘了。

然而，从7月26日起，这条防线起了新的变化，因为墨索里尼于7月25日这天被赶下台了。

从墨索里尼下台起，原来就不积极抵抗的意军更是成批地投降。德军指挥部不得不只靠自己的兵力防守西西里岛。第14坦克军所辖的“戈林”坦克师、摩托化第15师和刚调到岛上的摩托化第29师，奉命扼守西西里岛东北部圣斯特法诺、尼科齐亚、卡塔尼亚一线。可是，德军既无力完成这一任务，又无得到增援的可能。于是，凯塞林于7月27日命令赫布进行撤离准备。因此，德军当时的任务就是尽可能快地、尽可能安全地撤离西西里。

英美军在增调兵力后，于8月4日对德军防御进行突破。经过长时间的航空火力和炮火准备之后，英军首先发起进攻。到8月5日，第13军推进到埃特纳火山与大海之间的狭长地带，而第30军则推进到了火山另一侧的丘陵地带。8月6日，第13军占领卡塔尼亚。但是，蒙哥马利还必须艰苦作战到底，他甚至把已经抽出来准备进入意大利本土的第5师又调回了前线。第8集团军的突击队最后于8月16日傍晚进入了墨西拿，但接待他们的却是美军第3师的第7步兵团。原来巴顿一直让他的部队沿着北面的海岸推进，沿途只遇到一些退却的意大利军队，而没有遇到坚决的抵抗，因此美军比英军早一步进入墨西拿。

在西西里战役中，意军伤亡约13.2万人（主要是战俘），德军伤亡约3.2万人，盟军伤亡2.28万人，其中伤1.44万人，亡5530人，失踪2870人。毫无疑问，西西里战役是一次胜利的战役，但胜利中隐藏着失败。太多的德国人逃跑了。据德军最高统帅部18日的统计数字，德军大约撤走了60万人，意军大约撤走了75万人。此外，德军还撤走了9605辆车辆、47辆坦克、97门大炮和1.7万吨弹药。

>> 告别第8集团军

西西里打下来之后，下一步该怎么办？没有明确的计划。蒙哥马利在他的《回忆录》中写道：

“我们曾经提出向欧陆进军，但一旦打到那里之后，战斗该怎么展开，心中无数。直到西西里战役结束那天，即8月17日，我们才把要在意大利登陆的地点大致上决定下来。就第8集团军来说，我必须于8月

∧ 蒙哥马利在西西里岛与美国巴顿将军交谈。

30日把军队渡过墨西拿海峡，但是‘目标’不明。”

意大利战役的方针和原则缺乏明确性，倒不是因为最高统帅部的指挥出现失误，而是因为英美之间在战略原则上长期存在意见分歧。1月的卡萨布兰卡会议同意了进攻西西里。5月初在华盛顿举行的“三巨头会议”，把地中海地区的未来事态发展列入了议程，但会议给艾森豪威尔下达的指示，也只不过是“利用‘赫斯基’战役的战果，计划一次足以使意大利退出战争并牵制住最大量德军部队的战役”。

甚至在8月举行的魁北克会议上，英美一致同意的方针，也是用极其含糊的言辞表达的。因为以马歇尔为首、并在很大程度上得到罗斯福总统支持的美军，把横渡英吉利海峡进攻欧陆放在第一位，害怕卷入地中海地区的政治纠纷。而以丘吉尔和布鲁克为首的同样强大的英军，则按照英国的传统方式，谋求通过“打垮支持者”来摧毁德国，并且认为，特别是在面对俄国挑战的情况下，沿地中海北岸作战在政治上有很大好处。因此，对进攻欧陆是不热心的。这样，艾森豪威尔就处于左右为难的境地。从这些争论中产生的进攻意大利的方针，就成了一种政治上的折中方案，而政治上的折中方案对一个军人来说，只能提供短期目标，很少能提供长期目标。

因此，艾森豪威尔很难给他属下的指挥官规定一个明确的指导方针。在7月31日到9月8日这段时间里，英美军制订出许多作战计划，其代号分别为"酒杯"、"敲板"、"滑膛枪"、"煽动叛乱者"、"硫黄"、"支柱"、"巨人1"、"巨人2"、"雪崩"和"贝镇"。在这么多的计划中，只采纳了最后的两个。

"雪崩"是马克·克拉克将军的第5集团军9月9日在萨莱诺突击登陆的代号，以那不勒斯港为作战目标。但在实施"雪崩"计划之前，要实施"贝镇"计划。"贝镇"计划由蒙哥马利负责实施，其目的被亚历山大亲笔写在半张纸上：

"你的任务是在意大利半岛的趾部地带获得一个桥头堡，以便我海军部队通过墨西拿海峡作战。如果敌军从意大利南部，即趾部地带撤退，你要全力追击。记住，你愈能把意大利南端之敌拖住，那么你对'雪崩'军事行动的贡献就愈大。"

9月3日凌晨4点30分，第30军的炮兵部队开始猛烈轰击墨西拿海峡对岸。由于他们从巴顿的第7集团军借来了80门中型炮和48门重型炮，这次炮击的火力格外猛烈。与此同时，海上的15艘战舰轰击了海峡南端的敌防御部队，驻在内陆的重型轰炸机也赶来助威。在节日般的欢乐气氛中，大约300艘登陆艇和渡船把第13军的第5师和加拿大第1师送往对岸。

他们未遇敌军抵抗即登陆成功。上岸以后，他们迅速占领了勒佐加拉勃利亚，并沿狭窄山路开始向北挺进。此时，阻碍部队前进的已不是敌人，而是一处处废墟和难走的路。尽管如此，到9月10日，蒙哥马利的部队还是到达了卡坦扎罗一线，在7天之内前进了200公里。

蒙哥马利的部队到达得很及时，因为当时在萨莱诺登陆的克拉克的美军几个师的处境十分危险。当天下午，亚历山大给蒙哥马利发来紧急电报，要求他对德军保持压力，以便挽救"雪崩"军事行动。蒙哥马利做出了当时情况所允许的最大努力。但他十分缺乏后勤运输能力，作为他的两个师的进攻轴线的道路质量，都不是很好。第8集团军对于从西西里运来的供应物资，没有优先使用权。他还必须采取步骤夺取并使用克罗托内机场，以便出动更多的战斗机对萨莱诺进行猛烈打击。

因此，他尽可能将轻装甲部队推进到最远处，并用加拿大第1师在9月11日夺取了克罗托内，还打算让第5师和加拿大第1师继续向前进攻。同时，他还必须把塔兰托接管过来，因为第1空降师已于9月9日在那里空降，并夺取了一个小桥头堡。凭借这个桥头堡，他就可以计划把印度第8师从埃及调来在那里登陆，并且把富有作战经验的第78师从西西里开来。

从那时起，第8集团军在意大利的作战过程，就是从一条河向另一条河稳步推进的过程。

夺取桑格罗河及河岸后部地区之战，是蒙哥马利在意大利进行的最后一次战役，也是他

∨ 蒙哥马利向所属加拿大部队官兵讲话。

在意大利进行的第一次重要的“蒙哥马利式”战役，但它从一开始就注定要失败。这倒不是因为蒙哥马利的指挥有什么过错，而是因为德军的战线已经大大地加强了。但真正破坏了蒙哥马利的整个计划的，却是恶劣的天气。

可惜蒙哥马利已不能在那里待到明媚的春天到来，那时田野里将开满鲜花、道路也会好走。在意大利还有许多荣誉等待着第8集团军去夺取，但第8集团军已不再由蒙哥马利指挥了。12月24日，蒙哥马利一早就被唤醒，因为陆军部来了一封电报，命令他返回英国接替佩吉特，指挥第21集团军群，一支用来开辟“第二战场”的英国部队。

奥利弗·利斯受命接替蒙哥马利任第8集团军司令，并将于12月30日到任，蒙哥马利则定于12月31日离任。

蒙哥马利于12月27日先飞往阿尔及尔看望他未来的最高统帅艾森豪威尔和继续留任最高统帅参谋长的比德尔·史密斯。艾森豪威尔告诉蒙哥马利说，最初的地面战斗将由蒙哥马利完全负责，驻英格兰的几个美国军团在进攻欧陆开始日，及其以后的作战中也将由他指挥。他们讨论了英美军队在参谋机构一级的合作的必要性。然后，蒙哥马利于12月28日下午返回在意大利的作战指挥所。

> 艾森豪威尔与蒙哥马利在一起。

尽管沙漠时期的第8集团军已不复存在（因为第50师、第51师和第7装甲师已返回英格兰），但蒙哥马利的业绩、名声和威望却是和第8集团军紧紧地联系在一起的。要离开这支心爱的部队，他有些恋恋不舍。在12月28日从阿尔及尔飞回意大利的飞机上，他满怀深情地写好了对第8集团军的告别文告，并安排在他离任后，于1944年1月1日向全体官兵宣读。

12月30日，蒙哥马利在瓦斯托城举行告别会，向第8集团军总司令部的官兵们告别。他邀请了军长们到会：登普西和利斯，当然还有新西兰师长弗赖伯格和负责沙漠空军的布罗德赫斯特。正厅里济济一堂，他十分激动地向他们作了告别演讲。然后，在大家的欢呼声中缓步走向敞篷汽车。当天夜里，他向奥利弗·利斯办了移交。

第八章

举世壮举前的沉寂

1887-1976 蒙哥马利

蒙哥马利视察了在英国的各个部队，几乎所有将参加诺曼底作战的官兵都见到了他，并听过他的讲话。被他检阅的人肯定已超过了100万，同时他也被100万以上的官兵检阅过。他这样努力地争取所属官兵——英国人、加拿大人、美国人、比利时人、波兰人、自由法国人与荷兰人，对他的信任……

>> 参与策划“霸王行动”

在除夕之夜，丘吉尔把“霸王”行动计划草案交给蒙哥马利，要他看完后提出自己的看法。“霸王”行动是进攻诺曼底的代号。尽管蒙哥马利不愿意，但丘吉尔还是坚持要他把那个计划草案读一遍，然后谈谈他的初步印象。

艾森豪威尔于12月31日下午先于蒙哥马利到达马拉喀什，他回国路过这里，他准备在就任“霸王”行动的最高统帅之前，回去同罗斯福总统磋商。他对蒙哥马利说，他只知道这个计划的大概，看来不怎么好。他指示蒙哥马利，在他回国期间作为他在伦敦的代表，对这个计划进行分析和修订，并在他1944年1月中旬左右返回伦敦时，把这个计划准备好交给他。艾森豪威尔只作了短暂停留，1月1日黎明，他就飞往美国了。

蒙哥马利知道，除夕之夜的宴会将持续很久，因为首相一定要在迎来新年之后才肯离去。于是，他借口要读“霸王”计划，晚宴一结束，便告辞回自己的房间去了。

蒙哥马利花了一些时间阅读那个计划，并写了读后的初步印象。第二天早晨，他把一份打字报告送给还没有起床的丘吉尔。蒙哥马利在这份报告中写道：

“最初登陆的正面太窄，局限于过分狭窄的地带。

“从大举进攻欧陆开始之日算起，12天内总计有16个师在最初登陆的滩头上登陆。这会在滩头上引起可怕的混乱，地面战斗即便可以开展，也会极其严重地影响其顺利进行。

“此后，将有更多的师不断向同一些滩头拥来。到大举进攻欧陆开始日后的第24天，在同一些滩头登陆的兵力将达24个师之多。到那时，要管好这些登陆滩头将非常困难。混乱状况不仅不会得到改善，反而会日益恶化。

“我的初步印象是：这个计划行不通。”

蒙哥马利断然地拒绝了这个计划。但这个计划已经经过了多次严格审查。在1943年8月中旬的魁北克会议之前，英国参谋长委员会就通过了这个计划。在魁北克会议上，经过多次讨论后，联合参谋长委员会作了这样的记录：“我们已经批准了摩根将军的‘霸王战役’的纲要计划，并授权他继续制订详细计划和进行全面准备。”丘吉尔也同意了这个计划。他宣称：“应当尽一切努力为首次突击至少增加25%的力量。”并建议还应在瑟堡半岛东部科唐坦海滩登陆。摩根将军的纲要计划建议：对西欧的这次决定性进攻应当采取“突击巴约附近的诺曼底海滩”的形式，并且最初只用3个师进行突击。

用一支规模小于第一次突击西西里海滩和萨莱诺海滩的部队来突破“欧洲堡垒”的防线，显然是不可能的，但当时谁也没有指出这个建议的问题。然而，蒙哥马利却一眼就指出了盟军最高司令部参谋长的计划的主要缺点。因此，丘吉尔对蒙哥马利所提的意见很感兴趣。他说，他总认为拟议的作战计划有些问题，但因三军参谋长赞同，他也没有办法。现在一位有实战经验的指挥官为他作了分析，提供了他所需要的情况，他很感激。

蒙哥马利不愿在上任之前就同伦敦的作战计划者闹矛盾，因此要求首相退还意见书。丘吉尔不肯，但他答应只把它作为背景材料供他个人使用。

第21集团军群司令部设于西肯宁顿，在蒙哥马利的母校圣保罗学校里，他的办公室就是原来的校长办公室。故地重游，蒙哥马利不禁感慨万端。

第21集团军群司令部原由英国本国部队统帅部组成，建立将近4年。它是一个没有见过多少世面的司令部，从未去过海外，也没有什么作战经验。高级军官大多长期在司令部工作，墨守成规成性。面对有点死板的“参谋气氛”，蒙哥马利认为至关紧要的是注入新鲜血液，补充有战斗经验的高级参谋人员。于是，就让他从意大利带来的高级军官立即接管了一些部门的领导岗位，在德·甘冈领导下开展工作。结果，被撤换的人十分不满。

第21集团军群是英国所能提供的最后一支重要力量，它属下的部队既有经历了战争爆发以来的一切陆上战斗的部队，如第7装甲师、第50和51高地师、第3师，也有没有经历过战斗的部队，如第43、第15英格兰师和第11装甲师。为了提高没有打过仗的部队的作战能力，蒙哥马利把一定数量的富有作战经验的军官调往没有作战经验的部队，以传播作战经验。这是一项棘手但十分有意义的工作。

1月13日，蒙哥马利把他属下的几个集团军的将军们召到圣保罗学校开会，向他们介绍他的作战原则以及他指挥作战的方法。在讨论中有人提出，为了进行“霸王”行动，需要对师的结构进行一些调整。这件事虽然过去已向陆军部报告过，但陆军部未采取任何行动。于是，蒙哥马利下令立即进行调整。陆军部有几个代表参加了这次会议，他们立即把蒙哥马利这种“新官上任三把火”的不合常规的行动报告给他们的主子。陆军大臣詹姆斯·格里格对蒙哥马利不把陆军部放在眼里，非常生气。蒙哥马利为此感到十分烦恼，因为没有陆军部的支持，他便无法使军队做好准备。于是，布鲁克建议他们共进午餐。午餐时，蒙哥马利向格里格解释说，要办的事很多，而时间又非常紧迫，请他原谅他操之过急。真是不打不成交，这件事却使蒙哥马利与格里格开始建立起终生的友谊。

蒙哥马利一面整顿他的司令部和调整他的作战部队，一面迅速地调查和分析“霸王”计划。比“用多少兵力登陆”这个问题更为重要的，是“在何处登陆”的问题。这个根本问题令人满意的答案只能是一系列次要问题的答案的总和，而每个次要问题都有其独特的重要性。

∧ 1941 年初，蒙哥马利与布鲁克、亚历山大等在一起。

哪些港口可以夺取，以用来保障物资供应？什么地方可以肯定得到至关重要的战斗机的掩护？所建议的登陆滩头是否足够坚固，坡度是否适当？涨潮落潮的时间是否适当？如果你登上了滩头，你能够脱离开吗？海滩有没有出口？海滩后面是什么样的地带？海滩是否适于部队展开、以便扩大滩头堡并为增援部队腾出地方？前沿机场能够迅速建立起来吗？敌人部署在什么地方？敌人在当地可立即投入使用的兵力有多少？有多大的增援能力？只有诸如此类的问题都能得到明确的答案，才能最后选定登陆地点。

蒙哥马利抵达伦敦后不久，盟军最高司令部参谋长摩根就向他和德·甘冈汇报了进攻欧陆开始日的最新计划。这次汇报表明，摩根及其参谋班子对上述所有问题进行了大量研究，积累了丰富的资料。

摩根及其参谋班子的研究主要继承了“联合作战指挥官小组”以前的研究成果“西北欧大规模战役的突击区域的选择”。这份文件驳斥了多点进攻的概念，在对地形进行了仔细考察后，确定诺曼底西部的塞纳湾为最好的主要突击目标。盟军最高司令部就是围绕着这一主要突击目标考虑问题的，交给最高统帅艾森豪威尔和蒙哥马利的那个计划，就是建议用3个步兵师在空降兵的伴随下，向塞纳湾的海岸突击。

盟军最高司令部参谋长详细地向蒙哥马利介绍了这个计划，但蒙哥马利仍对此计划十分不满。他对目标的选择没有异议，但认为进攻正面太窄，突击力量太弱，指挥安排不妥。因此，他下令进一步研究在布列塔尼以及科唐坦半岛两侧登陆的可能性。研究结果表明，塞纳湾更为可取。从那以后，塞纳湾就被最后确定下来了。塞纳湾被称为“海王星”区域，因此“海王星”是进攻欧陆开始日的实际突击代号。

蒙哥马利建议扩大进攻欧陆开始日的正面，以便能够从科唐坦半岛底部维尔河口以北区域延伸至奥恩河东侧。这需要由两个集团军并肩进攻，即第21集团军群在左面以3个师进攻，而美国的第1集团军则在右面以2个师进攻。原计划建议所有登陆部队均由一个军司令部或特遣部队司令部控制。经蒙哥马利修改的计划则提供了一个更强有力的、更简单的指挥结构。力量增强是显而易见的，而指挥结构更加简单则是因为这两个国家的军队都有自己的进攻和扩张战果的区域，因此供应物资和增援部队能够毫不混乱地进入各自的区域。该计划规定，为方便起见，美军应全部在右面登陆，因为美军部队都集结在联合王国的西部，而且直接从美国运来的人员和物资要在瑟堡卸载。此外，新计划的进攻方案能保证各个军控制自己的滩头区域，因而能使后续部队和增援部队的流动较为容易。

最后，新的进攻方案还意味着，在蒙哥马利同各集团军司令官以及军和师之间有了正常的指挥系统，用蒙哥马利的话来说，就是“海王星”行动变得“干净利落”了。

艾森豪威尔到伦敦正式就任最高统帅后，蒙哥马利于1944年1月21日，把修改后的纲要计划呈送给他，并获得了他的批准。接着联合参谋长委员会认可了艾森豪威尔的批准。于是，“霸王”行动和“海王星”行动开始显得现实化了：有了最高统帅及其司令部；有了陆、海、空三军总司令，并且都已任命和行使职权；有了切实可行的计划，一切都开始显出很干练、很有希望的样子。

蒙哥马利在完成了“霸王”计划的修改工作后就认识到，“霸王”行动能否成功将取决于能否把另一个代号为“铁砧”的行动降为仅起恫吓作用的行动，从而把节省下来的登陆舰艇用于“霸王”行动。“铁砧”是盟军拟在法国南部的土伦以东地区的登陆行动。盟军中的美法部队将从意大利战场调来。这是美国方面的意见，英国政界和军界对此却不以为然。美国人认为，必须把“霸王”与“铁砧”行动当作一个整体来看，“铁砧”将牵制法国南部的

★戴高乐（1890～1970）

法国总统，将军，政治家、军事家。参加过第一次世界大战。二战爆发后，在第5集团军服役。1940年7月，组建成第一支"自由法国"部队。10月在非洲建立"保卫帝国委员会"。1942年，将自由法国改为战斗法国。1943年任全国解放委员会主席，领导了在北非的战役。1944年6月将全国解放委员会改名为法兰西共和国政府，8月进驻巴黎。1946年1月辞职退出政府。1958年当选为法兰西第五共和国总统，1965年连任。1969年4月离职。

敌军，因而有助于"霸王"行动。法国人喜欢"铁砧"行动，因为戴高乐★想要一支由法国总司令统率的法军，以解放法国领土。斯大林也喜欢这个行动，因为这样俄国人便可抢在西方盟军之前，先进入维也纳。蒙哥马利和丘吉尔两人都不喜欢"铁砧"行动，并主张完全放弃它。理由有二：一是"霸王"行动必须配备足够的登陆舰艇；二是"铁砧"行动会削弱盟军在意大利战场的兵力，而那时正是抢在俄国人之前到达维也纳的良好时机。

4月7日，蒙哥马利在伦敦召集了4个野战集团军的全体将领，详细介绍了他的计划。海、空军总司令也提出了他们的计划纲要。有了一个一致同意的计划之后，蒙哥马利便把细节问题交给德·甘冈和他的参谋班子去做，自己则集中精力去解决下一个重要问题——使每个人

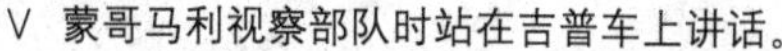

∨ 蒙哥马利视察部队时站在吉普车上讲话。

对高级指挥官产生信心，巩固人民对军队的信任。

1944年春，蒙哥马利乘坐国内武装力量总司令曾经使用过的“轻剑”号专列，开始不拘形式地访问将要参加“霸王”行动的每一支部队。他每天检阅部队两三次，每次万把人或更多些，计划到5月中旬时能够和100万以上的官兵讲话。

受阅部队整好队，排列成方阵，准备接受检阅。蒙哥马利同各部队指挥官个别谈话，然后命令队伍面向内，他缓步通过行列，使每个人都能见到他。这时，士兵们“稍息”，可以转动，也可以一直瞧着他。他们相互检阅，花时不多，但对彼此都有好处。蒙哥马利写道：

“开始的时候，我得引起他们的好奇心。他们评头品足之后，我便站在吉普车车头上同官兵们作朴素的、十分简单的讲话，扬声器用不用，视情况而定。我说，我们互相了解很有必要，我们要同心协力地完成面临的任务。我告诉他们德军在作战中是怎样打仗的，我又怎样去打败他们。假如我们对作战计划有信心，相互信任，就能完成任务。我是他们的总司令，我们已经看清了彼此的面孔。经过这次见面，我对他们有了绝对的信心，我希望他们对我也有同感。”

< 蒙哥马利视察部队时与副官商讨问题。

至5月中旬，蒙哥马利已经视察了在英国的各个部队，几乎所有将参加诺曼底作战的官兵都见到了他，并听过他的讲话。被他检阅的人肯定已超过100万，同时他也被100万以上的官兵检阅过。他这样努力地争取所属官兵——英国人、加拿大人、美国人、比利时人、波兰人、自由法国人与荷兰人——对他的信任。这是件相当辛苦的事情，但它却产生了很好的效果。比德尔·史密斯在6月22日主动寄给蒙哥马利的一封信，客观地说明了这一点。史密斯写道：

> 1944年3月9日，蒙哥马利在伯明翰工厂为工人演讲。

亲爱的将军：

我刚从一个最可靠和消息灵通人士方面，接到一份关于战斗中的美国部队的态度和思想状况的报告。作者完全是公正的。他的报告有如下的段落，我希望你读后也会同我一样感到高兴：

“对于最高指挥官的信心，堪称空前。登船待发的大批战士异口同声地把蒙哥马利将军当作英雄来崇拜。他们一致认为，除了他友好、真挚的感情和朴实的作风吸引着全体官兵外，最使他们感动的是（据我所知，这近乎传奇），将军看望了部队的每个战士，告诉他们说，他比谁都急于早日结束战争，让大家回家团聚。这留下了热情而难忘的印象。”

以上是逐字逐句的引语。我同美国士兵相处多年，深知他们天生地对一切外国东西不信任。我较你更能体会到，由于你领导有方，激励了人们的感情与信心。

你忠诚的比德尔

除了鼓舞军队外，还要鼓舞人民，巩固人民对军队的信任。蒙哥马利坚信，要使他的战士的战斗意志不因大后方人民的淡漠无情或怀疑态度遭到削弱，要使今后战争的供应物资和弹药不因工业人员倦怠而受到限制，就必须对精疲力竭的、对战争感到厌倦的公民进行鼓舞。因此，在军需部的赞助下，蒙哥马利访问了许多工厂，特别是那些加班加点生产“霸王”行动所急需的装备的工厂。他应邀向每个工厂的工人演讲，但他所讲的内容大体相同：“不论是在前线作战的士兵，还是国内生产战线上的工人，我们都属于一支伟大的军队。我们的共同任务，是把工人与士兵连成一个整体，决心摧毁德国统治欧洲和世界的野心。”

∨ 诺曼底登陆前盟军进行了大量的演习。

>> 大战前的演习

蒙哥马利在进攻欧陆开始日前几个月里所做的这种"竞选式"旅行，虽然起了相当的作用，但政界却不赞同，引起了一些人的忧虑，并开始议论这件事。也有一些人暗示他应"停止"这种访问。但蒙哥马利不予理睬，因为他觉得自己是应该这样做的。

4月7日和8日，"霸王"行动的宣传教育工作在蒙哥马利司令部举行的为期两天的演习中达到了高潮。盟军各集团军的将领们都参加了这次演习。布鲁克对蒙哥马利的演习反应是"精彩极了"。一致的意见是，这位总司令向他的高级部属表明，他完全掌握了"霸王"行动。

蒙哥马利解释说，"海王星"区域分成5个独立的登陆点，每个登陆点都用一个代号加以区分，并分配给一个不同的部队。在"海王星"行动完成以后，第二个主要步骤是进一步采取进攻行动以便把这几个部分连成一片，形成一个滩头堡。已经组织了两支海军特遣部队，一支用来保障美军的登陆，一支用来保障英军的登陆。空中支援将采取大规模和多样的形式，在这一天，各类飞机的总数，英军达到5510架，美军达到6080架，总计11590架。

这就是蒙哥马利向他麾下的将军们提供的进攻欧陆开始日的概略图景。

蒙哥马利把卡昂城及其邻近区域作为盟军整个战线必须围绕着它旋转的枢轴。德军一定会拼命保卫卡昂，或者在该城被夺后努力收复它，因为卡昂是诺曼底地区的主要交通中心。如果第21集团军群能够在卡昂周围吸引住和消耗掉大部分德军装甲部队，那就能使盟军战线的其他部分越来越向东弯曲延伸，直到最后加拿大第1集团军突进到鲁昂北面的塞纳河边，英国第2集团军突进到鲁昂与巴黎之间，而美军则突进到巴黎以南。这一战略原则将使英军卷入一场进展缓慢的"激烈战斗"，只能攻占很少地盘；而美军一旦击溃敌人的最初抵抗，就有机会实现引人注目的突破，它的装甲部队可以向东猛冲。

蒙哥马利判断隆美尔在1944年的总方针是："不打算在他自己选择的阵地上打坦克战，而是把他的坦克部署在前沿来完全避免坦克战。"他的情报处长威廉斯准将对隆美尔的意图的判断则是："如果隆美尔不能在海滩上'给我们送行'，那他将设法把我们'隔离'在海滩上。"

他们两人的判断都是正确的，那正是德军指挥部在诺曼底所采用的战术。作为一种抵抗方法，这种战术对蒙哥马利的进攻十分有利。

但是，令人不安的是隆美尔防御计划的其他方面。自从隆美尔的"B"集团军群接管"欧洲堡垒"西北海岸的防御以来，他就用罕见的精力和才智来改善德军的防线。他使在内陆布设地雷的速度提高了3倍，在盟军进攻开始日前共布设了约500～600万颗地雷。对可能的空降区域的空中侦察照片表明，诨名为"隆美尔桩砦"地区的面积惊人地增大了。所谓"隆美尔桩砦"，就是由楔人地面的、彼此相隔很近的许多大木桩构成的森林。这些大木桩能够把

< 德军在海滩构筑的障碍物。

< 德军“B”集团军群司令隆美尔（左三）在大西洋壁垒防线视察。

滑翔机的底部刮破。然而，最使人烦恼的则是有迹象表明，敌人在海滩上的活动已经加强。从2月份起，情况就变得很清楚，敌人在每一个可能登陆的海滩上修建了各种形状、各种大小的障碍物：“菱形拒马”，用2米长的钢梁捆绑在一起，形成一组尖状物，可将登陆艇扎穿；一吨重的角锥形桩砦；带有一触即炸的地雷和爆破筒的桩子等。障碍物从高潮线开始设置，逐渐向海里延伸，到6月时，已经快设置到半潮线了。这样一来，登陆艇的艇长在登陆的最后几秒钟内可能碰上的问题大大增加了。

但这些问题同蒙哥马利及其海军顾问们面临的那个根本问题相比，就不算什么了。即使登陆艇已经进入海滩，几千人的登陆行动直至安全上岸的过程中所碰上的事，也会使许多年的准备、计划和生产劳动付诸东流。因为，如果登陆不成功，那就不可能有后续部队，如果没有后续部队，那就没有增援。没有“海王星”行动，也就没有“霸王”行动。如果选择高潮线登陆，可以肯定，将有一大部分登陆艇被扎穿洞；如果选择低潮线登陆，同样可以肯定，在步兵通过德军炮火射击的开阔海面时将发生重大伤亡。蒙哥马利权衡了所有的因素后，决定在高潮到来前的3时到4时之间开始攻击。

此外，蒙哥马利决定第二批部队登陆时使用浮水坦克，以便步兵在最无保护时为他们提

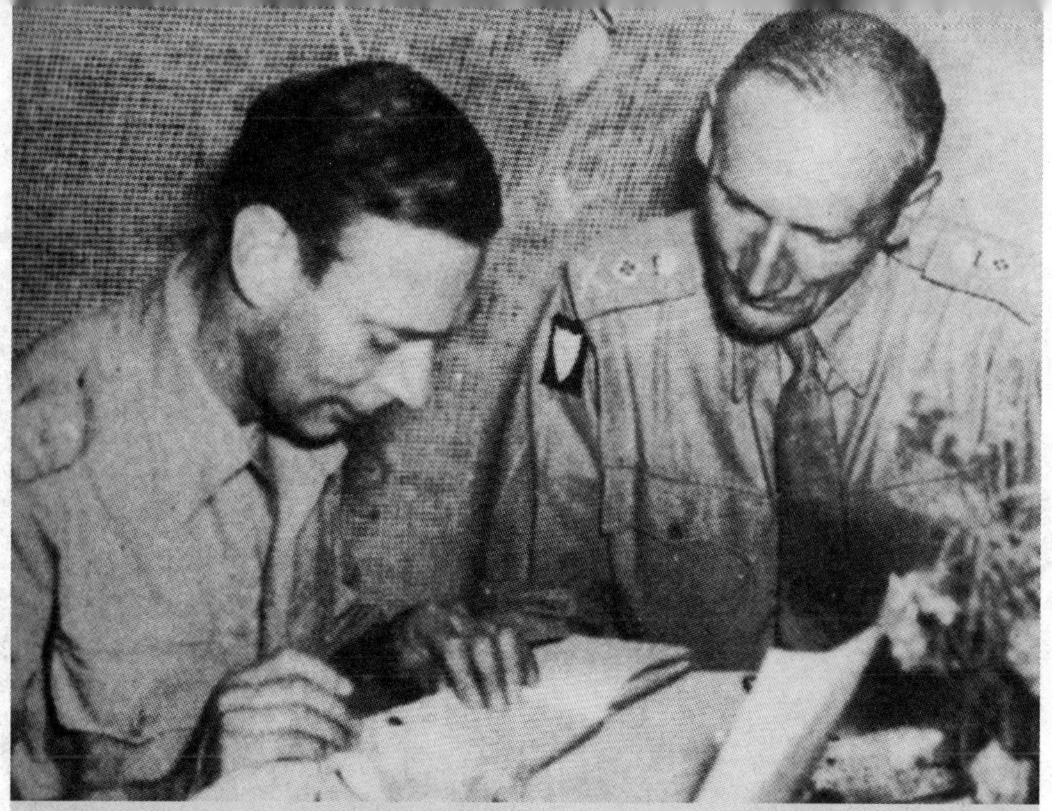

∧ 蒙哥马利向前来视察的英王乔治讲解战役计划。

供近距离火力支援。这一决定后来证明是正确的，因为使用或不使用水陆两栖坦克，结果大不一样。

要横渡英吉利海峡进攻欧陆，实际上只存在着两种选择。一种选择是从诺曼底进攻，另一种选择是从加来海峡进攻。由于从加来海峡进攻具有海上航程短、登陆艇能迅速周转、得到战斗机掩护的机会多等优点，盟军从此处进攻的可能性最大。海岸上的大量防御工事、德第15集团军的驻扎以及其他种种迹象都表明，德国人一直把加来海峡作为盟军最可能进攻的地点。

为了使希特勒及其指挥官继续把加来海峡看成主要的危险地点，蒙哥马利又开始上演他的拿手好戏——实施欺骗。他专门为“霸王”行动设计了一个叫作“保镖”的欺骗计划。该计划中有一个称为“坚韧”的行动，其目的是让德国人深信盟军的主要进攻将发生在7月份的第3个星期，而在主要进攻之前，盟军还将从苏格兰入侵挪威。与此同时，还设法使德国人认为，对诺曼底的任何攻击都仅仅是一种佯攻。

这一巧妙的诈敌计划，是在英格兰东南部制造一个假象，使敌人相信那里存在着一个完整的集团军及辅助的空军部队。蒙哥马利借助于以往各种设施的残余和少量部队，模拟了令人信服的司令部、兵营以及进攻用的装置，同时还把这个地区的无线电通讯增加到与一个集团军相称的程度。蒙哥马利的前线指挥所在4月底迁移到了朴次茅斯地区

∧ 丘吉尔造访了蒙哥马利在朴次茅斯的司令部。

的索思威克大厦，但为了使“坚韧”行动显得逼真，他将无线电信号通过陆上线路从朴次茅斯传送至肯特，再从那里播出。

这一行动是如此有效，以至于隆美尔在5月21日这样说道：“盟军的主要突击力量在英格兰南部和东南部集结，此事已再次为蒙哥马利的司令部位于伦敦以南所证实。”

航空部队的活动越发加强了这种欺骗作用。皇家空军和美国陆军航空队在直接或间接地全力支援“霸王”行动的战斗活动中，在4月1日至6月5日期间，一共损失了12000名官兵和2000架飞机。他们除了打击战略目标，还打击靠近“海王星”附近的桥梁、铁路、雷达站、机场和海岸炮兵阵地。

“海王星”行动从空军的活动中得到了无可估量的好处，作为欺骗计划的一部分，空军的打击活动是按一定的程式进行的：每打击“海王星”区域的一个目标，必须打击加来海峡的两个目标。被打击的铁路目标，大多在“海王星”区域之外。许多人员和飞机是在执行“重复任务”的过程中和打击那些并非重要的目标时损失的。要不是为了欺骗敌人，本来无需那样做。

在大规模进攻欧陆开始日之前的一段时间里，首相丘吉尔对部队在诺曼底登陆时所需的兵员与车辆的正确比例感到不满。他算了一下，觉得战斗兵员不足，而卡车以及装有无线电的车辆则又过多。他宣称要到蒙哥马利的司令部向参谋班子进行调查。为此，蒙哥马利请他来共进晚餐，会见他的高级参谋人员。

1944年5月19日，丘吉尔来到了蒙哥马利的司令部。在会见参谋人员之前，蒙哥马利把他请到书房，并对他说：

“爵士阁下，据我了解，你要同我的参谋人员商谈先头部队在滩头登陆时士兵与车辆的比例问题，对此，我不能同意。我的参谋人员提出意见，由我做出最后决定，然后他们按我的意见去办。

“我的最后决定已经下达，无论如何我不容许你在这个时刻干扰我的参谋人员，从而动摇他们对我的信任……你可同我争论，但不能同我的参谋人员争论。无论如何，来不及再作任何改变了。我认为，我们的做法是正确的，这将在进攻日那天得到证实。假如你认定我的决定错了，这只能意味着你对我失去了信任。”

接着是有点尴尬的沉寂。首相没有立即作答。于是蒙哥马利便站起来说，如果首相愿意到邻室去的话，他可以把他介绍给他的参谋人员。丘吉尔眼里闪烁着喜悦的光芒说：

“你不是不让我同你们诸位有任何讨论吗？”

然后，他和蒙哥马利一起走出了房间，从列队静候的一群参谋军官的旁边走了过去。

5月23日，蒙哥马利开始作最后的视察。6月5日是大规模进攻欧陆开始日，他必须及早赶回。他决定向中校以上的全体军官演讲，把即将开始的规模巨大的作战行动的主要问题作个交代。他总共花了8天时间视察每个军与师的所在地，每次向500～600名军官讲话。每次讲话，他都竭尽全力，结果搞得精疲力竭。

海上和空中的一切必要条件，比如恰当的涨潮时间和恰当的月光，都只能在6月5日至7日的3天中实现。在这3天中，蒙哥马利认为，6月5日最好，6日中等，7日勉强可以接受。如果过了6月7日，可以实施登陆的时间就要等到两周以后。如果推迟行动时间，将会产生极其严重的后果，因为一些预备行动已经开始进行了。

5月31日，供人工港使用的仓库船已从苏格兰的一些港口开始它们的最后一段航行。6月2日，皇家“纳尔逊”号军舰离开斯卡帕往南航行，一支“炮击舰队”驶离克莱德。6月3日，又有两支“炮击舰队”和“罗德基”号军舰驶离克莱德。

然而，到傍晚的时候，气象前景变得如此恶劣，以至于推迟总攻日期看来已不可避免。由于6月5日的气象预报仍然令人泄气，艾森豪威尔★在6月4日凌晨开完会后，便打电报向联合参谋长委员会报告说，他已经把进攻欧陆开始日推迟到6月6日。推迟的主要理由是，只有使用势不可挡的空中力量才能保证进攻开始日的登陆获得成功，如果空军因气象条件恶劣而不能出动，进攻开始日就必须推迟。

6月4日傍晚，风暴变得更加猛烈了，这证明推迟行动的决定是十分正确的。6月5日凌晨4时，艾森豪威尔再次召集各指挥官开会，以便就次日是否行动做出最后决定。气象主任斯塔格上校在外面下着大雨、刮着大风的时候闯进会议室向大家报告说，最坏的天气看来就要过去，今后几天会有较好的天气。接着，艾森豪威尔一个人在房间里踱来踱去，他的两手背在后面，头向前倾，陷入沉思。蒙哥马利显出十分不耐烦的样子，好像是说答案再明显没有了。但答案要由艾森豪威尔做出。

艾森豪威尔很快就停止了踱步，说：

“好，朋友们，咱们干吧！”

∧ 在盟军最高司令部内，蒙哥马利及艾森豪威尔等在地图前展望诺曼底登陆前景。

★艾森豪威尔（1890～1969）

二战时（欧洲战区）盟军最高司令，美国总统。毕业于西点军校。1935年随麦克阿瑟将军去菲律宾，重建菲联邦陆军。1942年3月，担任国防部作战处长，后为驻欧美军司令。1942年7月，受命指挥盟军在北非进行的“火炬作战方案”。1943年12月，就任盟国远征军最高司令官。1944年6月，指挥了著名的诺曼底登陆。1944年晋升为五星上将。1953～1961年就任美国总统。

< 盟军登陆舰艇在诺曼底海滩登陆的情景。

>> 检索……相关事件

05

英国对德发出最后通牒

德国法西斯发动对波兰的侵略战争之后，英国政府出于自身安全的考虑，于1939年9月3日对德国发出最后通牒，限德国于同日上午11时之前向英国政府做出从波兰撤军的保证，否则，英国将采取强硬态度，对德国宣战。11时，德国外交部长照会英国驻德国大使，称德国拒绝接受英国的最后通牒。英国政府随即对德国宣战。当日，印度、澳大利亚和新西兰也宣布同德国处于战争状态。

美国组建大西洋舰队

1940年5月，德国法西斯对西欧发动了大规模的侵略战争，英、法、比、荷等国被迫投入对德国的全面战争。随着德意法西斯侵略步伐的加快，美国出于自身安全和利益的考虑，逐步加强对英国的各种军事援助，并逐步从中立步入对德作战准备。为了确保大西洋航线的安全，并为将来在欧洲作战作准备，美国于1941年2月1日宣布组成大西洋舰队，由海军上将金担任舰队司令，为英军在大西洋航线的运输船队保驾护航。

德意日三国轴心军事同盟正式形成

1940年9月27日，德国、意大利、日本三个法西斯国家在德国首都柏林正式签署了《德意日三国同盟条约》。签署这一同盟条约，是希特勒为发动侵苏战争而进行的一系列外交和军事准备过程中的一个最重要的组成部分。此项条约的签署，标志着德国、意大利、日本三国轴心军事同盟的正式形成。此后，德国又先后将匈牙利、罗马尼亚、斯洛伐克、保加利亚等国拉入这一军事同盟。

∨ 1940年9月27日，德、意、日三国在柏林签署了《德意日三国同盟条约》。

∧ 1941 年 6 月 22 日，德军对苏联发起了大规模进攻。

“火焰之剑”斩断意军补给线

1940年10月起，驻马耳他岛的英国飞行部队不断出击，攻击意大利海军舰队和意大利对其北非军队的补给线，炸毁了大量的意大利运输船队，给意大利法西斯造成了巨大的威慑和损失，曾一度迫使其北非军队的物资补给出现中断。因为每次对运载军火燃料船只的攻击都会引起漫天大火和爆炸，所以意军惊恐地称驻马耳他岛的英国飞机为“火焰之剑”。“火焰之剑”屡屡得手，有力地配合了英军在北非的作战。

美国出台《租借法案》

第二次世界大战期间，英国大量购买美国武器和军事装备，黄金储备日趋枯竭，无法用现款支付，英国首相丘吉尔遂向美国求援。1941 年 3 月11日，美国国会通过了罗斯福总统提出的《租借法案》。该法案授权总统可以通过出售、转让、交换或租借的方式，向总统以为其防务对美国国防至关重要的任何国家提供国防物资。该法案的通过和实施，对世界反法西斯战争的胜利起了积极的推动作用。

retrieval

德国悍然入侵苏联

1941 年 6 月 22 日凌晨 4 时，德国法西斯撕毁《苏德互不侵犯条约》，实施了“巴巴罗萨”计划，向苏联发动了大规模的全线进攻。德国及其仆从国芬、罗、匈等国共出动 190 个师、3700 辆坦克、4900 架飞机、47000 门大炮和迫击炮、193 艘舰艇，在北起波罗的海，南至黑海的2000余公里的战线上展开攻势。凌晨 5 时半，德国驻苏大使向苏联外长递交了宣战书。至此，苏德战争正式打响。

>> 检索……相关事件

罗斯福总统与丘吉尔首相发表联合宣言

1941年8月9日～13日，美国总统罗斯福和英国首相丘吉尔在大西洋东北部的纽芬兰阿金夏湾举行会晤。8月14日发表了联合宣言，史称《大西洋宪章》，又称《罗斯福丘吉尔联合宣言》。主要内容包括两国不追求领土或其他方面的扩张；反对未经有关民族自由意志所同意的领土变更等。《大西洋宪章》具有欺骗性，但在当时对鼓舞世界人民的反法西斯斗争，促进反法西斯联盟的形成起了积极的历史作用，并成为以后联合国宪章的基础。

日本为偷袭珍珠港制造“烟雾弹”

日本准备进攻珍珠港之前，其驻美大使野村吉三郎与特使来栖三郎等人仍在华盛顿大肆谈判，制造“和平”假象。1941年11月26日，美国国务卿赫尔向日方代表提交了一份以《美日协定基本纲要》为题的十点方案，希望日本在此基础上，重新确认《九国公约》，与美达成所谓的“和平协议”。然而，日本早已无意同美国继续谈判。在美国将《美日协定基本纲要》交给日方谈判代表的前一天，日本海军的联合舰队就已经向珍珠港进发了。

V 日本驻美大使野村吉三郎（右）与特使来栖三郎在华盛顿。

英美首脑秘密会晤“世外桃源”

为了在反对轴心国的战争中互相支援，协同作战，1941年12月22日至1942年1月4日，美国总统罗斯福和英国首相丘吉尔在华盛顿举行代号为“阿卡迪亚”（意为“世外桃源”）的会晤，以讨论两国整个作战计划。美国还倡议由所有对轴心国作战的同盟国家签署一项共同宣言，后经美国提出草案并经磋商修改，于1942年1月1日由美、英、苏、中等26个国家签署了《联合国家宣言》。此次会晤对同盟国关系的巩固和加强起了重要作用。

∧ 1941年12月26日，日军占领了香港。

∧ 就任中国战区最高统帅的蒋介石。

日军侵占香港，驻港英军无条件投降

1941年12月8日，日军主力在炮兵、空军、海军的配合下，向香港发起了猛烈进攻。空军首先轰炸了香港启德机场和停泊在香港海面的英军舰船，摧毁了香港英军薄弱的空军力量。接着日军步兵又向九龙要塞发起攻击。英军疏于防范，九龙要塞很快被日军占领，英军被迫转守香港岛。12月25日，日军飞机集中火力对英军阵地实施狂轰滥炸，英军被迫放弃抵抗，向日军无条件投降。26日，日军占领香港。

蒋介石出任盟军中国战区最高统帅

1941年12月太平洋战争爆发后，中国政府正式对德意日宣战，美、英等国也对日宣战。为统一协调反法西斯作战，蒋介石在重庆召开中、英、美三国军事会议后，经罗斯福总统赞同，并由罗斯福征得英国、荷兰同意后，决定组建中国战区。1942年1月，中国战区正式成立，管辖中国大陆、泰国、越南、缅甸地区，蒋介石出任中国战区最高统帅，史迪威、魏德迈先后任中国战区参谋长。1945年日本投降后，中国战区自行撤销。

第九章

功过任凭等闲评说

1887-1976 蒙哥马利

蒙哥马利按照作战计划，一直在诺曼底有意识地进行机动，把所有的德军装甲部队都吸引到英国部队的对面，从未有在东翼向塞纳河突破的设想。为此，当时和从那以后，他受了很多批评。这些批评大多是因为对他那个简单明了，而又具有远见卓识的设想产生误解所引起……

>> 登陆诺曼底

1944年6月5日，英吉利海峡狂风呼啸，波浪滔天。一支有史以来最强大的舰队从英国南海岸启航出海了。海军上将拉姆齐率领的这支英美联合舰队，拥有5000艘舰只，要负责在两天内把17.6万人的进攻部队和20000辆军车送上诺曼底海岸。

天黑之前，运输船队抵达离英国南海岸50～60海里的调整水域。各登陆部队从这一水域，分10路沿事先扫清水雷的航道驶向塞纳湾。

6月5日白天，盟国海军的扫雷舰对登陆地域的航道进行扫雷，未遇到敌人的任何抵抗。由于天气恶劣，德国水面舰艇甚至未进行例行巡逻。轰炸航空兵摧毁了德国的不少雷达站，又对诺曼底沿岸幸存的雷达进行干扰，这使盟军舰队有可能向登陆地域行驶而不被发觉。无论是德军最高统帅部，还是西线司令部，无论是隆美尔，还是伦德施泰特，都不知道盟军的5000艘舰只正在越过英吉利海峡，驶向法国北部的登陆地域。

6月5日夜，盟国空军在登陆兵航渡时开始对敌人的炮兵连、独立的抵抗枢纽、司令部、密集的部队和后方机关实施突击。拂晓以后，1000多架轰炸机对塞纳湾海岸防御阵地实施猛烈轰炸。与此同时，航空兵对加来和布伦地域的目标也实施了猛烈突击，以便把德军指挥部的注意力从实际登陆方向引开。

同一天夜里，空降兵开始空降。英美空军的2000多架运输机和近1000架滑翔机，分别将美军第101空降师空降在卡朗唐以北，将美军第82空降师空降在圣梅尔埃格利斯以西，将英军第6空降师空降在岗市东北面。

在空降部队着陆时，登陆部队已驶近海岸。黎明时分，能见度良好，又值涨潮，使扫雷舰能驶近岸旁，清除那一带的障碍物。

6月6日晨，盟军开始炮火准备。参加炮火准备的有战列舰、重炮舰、巡洋舰和驱逐舰，总共达100多艘。同时，英美空军也对德军的防御实施了密集突击。接着，盟军部队开始登陆。大海翻腾起伏，令人头晕眼花，寒风卷起层层浪花，拍打在士兵身上。德军对盟军进攻前的大规模海上炮击和空中轰炸已有所准备，他们觉得自己的混凝土防御工事异常坚固，完全可以抵挡得住。他们料定，炮击和轰炸之后，盟军士兵将会奋力穿过碎浪，在最易遭到攻击的部位踉跄上岸。可是他们怎么也没想到，坦克居然会从海面上直接游过来，也没有想到会从登陆艇上发出一排排密集、猛烈的炮弹和火箭，更没想到会向他们冲过来的那样一些装甲战车——它们一面引爆雷区中的地雷，一面作抵近射击，摧毁炮兵阵地和防御据点。登陆部队在德军的大炮、反坦克炮和机关枪还来不及开火还击时，就已迅速地登上了坚实的海滩。

在“犹他”地段，美第4师得利于登陆滩头的位置：在科唐坦半岛的背风处，该师的登陆艇所遇风浪不大，容易靠岸。此外，水位不是很高，滩头障碍物清晰可见。进攻开始前，269架中型轰炸机对德军的岸边防御工事进行了精确的地毯式轰炸。离岸3000米放下水的26辆水陆两用坦克，全部安全地漂浮着向岸边前进。1小时内，爆破分队已为后续登陆艇扫清了道路。由于这些有利因素，再加上面对的敌军较弱，第4师在夺取了桥头堡之后，遇到的障碍是沼泽地和滩头缺乏出口，而不是敌人的顽抗。这天结束后，2.3万人上了岸，并开辟出供机动和增加兵力用的大片地域。

同一天夜里，“奥马哈”滩头的景象和形势却完全不一样。“奥马哈”地段的海岸态势使它成为一个明显攻击点。德军在此重重设防，修建了许多能扫射滩头的坚固支撑点和战壕，在所有可能的出口处都布上了大量地雷。美国人是清楚地知道这种威胁的，但由于部队指挥官指挥不当，预见性不强，使美国人付出了沉重的代价。

在波涛汹涌的海上，登陆艇在离岸20公里之遥就下水了。结果，士兵们衣衫湿透，冷得发抖，挤在拥挤狭小的登陆艇中，动弹不得，再加上晕船，弄得无精打采，根本没有精神去应付那极其紧张的登陆作战。然而，事情还不止于此。在离岸6公里之遥下水的29辆水陆两用坦克中，上岸的只有2辆。由于天空乌云密布，美第8航空队的轰炸机不能像“犹他”滩头上空的轰炸机那样进行目视瞄准轰炸。虽然采用了导航飞机和仪表轰炸，但几乎没有炸中登陆滩头及其防御设施，却把炸弹扔到了离岸5公里远的内陆地区。这样，冲上滩头的步兵实际处于一种毫无防御手段的状况，面对比他们预料的要强大得多的敌人一筹莫展。这样，原来预想的一次成功的进攻，很快就变成了一场求生的搏斗。只是凭着官兵们拼死战斗的坚决意志，这场求生的搏斗才慢慢转化为一个小小的胜利，其代价是3000人的伤亡。

在英、加军队前线，如果算得上是胜利的话，情况也大致差不多。在“戈尔德”海滩登陆的第50师，虽然遇到了敌人顽固据点的激烈抵抗，还是努力在当天下午将4个旅都送上了岸，并向内陆推进到离巴约不远的地方。

在“朱诺”滩头，加拿大人的登陆也并不顺利。那一天，他们的306艘登陆艇中，有90艘受损。但对加拿大人来说，这里没有出现类似迪耶普的情况。尽管由于打开通道迟缓而导致海滩上交通拥塞，但加拿大第3师在装甲部队掩护下，终于取得了突破，并向前、向翼侧推进，直到该师的部分装甲部队抵达了当天的部分目标，即卡昂至巴约公路上的布雷特维尔－洛格约斯和卡尔皮克。

由于德军在指挥上陷于瘫痪状态，“斯沃德”滩头没有出现“奥马哈”滩头那样的情况。

英第3师虽曾在滩头上历尽艰辛，在展开时颇费周折，但还是摧毁了几个坚固支撑点，沿着海岸前出到乌伊斯特勒昂，到午夜换下了守卫运河大桥的空降部队。在南面，英军夺取了重要的佩里耶山脊和其他要地、村庄，所有这一切都未曾遇到德军装甲部队的有力抵抗。当天晚上，英第3师的先头部队已经到了距卡昂不足5公里的地方。

蒙哥马利虽然没有上岸收集详细报告，但第一天战果的粗略情况已使他感到满意。从海上登陆的英国和加拿大部队共有75215人，已在宽40公里的正面上向纵深突入6～10公里。美国部队有57500人登陆，虽然“奥马哈”滩头的登陆行动不顺利，但“犹他”滩头前景乐观。两个空降翼侧正在巩固。盟军掌握着制空制海权。德军的坦克如预计的那样被牢牢地吸在卡昂。

6月7日早上，蒙哥马利搭乘英国军舰“福尔克诺”号到达登陆滩头附近海面。在去找登普西之前，他先到布莱德雷的指挥舰上去同他见面。布莱德雷很关心“奥马哈”滩头的作战情况，他们一起讨论了这个问题，并制订了解决问题的方案。然后，蒙哥马利回到英军地区，同登普西和维安海军上将讨论了战况和问题。英军滩头上的一切行动都按计划进行，没有特殊情况。这时，艾森豪威尔乘坐拉姆齐海军上将的旗舰来到英军地区，蒙哥马利当即赶到拉姆齐的旗舰上同艾森豪威尔和拉姆齐会晤。随后，蒙哥马利再次来到布莱德雷舰上，同他一起讨论战况。后来，“奥马哈”滩头传来消息说，那边情况良好，布莱德雷便上了岸。

6月8日上午7时，蒙哥马利也上了岸。他把指挥所设在贝叶以东几公里的克勒利小村庄的一所别墅里。离开朴次茅斯时，蒙哥马利以为他的指挥车里已经是应有尽有，后来才发现还缺一件东西——便壶。蒙哥马利让副官去向房东德·德吕瓦尔夫人借一只来。但副官觉得直接说借便壶很尴尬，于是决定向夫人借一只花瓶给总司令。夫人很高兴，立刻搜集别墅里的花瓶，要副官挑一只他最喜欢的。副官仔细察看了一番，说没有一只适合将军插花的。问她还有别的式样没有？夫人凭她的直觉和幽默感，一下子意识到副官所要的东西——当然是晚上使用的瓶。她对副官说，她可以找到另一种瓶，与一般的不同，也许对军人适用。她离开房间，几分钟后，拿来了一只饰有粉红色花卉的白色小夜壶。她得意扬扬地把这只夜壶放在刚刚搜集来的一大堆花瓶中，说：

“我想这一定是将军乐于插花的！”

副官当即表示的确是这样，而且放在将军的指挥车中也很合适。后来德

V 阵容强大的盟军舰船驶向诺曼底。

V 盟军伞兵在诺曼底实施空降。

∨ 在诺曼底换乘小型登陆艇准备登陆的盟军部队。

∧ 盟军向预定登陆地点发起冲锋。

∨ 盟军成功控制了登陆地带。

吕瓦尔夫人坚持要将军保留“这只瓶子”，蒙哥马利只好把它留下作纪念。

蒙哥马利的计划是用集结和作战把敌人主力吸引到东翼英国第2集团军正面，以利于美国第1集团军在西边占领阵地，突破德军防线，迅速地占领有利的广大地区。蒙哥马利这一具有远见卓识的战略后来遭到许多人的误解。

进攻开始后的第二天，东翼所发生的一切与“坚韧”计划紧密相关。“坚韧”是一项巨大的欺骗计划，它使德国人相信诺曼底只不过是一次佯攻，这一假象在希特勒以下的德军高级指挥官的脑子里还处于支配地位。因此，德第7集团军只能依靠自己的力量作战，本来能从第15集团军调过来的5个步兵师和2个装甲师还在原地未动。甚至第7集团军本身的坦克战略预备队也不能马上派上用场。虽然党卫军第12装甲师和勒尔装甲师已投入战斗，但党卫军第1装甲师、第17师和第2师还远离战场。这样，德军用步兵挡住美军而用装甲部队把英军赶下海去的貌似宏伟的战略，在执行此项任务的党卫军第1装甲军军长迪特里希看来已是纸上谈兵。

实际上，蒙哥马利已经在牵着敌人的鼻子转。德国人随即调来的装甲部队就像预期的那样开往卡昂，像预期的那样零零碎碎地投入作战。蒙哥马利用吸引敌人注意东翼的方法来大大支援西翼，因为“奥马哈”滩头的美军所遭遇的那股敌人并没有什么后备力量。现在，美军正以非凡的反击能力勇猛推进，将其狭窄的桥头堡扩大到敌人所扼守的地域以外。在科唐坦半岛的底部，美军也一直保持进攻势头，并夺得了地盘。

6月8日上午，当蒙哥马利第一次坐在前方指挥所里仔细研究今后战斗必须采取什么形式时，他认为战斗发展良好。为了使他计划的战役建立在绝对可靠的基础之上，他需要3个先决条件：一是将各个滩头阵地连成一条连绵不断的战线；二是至今一直在盟军手中的主动权；三是在敌人积聚起足够的力量之前，在狭窄的占领区内建立起行之有效的行政后勤系统。当然，蒙哥马利还必须考虑另一个问题，那就是天气。

6月12日，当盟军终于控制了一个宽80公里、纵深13～20公里的地带时，蒙哥马利的第一个目的达到了。6月9日17时30分，隆美尔命令第7集团军“在维尔河至奥恩河之间的地段转入防御……反攻应推迟至一切就绪方可实施”。这一命令默认了党卫军第12装甲师于6月8日在卡尔皮克击退加拿大人的打算已经失败，默认了于同一天到达巴约地区的勒尔装甲师已溃不成军。然而，隆美尔所说的反攻始终未能付诸实施。虽然反攻计划已经到了西线装甲集群司令官盖尔·冯·施韦伯格的手中，但十分不走运的是，他的司令部的位置被盟军发现，并于6月10日晚被精确地炸中。司令部里除施韦伯格之外，几乎所有人员都被炸死或炸伤。而且，登普西已经得到了敌人可能进攻的警告，他下令采取反措施，对卡昂进行一次空袭，并重新部署了加拿大部队。所有这一切使灰心丧气的德军认识到，他们远不是要发动什么大规模反攻，而是要准备迎击英军的进攻。这表明蒙哥马利已在士气上和战术上完全掌握了主动权。

>> 实施“赛马场”作战

6月11日晚，美军攻陷了卡朗唐，次日上午就进入了离“奥马哈”很远的科蒙，到达了瑟勒河畔蒂伊西南几公里远的地方，即到达了被勒尔装甲师阻滞住了的英军第7装甲师的右前方。登普西计划让第7装甲师甩开敌人，向西、向南朝科蒙运动，然后猛然折向东，快速通过维莱博卡日，插到德国人从奥恩河直到蒂伊及其以远地区的防线的后方，因为在这条防线后面根本没有什么防御体系可言。登普西这一设想甚妙的机动，很可能形成后果不可估量的“两面包抄”，但他选错了实现计划的手段——擅长沙漠战的第7装甲师在这小树林地带的羊肠小路和树篱之中毫无用武之地。经过一番激战，该师只好于6月15日撤回到科蒙与蒂伊之间的地段。

虽然这一“挫折”不可避免地使英军感到失望，但比起德军司令部中笼罩的气氛来，根本算不了什么。蒙哥马利已在士气上彻底压倒了敌人，迫使伦德施泰特和隆美尔把德军装甲师的主要打击力量用来进行防御，并把增援部队也部署在防线上。6月18日，蒙哥马利发出了一项新指示：“我们现在必须占领卡昂和瑟堡，作为全面铺开我们的计划的第一步。”那时美国人已经拓出了一条横跨科唐坦半岛的宽阔走廊。蒙哥马利准备由新到达的第8军从翼侧进行主攻，夺取卡昂南面的高地，控制进出卡昂的道路，同时在奥恩河以东发起支援性进攻，来实现占领卡昂的意图。

然而，蒙哥马利像其他司令官一样，不得不屈从于暴风雨的威力。6月19日，灾祸从天而降。一场近半个世纪未曾有过的、风力达30节的6月大风暴，在英吉利海峡掀起滔天巨浪，一连三天三夜不停息，事故一个接一个，数不胜数。800艘船只遭毁坏、搁浅；4公里长的钢制车道在拖曳中沉没；渡船、防波堤、仓库船，毁坏的毁坏，受损的受损；补给物资的供应，尤其是弹药的供应骤然锐减，原计划用于进攻卡昂的部队不能按时到达。于是，蒙哥马利不得不把一场即将开始的进攻推迟，东面的支援性进攻推迟到6月23日，关键的主攻推迟到25日。

6月25日开始的“赛马场”作战，是英军在诺曼底实施的第一个大规模战役，刚刚登陆的第8军是攻击的主力。从一开始就参战的第30军在最右侧进行翼侧掩护，先夺取罗雷，占领罗雷－瑞维尼一线，然后向南推进。第8军的任务更重，更引人注目。它要从卡昂公路上布雷特维尔－洛格约斯以西，加拿大人早就建立的阵地开始，打开一条通路，经过什窝直到奥东河，然后向东打到奥恩河，强行占领更多的渡口，最后站稳脚跟，控制从南面接近卡昂的道路。

在这场艰苦的战斗中，第8军到战斗结束前只努力巩固了奥东河对岸的桥头堡。虽然再向纵深突进肯定会收益更大，但争得地盘不是“赛马场”作战行动的主要目的所在。实际上，“赛马场”作战行动给德军所造成的威胁是：德军不仅用当地的装甲部队来守阵地，而且把远道而来的师也投入防御，这样就必然在防御中把为将来的反攻准备的预备队消耗掉了。在英军第8和第30军所形成的突出部周围，是各处增援来的德军第1装甲军、党卫军第10和第9装甲师、党卫军第2装甲师和勒尔装甲师等部队。在英军前线，还有德军第2、第21装甲师。这样，美军就能不受德军装甲部队纠缠，自由地实施机动。结果，美军没有受到德军装甲部队的任何干扰，就攻陷了瑟堡。

蒙哥马利按照作战计划，一直在诺曼底有意识地进行机动，把所有的德军装甲部队都吸引到英国部队的对面，从未有在东翼向塞纳河突破的设想。为此，当时和从那以后，他受了很多批评。这些批评大多是因为对他那个简单明了而又具有远见卓识的设想产生误解所引起的。艾森豪威尔于7月13日给英美联合参谋部的报告便是例证，报告的第32页写道：

“尽管如此，我们仍无法在东翼向塞纳河突破，敌在岗市地区集中主力阻止我们攻占这一极其需要获得的地带。不过我们的计划还是异常灵活，我们可以利用敌人的这一反击，当英加部队在东翼顶住敌人时，要美军由西翼的滩头占领区痛击敌军。因此，蒙哥马利元帅指挥的第2集团军在7月应继续不断地向敌施加压力，遏制其前进。”

于是，人们的印象就是，英国和加拿大部队在东翼岗市地区失败了，所以，美军才在西翼采取行动，突破成功。艾森豪威尔对第2集团军持这种看法，便清楚地表明，他对自己欣然同意过的这一基本设想并不理解。

但是，有的批评则完全出于恶意。艾森豪威尔的副手特德和英军战术航空队司令科宁厄姆由于没有得到卡昂地区的机场，而几乎对蒙哥马利持敌对态度，艾森豪威尔的副参谋长摩根，则因为蒙哥马利反对他在东翼的岗市－法莱兹地区进行突破的计划而怀恨在心。他们利用艾森豪威尔的错觉，对蒙哥马利说三道四，造成了十分恶劣的影响。

当时，英军和美军已经登陆的部队大致相等，各16个师。但有目共睹的事实是：在这段时间里，在美军前线，德军装甲师最多时3个，最少时还不到1个。而在英军前线，最多时7个半，最少时4个。美军与之作战的德军步兵营，最多时为87个，最少时63个，而在英军前线，最多时92个，最少时43个。

比这些数字更有说服力的是这样一个事实：蒙哥马利的策略已经导致他的两个最高级、最有经验的敌手——冯·伦德施泰特和冯·施韦伯格——由于认为蒙哥马利已给他们造成了军事上难以挽救的局面，而在战场上被就地免职。

所以，在诺曼底战役这一关键时刻，蒙哥马利要比他的美国同行和英国国内的某些人更为

★冯·伦德施泰特（1875～1953）

德国元帅，参加过第一次世界大战。1938年晋大将后退役。1939年8月应召再次服役，任南方集团军群司令。1939年10月，任A集团军群司令。1940年7月被晋升为元帅，10月任西线总司令。1941年6月到11月，任南方集团军群司令，率部参加苏德战争。1944年盟军在诺曼底登陆后，与希特勒发生分歧，于7月初被免职。1944年9月复任西线总司令。德国战败后被美军俘虏，1949年获释，1953年卒于汉诺威。

∨> 美军士兵占领了瑟堡后在街道上搜索前进。

清楚地看到，战斗正沿着正确的方向朝着成功发展。而“赛马场”行动的最后一天结束时，凯特尔和冯·伦德施泰特★之间著名的电话对话极好地概括了蒙哥马利的敌手们此刻的精神状态。

凯特尔：“我们该怎么办？我们该怎么办？”

伦德施泰特：“讲和，你们这些蠢材！难道还能有别的什么办法？”

6月末是诺曼底战役的重大转折点。6月30日那天，英国特遣舰队司令维安海军上将和他的美国同行柯克海军上将相继出发返回英国。这标志着，“海王星”行动正式结束，“霸王”行动计划进入了下一个阶段。负责海边各个滩头的级别稍低的海军军官也已撤走，在英军地段由“英军突击区海军将官”代替，在美军地段由“西线海军将官”代替，两人都常驻陆上，都是海军少将。这种从两栖作战向陆上作战的转变，标志着盟军对现已扩大了的桥头堡充满信心。

V 盟军在诺曼底地区建立起桥头堡。

∧ 1944年，艾森豪威尔与蒙哥马利视察部队。

∧ 英军坦克纵队通过卡昂城西部的一个小镇。

∧ 被夷为废墟的卡昂城。

7月1日，由于大风暴而推迟到6月25日开始的卡昂南面大钳形攻势“赛马场”作战行动结束。这次作战没能按原先期望的那样夺到足够的地盘，但却达成了更为重要的目标——使德军装甲部队遭到了决定性失败。在此前一天，美军在科唐坦半岛进行一次大规模进攻，最终攻下了瑟堡的大要塞及其支援炮兵阵地。此后，盟军第一艘船、英国的一艘用来扫雷的汽艇大摇大摆地进了港。

7月初，出现了一些不祥之兆：7月3、4日，一些新的德国步兵师出现在前线；而7月7日，美军第83师遭到了党卫军第2装甲师的沉重打击，这个装甲师是从英军地段运动到奥东地区来的。由此可以推论，敌人正准备将装甲部队撤离前线，重新整编，同时也说明，敌人对美国人的兴趣逐渐增加。因此，蒙哥马利决定拿下卡昂，分散敌人的注意力。

7月7日21时50分，450架重型轰炸机对卡昂北郊的目标地域进行了一小时的轰炸。翌日清晨4时20分，第1军的步兵开始进攻。尽管实施了轰炸和掩护扫射，德军的反抗还是像预料中的那样凶猛异常，他们的防御火力又猛又准。在清除这些村庄支撑点的过程中，出现了“打到最后一个人、最后一粒子弹”的激烈搏斗的场面。然而，第1军终于以死伤5500人的代价，于7月9日晨攻入卡昂，受到大约20000居民的欢迎。到当日晚间，除还须扫荡残敌外，该军已全部占领该城的奥恩河以西部分，进攻到此告一段落。这一仗虽然不能算是百分之百的胜利，但它吸引了敌人的注意力，也扫除了德国人在奥恩河以西的桥头堡，很好地达到了蒙哥马利的目的。

>> 向纵深发展

为了获得一条通往卡昂咽喉地带以南的东西走向的通道，蒙哥马利打算进行下一次大的作战行动——“古德伍德”行动。此次作战的意图很简单：3个装甲师将越过奥恩河，踏上东岸，然后向南打去。在7月10日的会上，蒙哥马利向登普西和布莱德雷解释了“古德伍德”作战与美军“眼镜蛇”作战的关系。在7月13日给艾森豪威尔的电报中，他又进一步阐述了这两者之间的关系：

“我将于下周发动一次大规模进攻。第2集团军定于7月16日开始行动，逐步发展为7月18日的大战，届时第8军的3个装甲师将挥师奥恩河以东地区。请注意，日期从17日变至18日。第1集团军将用6个师的兵力于7月19日在圣洛以西约10公里处发起猛攻。需空军全力支援第2集团军（18日）和第1集团军（19日）的行动。已见到科宁厄姆并向他陈述了一切。”

应该说这封电报已清楚地说明了蒙哥马利的原始意图，这就是，由美军于19日开始发动一次突破，然后向内陆突进，而英军则于前一天发动一次强大的牵制性进攻。然而，由于种种原因，“古德伍德”行动比诺曼底战役的其他行动遭致更大的误解，使蒙哥马利更加不得人心。

7月18日，盟军出动各种飞机4500架支援由第2师、警卫装甲师和第7装甲师实施的“古德伍德”作战行动。轰炸采用新的方法进行：装甲部队前进路线的两翼侧用重磅炸弹轰击，路线的近旁和前方的选定地域则使用小型高爆炸弹、杀伤弹和燃烧弹，以免形成弹坑。轰炸似乎按计划进行。然而，事态的发展却是，有些目标被灰尘笼罩，执行轰炸任务的飞机不得不掉转机头，把炸弹原样带回；其他一些选定目标也只部分击中，在未击中的地区往往有敌人的坦克和反坦克炮。美国第8航空队投掷的1.3万枚100磅的炸弹和7.5万枚杀伤弹有一大半东飞西散，投错了地方。尽管如此，当第2装甲师过了桥向前推进时，却发现敌军士气低落，这就出现了一阵虚假的胜利气氛。

< 盟军坦克正向前推进。

时隔不久，困难局面的第一个迹象出现了：7月18日上午9时，向前推进的坦克就超出了此时还困在西岸的野战炮的射程。与此同时，出现了此后战斗过程中一直存在的状况：奥恩河和卡昂运河上的3座桥越来越拥挤，而在战斗第一线，特别是在卡尼、埃米维尔、弗雷努维尔这几个村庄中，残存的德军坦克和大炮给英军造成了重大伤亡。整个上午和下午，情况更为混乱。第2装甲师和警卫装甲师只有个别单位向前推进。第7装甲师到日过中天还没有离开桥，直到晚上，才有一个团投入战斗。左翼的第1军进展甚微，连特罗阿恩都未越过，直到当晚还未占领该地。右翼的加拿大人的情况似乎好一些，夺取了科龙贝勒那满是瓦砾的工厂郊区，并扫清了敌人，沿着河东岸进发，拓出了一块桥头堡阵地，开始架桥。

7月18日16时30分，蒙哥马利向帝国参谋总长发去一封语调轻松的电报：

“今日上午战斗十分顺利，空中轰炸成效卓著……形势十分喜人，目前看来敌人颓势难以挽回。”

这说明当时蒙哥马利消息闭塞且欠考虑。那天晚上，他发表了一份特别文告，其中提到部队时用了“突破”字样，文告结束时还说：“蒙哥马利将军对这场战斗第一天的进展感到十分满意。”此后两天中发生的情况是，经过进一步激烈的战斗，英军只夺取了布尔日比山脊的一部分，还有许多德军的支撑点穿插其间，出击线也缩短了。

7月20日下午，天空雷声隆隆，倾盆大雨把战场上由于轰炸和装甲碾压造成的厚厚尘土变成了一片泥潭。这样，进攻的坦克就不能行动了。第二天，加拿大人在位于奥恩河东岸的阵地上打退了敌人多次凶猛的反扑。实际上，在7月20日这一天，隆美尔所负责设计的防御地带经受住了考验。在同一天，希特勒向其子民们宣布，企图杀害他的阴谋已经失败。隆美尔后来因涉嫌阴谋而奉希特勒之命服毒自杀。也正是在7月20日这一天，“古德伍德”作战宣告结束。

由于人们对蒙哥马利长远的和近期的意图的误解，也由于他自己急忙地宣布了各盟国人民和领导人所翘首期望的所谓"突破"，蒙哥马利将把柄拱手送到反对者的手中，使自己的朋友处于十分尴尬的境地。"古德伍德"作战已经失败的消息引起了一片沮丧甚至失望，伴随而来的是蒙哥马利的宿敌们不怀好意的评头论足，说什么"我早就说过会有这种结局"。英国和美国的报刊从蒙哥马利的文告中抽出"突破""广阔地域"这样至关紧要的词语，以通栏标题刊出，几乎无一例外地用同样戏剧性的语调来报道这场攻势已经终止的战役。

在"古德伍德"作战之后、"眼镜蛇"作战计划实施前夕，《纽约先驱论坛报》的大标题是：

盟军在法国全线受阻。

这典型地说明，人们的误解和不顾事实真相已到了何等地步！

"眼镜蛇"作战行动原计划于7月19日开始，但由于通过卡朗唐沼泽地带和圣洛附近的树篱时行动迟缓，代价甚高，再加上狂风暴雨天气，轰炸机不能升空作战，进攻开始日只好往后推。7月24日，天气开始好转，轰炸机方能升空作战。但当轰炸机终于来到时，目标区域上空却又浓云密布，战斗只好再推迟24小时。不幸的是，其中一个空军大队没有收到返回的命令，投下的炸弹离目标足有1公里，落到了美军第30师的头上。尽管如此，布莱德雷还是下决心第二天继续干下去。

为了支援"眼镜蛇"作战，蒙哥马利命令加拿大第2军和第7装甲师、警卫装甲师于7月25日3时30分开始沿通往去莱斯的公路发起攻击。蒙哥马利曾严格规定，不管"眼镜蛇"计划何时开始，也不管天气状况如何，上述进攻必须在规定时间开始。蒙哥马利为过早地在圣洛进行轰炸而感到忧虑，并担心这一轰炸会使德国人警觉起来。他希望加拿大人的这一进攻能使敌人认为在圣洛的轰炸只不过是一次佯动。实际上，敌人正是这样想的，因此在7月24日和25日期间，许多德军装甲部队由西向东朝着奥恩河蜂拥而来，有的还越过了奥恩河。

7月25日9时45分，突击开始。3000多架重型、中型轰炸机和战斗轰炸机对布莱德雷选定的圣洛以西的长方形地带进行了饱和轰炸。投下的高爆炸弹、杀伤弹和燃烧弹造成了惊人的破坏。勒尔装甲师实际上已被消灭，司令官拜尔莱因活了下来，并当了俘虏。但布莱德雷有些灰心丧气，因为这次轰炸很不准确，第9师被炸，第30师再次遭殃，死伤几百人，其中包括非常能干的麦克奈尔将军。由于部队伤亡和必须重新编

∧ 盟军轰炸机群对德军阵地实施饱和轰炸。

组，结果造成了战斗的拖延。在疮痍满目的原野和公路上，到处是“烧焦了的坦克残骸、士兵们缺手断臂的尸体和腐烂发胀的死牲口”。但不管怎样，柯林斯的那个军毕竟突破成功了。

到当天晚上，该军前进了两公里。7月26日，柯林斯将两个装甲师投入了战斗，右翼的美国第8军和左翼的第5军开始成梯队向前推进。7月27日，敌人的抵抗全线崩溃。到30日，美军夺取了布列塔尼半岛的大门——阿夫朗什。德军防线一片混乱，连后方司令员们也乱作一团。冯·克卢格元帅不得不于7月30日亲自挑起德军第7集团军的指挥担子。但他所指挥的部队四分五裂，幸存者混杂在一起，东奔西散，流落在乡村中，成了法国抵抗运动的猎获物。

与此同时，蒙哥马利一直在检查自己的计划。7月27日，他同布莱德雷和登普西会晤。他为美国人的胜利喝彩叫好，并指出：“其他一切地方的一切行动，都必须为着协助美国人的作战。”因此，他放弃了原先由美国人和加拿大人向卡昂和奥恩河以东继续进攻的打算。理由是这里的作战已达到目的，不大可能有更多的德军师团上钩。蒙哥马利指出，英国人战线上的3个德军装甲师都摆在中部和东面，他命令登普西在英国人战线的正西面，从科蒙地区全速发动一次6个师的攻势。

第二天，蒙哥马利获悉“眼镜蛇”战役进展的消息后，他告诉登普西，“加大油门向维尔挺进”。

蒙哥马利之所以发出这样的命令，是因为他确信，当德国人在美国人的打击下撤退时，他们首先会从科蒙开始向东，然后到达奥恩河的内陆河区，最后在卡昂和法莱斯之间的高地落脚。登普西的进攻叫作“蓝上衣”作战，于7月30日开始。它具有两个令人感兴趣的特点，第一，各级指挥都很内行，使这次战役能正常进行。第二，如同在阿拉曼的“增压”作战和在马雷斯的钳形攻势左翼一样，“蓝上衣”作战极好地表明，从战略上说，蒙哥马利显得固执、呆板，但从战术上说，一旦有突然出现的机会，或遭到意外的挫折时，他却能在战斗中很快地审时度势，重新调整部署。

8月2日，英军第2装甲师几乎进了维尔城，但第30军进展甚慢。同一天，遭到反击的第7装甲师差不多被迫退回到了48小时前据守的阵地上。这样是根本不能取得胜利的。第30军军长巴克纳尔曾受到登普西“不成功就滚开”的警告，这时被撤了职。第7装甲师师长厄斯金连同他的炮兵司令、装甲旅长一起也被撤了职。巴克纳尔的去职与精悍的霍罗克斯的

∧ 蒙哥马利驱车前往前线视察。

< 1944年7月27日，蒙哥马利与布莱德雷(左)、登普西合影。

★巴顿（1885～1945）

美国陆军上将。1917年11月负责组建美国第一个装甲旅。1942年任第1装甲军军长，同年11月作为北非远征军西部特遣部队司令，率部参加北非登陆战役，占领法属摩洛哥。1943年3月到4月间，任美国第2军军长。1944年1月在英国就任美国第3集团军司令，7月赴法国诺曼底。1945年12月因车祸死于德国海德堡。巴顿一生作战勇猛顽强，指挥果断，富于进取精神，善于发挥装甲兵优势，实施快速机动和远距离奔袭，被称为“铁甲战神”。

到来，可以说是一个巧合。霍罗克斯在突尼斯负伤刚刚复原，于8月4日接管了第30军的指挥权。不知是由于霍罗克斯的影响，还是由于突然的鬼使神差，第43师经过艰苦卓绝的战斗，于8月6日占领了潘松山脊的各个制高点。同一天，美军终于拿下了维尔。英军第59师渡过奥恩河，在蒂里阿库尔建立了一个桥头堡，并打退了敌人的激烈反扑，守住了这个桥头堡。

蒙哥马利为阻止德军撤退，计划夺取3个“关键地点”，现在两个已经到手，正在向第三点顺利前进。但就在这时，美国人和希特勒给他增添了许多心烦的事。

8月1日，在欧洲大陆上的美军的21个师重新组建为第1和第3集团军，第1集团军由霍奇斯指挥，第3集团军由巴顿指挥，这两个集团军组成美国第12集团军群，由布莱德雷统辖。布莱德雷同蒙哥马利和登普西会商后，于8月3日要求巴顿用“最少量的部队”夺取布列塔尼半岛，而用其余的部队向南、向东突击，扫清卢瓦尔河以北地区，然后按蒙哥马利的指示中所说的，“横扫小树林地带以南地区”。

对巴顿★来说，这真是梦寐以求之事。他立即着手进行“这一看来不能做却做成功了的事”。阿夫朗什大桥那边只有一条公路，白天黑夜都处于德国空军的定期攻击之下。巴顿在72小时内已将7个师通过阿夫朗什和这条公路。这样的前进速度，一直保持到他的前卫第15军冲过开阔地带。到8月7日，巴顿的部队差不多进了勒芒。

8月7日凌晨，冯·克卢格根据希特勒的命令，用集中起来的装甲部队，取道莫尔坦发动反攻，企图夺回阿夫朗什，切断巴顿的补给线。先冲过来的坦克意外地袭击了正在“休整”之中的疲惫不堪的美军第30师。但该师顽强坚守，连续战斗6昼夜，始终将敌军顶住，直到其他部队赶来增援为止。

德军的反攻一刻也没有挡住巴顿的前进。他的第15军现在已从勒芒向北直指阿朗松。这样，希特勒开始担心“B”集团军的后侧，于是在8月15日允许冯·克卢格从莫尔坦作“小小的撤退”。一天以后，巴顿给布莱德雷打电话说：

“我的部队已经进入阿让唐，让我前进到法莱斯，我们要把英国佬赶下海去，让他们再尝一次敦刻尔克的滋味！”

这当然不是什么开玩笑，而是有意侮辱英军。巴顿这样说是不公道的，因为当他的坦克烧着汽油在宽阔的公路上向前飞奔，掠过防护甚弱

MONTGOMERY

∧ 攻打法莱斯前，蒙哥马利与巴顿、布莱德雷交谈。

的村庄时，在北面的英国人，特别是加拿大人，却一直在困难的地形条件下与凶猛抵抗的敌人做斗争。这是巴顿在梅斯和萨尔碰上防御工事之前所未曾经历过的。在那儿，巴顿才发现了固定防御设施的重要意义。在一个月之中，他的集团军伤亡达4.1万人，相当于整个第21集团军群从进攻欧陆开始日至8月底总伤亡人数的一半。

为了扎起德军莫尔坦攻势所形成的口袋口，蒙哥马利必须打通一条走廊，与南面如潮涌而来的美军会师。于是，蒙哥马利在8月4日把攻下法莱斯的艰巨任务交给了加拿大第1集团军。从8月7日开始的这一作战行动，由西蒙兹中将和他的加拿大第2军实施。尽管在作战过程中遇到了许多困难，并遭受了不可避免的挫折，但加拿大第2师和英国第51高地师还是在黎明前越过了防线，去夺取他们的目标。8月14日，西蒙兹加强了对敌人的压力。那天，为了贯彻蒙哥马利拿下法莱斯的命令，西蒙兹把自已原先的计划颠倒过来，在大白天让坦克在浓烟的掩护下，成"密集队形"前进，同时像以前一样，用装甲车运送步兵。这种异乎寻常的做法再次取得了某种程度的成功。到了晚上，加拿大人已离法莱斯很近了。8月17日，德军后卫部队仍在顽强抵抗，掩护着溃败的其余部队源源向东后撤。前一段时间，天气恶劣，敌我双方胶着混战在一起，盟国空军无法参战。后来乌云消散，天空放晴，英美空军便投入了战斗。

德军仍在做垂死挣扎，拼命抵抗着英、美、加、波诸军的进攻。到8月18日，他们还是撑开着一道10公里宽的缺口。可是，这时盟军的作战飞机和大炮发挥了极其强大的威力，实际上已将这道缺口封死。德军被紧紧逼入急剧收缩着的袋形阵地内。他们沿着公路，穿越田野，拼命向东逃窜。在德军力图从缺口处逃命的那6天中，他们大约有10000人惨遭杀戮，此外还有50000人被俘。缺口逃出来的2～5万人中，有很多人还没到塞纳河畔就被打死了。在主力遭到毁灭性打击的同时，被分割包围在其他地区的数千名德军，也缴械投降了。德军有8个步兵师和2个装甲师的人马，几乎是一个不漏地全部束手就擒。希特勒希望用来粉碎西线盟军的整个军队，已被彻底击溃。

第十章

吵吵嚷嚷的战略攻势

1887-1976 蒙哥马利

英国报纸对艾森豪威尔大加抨击，这种情况使蒙哥马利非常不安。于是他给首相打报告说，他打算向英美记者谈谈这次的阿登战役，以表明盟军一致响应号召，如何一致合作共事，扭转了这一颇为棘手的局面。却不料这次记者招待会招致了更大的麻烦……

>> 与艾克的分歧

8月25日，盟军攻克巴黎。蒙哥马利曾因“小心翼翼”而受到激烈的批评，但此时他发现，正是由于他的总体计划，德国人才垮得比预料的要快得多。在“霸王”计划中他们曾设想，登陆日后的90天内将占领塞纳河左岸地区，此后，在继续向前推进之前，将有一段较长时间的停顿。但事实上，在登陆日后的第79天，盟军就到达了塞纳河。美军几乎是在行进间渡过河去的，英军也紧随其后。

按照原先的计划，预计在登陆日后90天，要为12个美军师提供物资供应，直到登陆日后第120天之前不会再向前推进，在登陆日后第150天才会“向塞纳河一带作一小小的推进”。然而，在9月1日，即登陆日后的第87天，却有16个美军师到了河的右岸，先头部队已在东面240公里之外。9月初，第21集团军群的绝大部分部队也越过了塞纳河。

8月26日，最高统帅部的情况简报说：“两个半月的苦战，最终使嗜血的德军伤亡惨重，支撑不住，因此，欧战结束近在眼前，几乎唾手可得。德国陆军在西线已土崩瓦解，巴黎再次回到法国人的怀抱，盟军正以排山倒海之势朝着第三帝国的疆界挺进。”

但是，后勤供应带来的困难却减慢了盟军前进的速度。按照“霸王”计划的简单预计，支持沿塞纳河摆开处于静止状态的英美部队，也得充分利用布雷顿的一些港口，每天运来1.4万吨物资。然而在当时，一个港口也未到手。结果是所有的供给品都得先通过滩头阵地向诺曼底的后勤供应区输送，然后再从诺曼底通过公路运出去，或者用飞机直接从英国空运。这样，蒙哥马利不得不让他的3个军中的1个军停步不前，而且，前方一点物资储备都没有。

然而，比后勤供应更为重要的是，盟军最高统帅部没有一个意见一致的作战计划。艾森豪威尔竭力推行他的全线挺进、全面出击的“宽大正面”战略；蒙哥马利则主张采用“单一冲击”战略，即在单一司令官的指挥下，集中第12和第21两个集团军群的40个师，以压倒优势兵力向北发动大规模进攻，横扫日趋崩溃的德军，从阿登高原的北面翼侧打过去，迅速占领鲁尔区，最终夺取柏林。

在诺曼底战役最后阶段战斗结束之前，蒙哥马利就已拟好了“单一冲击”计划，并于8月17日飞赴布莱德雷的司令部，向他谈自己的计划。布莱德雷当即表示完全同意。8月20日，艾森豪威尔在他的指挥所召开参谋人员会议，商讨今后作战设想。蒙哥马利派德·甘冈去出席这次会议。会上主要做出了两项决定：第一，从9月1日起，指挥系统有所变更，由艾森豪威尔亲自指挥各集团军群；第二，第12集团军群应直捣梅斯和萨尔，在那儿与龙骑兵会师。

蒙哥马利不同意这些决定。就让德·甘冈带着他的便条去说服艾森豪威尔。结果，蒙哥马利的意见被否定了。于是，蒙哥马利决定面见艾森豪威尔，就邀他8月23日前来共进午餐，艾森豪威尔欣然同意了。

蒙哥马利希望在和艾森豪威尔见面之前，再同布莱德雷★谈一次，便于23日一早飞往布莱德雷的司令部。但使蒙哥马利吃惊的是，布莱德雷已改变主意，而全力支持他的集团军群向东往梅斯和萨尔方向挺进。于是，蒙哥马利马上返回自己的作战指挥所，以便及时与艾森豪威尔会晤。

在艾森豪威尔的参谋长参加会谈之前，蒙哥马利与艾森豪威尔单独谈了1小时。蒙哥马利说："应该决定主攻方向并在主攻地区保持强大的兵力，以便迅速获得决定性战果……必须把汽油和弹药集中在经过选择的突破线后面，若在全线平均分布，战事无法定局……若采用全线挺进、全面出击的'宽大正面'战略，那么，挺进就不会有力，最后非停止不可，德军就有喘息的机会，战争将拖到整个冬季，甚至到1945年。"然

★布莱德雷（1893～1981）

美国五星上将，西点军校毕业。1939～1942年任步兵学校校长和步兵师师长。1943年任驻北非盟军司令艾森豪威尔助理、第2军军长。1944年任驻西欧美国第1集团军司令，参加指挥诺曼底登陆战役。1944年8月，任驻欧洲第12集团军群司令，攻占德国本土，强渡莱茵河。1947～1949年任美国陆军参谋长。1949年任美国参谋长联席会议主席和北大西洋公约组织军事委员会主席。1953年退役。

∧ 1944年8月，蒙哥马利与艾森豪威尔在一起。

后，他向艾森豪威尔谈了他提出的、布莱德雷原先已经同意了的计划，并指着地图，详加标述，说明这样做，获胜的可能性很大。

但无论蒙哥马利怎么说，艾森豪威尔仍然顽固地坚持一种钳形攻势：一路沿蒙哥马利所竭力推崇的北线冲击，另一路向东，向阿登高原以南冲击，最终目标是由萨尔进入德国。

蒙哥马利无法说服艾森豪威尔让美军停下来，以便为北面的40个师的进攻保障物资供应。艾森豪威尔所能做出的最大让步，也只不过是向蒙哥马利提供点有限的增援部队。此外，艾森豪威尔还拒绝了蒙哥马利要再设地面部队总司令的主张。

蒙哥马利的争辩毫无结果，“宽大正面”战略势在必行。蒙哥马利虽不信服，但照例服从了，还因为他现在仅处于和布莱德雷同样的地位。

正当他陷于这一纠纷并感到失望的时候，他于8月31日晚收到了首相的一封信。信上写道：

非常高兴地通知阁下，经我提议，英王陛下极为愉快地批准，自9月1日起，晋升阁下为陆军元帅。王室对阁下亲临法国指挥这场值得纪念的，也许是决定性的一战所建立的卓越功勋，深表嘉奖。

这是蒙哥马利于战争期间第二次在战场上晋级提升。第二天早上，英国广播电台在新闻节目中发布了这个消息。艾森豪威尔立即向蒙哥马利发去一份热情洋溢的贺电。这多少使蒙哥马利心里好受了些。

但当蒙哥马利越是想到应该动手做些什么时，他就越感到"宽大正面"战略不对头，因为它违反了集中兵力的原则，意味着更多的伤亡和战争的拖延。但英国的经济和人力状况要求盟军在1944年就取得胜利，不能再拖。因此，蒙哥马利决心说服艾森豪威尔接受他的"单一冲击"战略。由于蒙哥马利和艾森豪威尔在这两个针锋相对的方针上的争论，使他们之间的关系有几个月一直不好。

尽管蒙哥马利的设想在军事上百分之百地可行，但在政治上却是绝对地不可行。8月23日，艾森豪威尔在与蒙哥马利谈话时曾一语道破天机。他说：

"美国公众对这种做法绝对不会赞成，而舆论足以赢得战争。"

不仅美国公众不赞成，也很难想象罗斯福、马歇尔和美国参谋长联席会议会同意这种似乎是背叛的行为。虽然艾森豪威尔曾不止一次地提醒蒙哥马利注意，但他似乎从来没有意识到，在高层战略中，政治因素有时会与纯军事考虑具有同样的重要性。

因遭到挫折而闷闷不乐的蒙哥马利决心进行一次作战，以表明他也能像巴顿一样迅速前进。结果，蒙哥马利的坦克部队在一周之内向东横扫了400公里。在地图上用粗大的箭头表示的冲杀看起来的确很壮观，但明眼人一看便知，大部分进军都是机械化奔驰，同美国人大踏步前进的情况一模一样。

当警卫装甲师于9月3日突入布鲁塞尔、第11装甲师于9月4日冲进安特卫普时，在那些对战争厌倦透顶的居民中引起了狂喜。这两个师遇到一些局部抵抗，不过，这已丝毫称不上是一条战线了，德国人已无力建立战线。一切显得

> 蒙哥马利手执元帅权杖的肖像。

轻松愉快，令人振奋。在这些大都市的街道上，酒液漂流，人们热烈拥抱、亲吻解放者。

这是英军及其统帅欣喜若狂的时刻。然而，在一片狂喜之中，却有两个人及时看到了此时应该做些什么事。一个是艾森豪威尔的海军上将伯特伦·拉姆齐爵士。就在第11装甲师突入安特卫普，并完好无损地夺取了码头的那一天，拉姆齐向盟军最高统帅部发了一份"加急"电报。这份电报的抄件马上分送第21集团军群、英国海军部和英国海军总司令诺尔。拉姆齐的电报写道：

"一、若要安特卫普和鹿特丹港很快开放，必须阻止敌人：1.进行破坏；2.在斯海尔德河和鹿特丹至荷兰湾之间的新航道中布雷并实施封锁。

二、安特卫普和鹿特丹港极易被布上水雷，遭到封锁。若敌人的行动得逞，开通上述两港所需的时间将无法估计。"

另一个人就是希特勒。希特勒及其参谋部立即觉察到，通往安特卫普的航道与占领这个城市本身同样重要，因此他下令通过布雷、炮击和派兵，使斯海尔德河不能通行。在这一点上，蒙哥马利和艾森豪威尔的反应都非常迟钝。

如果蒙哥马利要使自己北面的集团军群得到所需要的供应，那他就应该立即看到，要是没有安特卫普，就根本不可能将重型武器运到欧洲。从这一点和其他重要方面看，蒙哥马利本应像拉姆齐和希特勒那样认识到斯海尔德河的极端重要性，认识到不能利用安特卫普就意味着胜利无望。然而，他却没有做到这一点。

布鲁克也觉察到了这一点。他在10月5日的日记中写道："我觉得这一次蒙蒂的战略出了毛病，他首先应把安特卫普稳拿在手，而不应首先向阿纳姆方向推进。"

实际上，蒙哥马利本人后来也意识到了这一点。他在《回忆录》中写道：

"我必须承认，我铸成了一个大错，我低估了打开通往安特卫普的航道以自由利用该港口的困难。我以为，在我们扑向鲁尔时，加拿大集团军就能解决这个问题。事实证明我错了。"

他确实错了，因为第11装甲师虽然于9月4日完好无损地夺取了安特卫普城和港口，但直到11月28日，盟国的船只才靠上了安特卫普的码头。

9月9日，伦敦通知蒙哥马利说，前一天英国遭到V－2导弹的攻击，估计导弹是从鹿特丹和阿姆斯特丹附近发射的，问他何时能攻下这一地区。由于提出了这个问题，进攻阿纳姆一带就显得十分必要、十分紧迫。9月10日上午，蒙哥马利召集登普西和盟国第1空降军军长布朗宁开会，讨论挺进阿纳姆的作战计划。但他知道，要发动这次战役，给养是个大问题。

9月10日下午，艾森豪威尔应邀飞到布鲁塞尔会见蒙哥马利。由于他的腿行走不便，蒙哥马利便到他的座机上与他会谈。会谈中他俩各执一词，互不相让。蒙哥马利极力主张在北面搞单一冲击，他说，必须在布莱德雷的和他的计划之中选择一个，予以"支持"；若要两者兼得，就不可能迅速取得决定性效果。艾森豪威尔则反复说明，应首先逼近莱茵河，摆开阵势，正面横渡莱茵河，只有到了那时，才能集中兵力于一个进攻方向。蒙哥马利的口气十分急切、激动，艾森豪威尔不得不以友好而又合作的语气对他说：

“镇静些，蒙蒂，你不能这样对我说话，我是你的上级。”

蒙哥马利回答说：

“对不起，艾克。”

最后，艾森豪威尔同意，第21集团军群尽早向北朝阿纳姆进军，他承认，这个方向的作战如果能成功，将为今后的行动打开局面。

9月11日，蒙哥马利给艾森豪威尔发去电报说，由于目前的给养状况，第2集团军和空降军北向马斯河和莱茵河的大规模作战行动，最早不可能在9月23日甚至9月26日之前进行。发出电报的第二天，比德尔·史密斯即奉命前来，说艾森豪威尔已决定按蒙哥马利的建议行动，决定停止向萨尔方向的挺进，3个美国师的车辆也全部集中，用作担负第21集团军群的物资供应。第12集团军群的大量后勤支援将给予蒙哥马利右翼方面的美国

第1集团军，并同意蒙哥马利直接同该集团军指挥官霍奇斯打交道。得到这些允诺之后，蒙哥马利和登普西重新审订了计划，并把阿纳姆作战行动代号为“市场花园”，发动的日期定在9月17日。

>> “市场花园”的失利

1944年9月17日，“市场花园”行动按时进行。盟军经过短时间的航空火力准备和10分钟的炮火急袭后，即发起冲击，突破敌人防御前沿。至当天晚上，向纵深推进了10公里。空降部队于中午降落。第101和第82空降师的部队只遇到敌人微弱的抵抗。日终前，第101空降师在埃因霍温以北地域设防固守，第82空降师在警卫装甲师的协助下，占领格拉维附近的大桥，并为夺取奈梅根附近的一个渡口而进行战斗。英军第1空降师在阿纳姆地域遇到德军的顽强抵抗，未能占领下莱茵河上的渡口。

∧ 向前开进的英军装甲部队。

< 1944年9月，蒙哥马利与布莱德雷（左二）、登普西（左三）等人交谈。

9月18日，从正面进攻的部队向北推进，绕过埃因霍温，和第101空降师会合。9月20日日终前，他们进至奈梅根地域。在两翼进攻的第8和第12军进展缓慢。英军第1空降师同敌人进行了激烈的战斗，因得不到从正面进攻部队的支援而陷入困境。9月24日晚，蒙哥马利收到第1空降师从阿纳姆发来的告急电报。

由于第30军无法靠拢他们，蒙哥马利便命令该师残部于9月25日晚撤至阿纳姆的下莱茵河，进入英军防地。该师2000多名官兵向南突围成功，于9月26日与自己的军队汇合。大约2000名无法行动的伤员随同医生、护理员留在那边，后被德军俘虏。全师除一名营长生还外，均告牺牲。全师总共伤亡3716人。

9月底，英军第2集团军在下莱茵河南岸阿纳姆以西转入防御。至此，“市场花园”进攻作战遂告结束。10天内，英军向纵深推进了80公里，并将突破口的正面扩大到25～40公里。但是，战役的目的并未达到。

阿纳姆战役没有成功，原因是多方面的，但蒙哥马利还是认为："如果这次战役一开始就得到适当的支持，给予必要的飞机、地面部队和后勤给养的话，那么，尽管有我的过错、不利的气候以及在阿纳姆有敌之党卫军第2装甲军等等，这次战役还是能够成功的。我将继续为'市场花园'行动当个顽固的辩护人。"

阿纳姆战役结束之后，艾森豪威尔在10月8日给蒙哥马利和布莱德雷的命令，仍然规定两个集团军群的计划"应在人力许可的情况下，把尽速挺进到波恩以北的莱茵河一线作为首要任务"。但艾森豪威尔似乎突然认识到了安特卫普的重要性，并于10月9日指示蒙哥马利"把打开安特卫普港当作头等急事"，甚至强调指出，"在北面翼侧再掌握一个大港口是最终攻入德国的一个不可或缺的条件"。

实际上，蒙哥马利在10月8日便与马歇尔、布莱德雷、霍奇斯进行了协商，并于次日发出了一份重要的、却是小心谨慎的命令。命令一方面强调安特卫普的重要性，另一方面也着重阐述扫清莱茵河西岸敌人的必要性。这项命令发出之后，蒙哥马利于10月15日收到艾森豪威尔10月13日写来的一封信。这封信对他10月10日提出的一份文件以精心的措辞进行了坚定的批评。蒙哥马利的文件题为《关于西欧战场指挥问题的一些意见》，其口气一看便知是故意找别扭，不愿服从。文件结尾处再次提出那似乎已被人忘却的问题，即进行"单一冲击"，设置单一地面指挥官。

艾森豪威尔的回答是寸步不让，并强调指出："这里不再是诺曼底滩头！"蒙哥马利只好这样回答："我不会再向您提及指挥权的问题。"接着，他给第21集团军群又下了一道关于扫清安特卫普航道的指令，但这时已为时太晚，因为奉命向斯海尔德河进发的加拿大人面临的是，在极其困难的条件下进行一场旷日持久、血肉横飞的战斗。他们不得不一个堤坝一个堤坝地顽强地向前推进。最后，当英国皇家空军用炸弹炸掉瓦尔赫伦岛的水上防御工事，当皇家海军用150艘各种各样的小船和27艘装备有大炮、火箭的轮船在韦斯卡特佩勒把第4特种勤务旅送上岸时，伤亡人数令人毛骨悚

∧ 英军部队驾驶美军装甲车驶向阿纳姆。

∧ 盟军坦克驶过一座被盟军占领的大桥。

∧ 艾森豪威尔与蒙哥马利促膝交谈。

然。在死伤的1000人中，仅支援中队就有170人战死，200人受伤，27艘船中有20艘已不能再用。若是早一点动手，代价肯定会小得多。

由于加拿大部队的浴血奋战，盟国第一批船只终于在11月28日靠上了安特卫普的码头。于是艾森豪威尔要求，北面的主要行动应当确保横渡莱茵河，占领鲁尔，深入德国。与此同时，如有可能，应准备从萨尔继续前进，并在盟军右面的战线进行配合作战。然而，“宽大正面”上的进攻始终受挫，最明显的是在美军战线上，霍奇斯的第1集团军进攻许特根森林的作战尤其如此。这是第二次世界大战以来最激烈的战斗之一。9000名美国人患了战壕足病、战斗疲劳症和所谓的“呼吸系统病”，2.4万人战死、被俘或失踪。美官方史学家称这次作战为基本上无成果的战斗，是早就应当避免的。

11月28日那天，艾森豪威尔来到宗霍温蒙哥马利的作战指挥所，与蒙哥马利促膝长谈。蒙哥马利坦率地说，盟军处境不佳，并且认为布莱德雷的第12集团军群在战术行动方面欠“平衡”，于是建议巴顿的一些师往北开去，并取消巴顿在南边发动的攻势，以恢复战术平衡。艾森豪威尔很快将蒙哥马利的意见转告了布莱德雷。12月3日，布莱德雷写信给蒙哥马利，

∧ 1944年12月，一次指挥官会议后，泰德（左一）、布莱德雷（左二）、艾森豪威尔面带笑容步出会场，而蒙哥马利则紧锁眉头。

列举了多种理由，说他不能那样做。

结果，更大的混乱接踵而至。令人费解的是，在这几个星期中，英美军队中的许多情报机构竟然都未曾发现德国人一个新建装甲集团军的踪迹，对其未来的进攻重点也茫然无知。

到1944年9月，德军最高统帅部已经明白，盟军不能立即突破“齐格菲”防线，而自己则能在这一地区阻止盟军前进。于是，决定在西线实施反攻，企图以出其不意的突击，击溃战线北段的盟军，迫使英美单独媾和。

在盟军战线北段作战的是第21集团军群，共15个师。在中央地段作战的是第12集团军群，共31个师。第9集团军和第1集团军的10个师集中在亚琛以东。只有第1集团军第8军的4个师在阿登山区宽115公里的地段进行防御。其中有1个师刚从美国抵达，有2个师的人员武器没有完全补足。由于盟军决定由亚琛向北方以及经阿尔萨斯向南方实施强大突击，从而大大地削弱了战线的中段。于是，德军决定利用盟军防御中的薄弱环节，在阿登山脉地段向安特卫普实施突击。

蒙哥马利承认，与盟军最高统帅部一样，他也未能清楚地预见到艾森豪威尔的“宽大正面”战略的这一特殊后果，即为了保持一条宽大正面的战线，就必然要冒在某个地域部署薄弱的风险。不管愿意不愿意，艾森豪威尔和布莱德雷恰恰就在德国人所要打击的地方承担这种风险了。

12月16日早上，蒙哥马利感到需要休息，就乘他那架迈尔斯小飞机去埃因霍温同著名职业高尔夫球手戴·里斯打高尔夫球。里斯当时在那里作空军大队长的汽车司机。出发前，蒙哥马利请空军大队长准许里斯到球场接他，并陪他打球。当他的飞机在球场降落时，一切都已安排妥当，于是他们开始打球。过了不久，来了一封电报说，那天早上，德军向美第1集团军正面发起强攻，情况不明。于是，蒙哥马利停止打球，告别里斯，直飞宗霍温作战指挥所。

德军攻击矛头直指第1集团军正面，即兵力薄弱的第8军守卫的阿登地区，结果在美军防线上顶出了一个相当大的突出部位。

局面迅速恶化。布莱德雷的第12集团军群被一分为二。他的总部在卢森堡，当时他已指挥不了在北面的那一半集团军群了。蒙哥马利通过联络军官组与战场保持联系，并采取了一些措施确保第21集团军群右翼和右后方的安全。12月20日晚10时30分，艾森豪威尔从总部挂电话命令蒙哥马利立即负责统领突出地带北翼所有的美国部队。这个命令把美国的

V 1944年底，蒙哥马利向属下发表新年祈福演讲。

辛普森的第9集团军和霍奇斯的第1集团军，置于蒙哥马利的指挥之下。

第二天上午，蒙哥马利向前来开会的登普西和克里勒下达命令之后，于中午飞往美国第1集团军总部，并要辛普森前去见他。蒙哥马利发现突出地带北翼情况混乱，于是马上采取措施，把英国部队置于第9集团军统辖之下，和美军共同作战，并要该集团军接管第1集团军的某些阵地。在美军预备队组成之前，把英军配置在第1和第9集团军后面，充当预备梯队。经过这番处置，情况渐趋稳定，最后终于恢复正常。

尽管德军的进攻取得了出敌不意的效果，但它的反攻计划在战役的头几天就开始落空了。12月18日，希特勒对原先的企图作了重大修改，取消了原定从亚琛以北地域向西实施突击的计划。

12月19日，艾森豪威尔在凡尔登召开会议，决定对敌人进攻集团的两翼实施反突击，集中全部力量粉碎德军在阿登山脉的反攻。12月21日，盟军转入反攻，巴顿的第3集团军从南面向突出部发起强大进攻。但一开始由于缺乏航空兵支援，进展缓慢。12月23日，天气好转，掌握绝对制空权的盟国空军开始对德军采取积极行动。12月23日以后，美军部队加速推进。12月26日，先头部队同被围困在巴斯托涅的第101空降师会合。由于盟军指挥部采取了紧急措施，德军已无法向安特卫普发动进攻。12月28日，希特勒在大本营讨论阿登战役的会议上，承认进攻已经失败。

由于美军在阿登战役的最初几天未进行认真的抵抗，就开始毫无秩序地退却，而且在有些地段，这种退却变成了狼狈的溃逃。因此，英国报纸对艾森豪威尔大加抨击。这种情况使蒙哥马利非常不安。于是他给首相打报告说，他打算向英美记者谈谈这次战役，以表明盟军如何一致响应号召，如何一致合作共事，扭转了这一颇为棘手的局面。首相认为他的建议很有价值，同意了他的意见。

于是，蒙哥马利在1945年1月7日在战斗中召开记者招待会。对此，报道很多，他在会上的讲话，也被各报广为引用和发表。德国人迅速而又巧妙地辑录了他的讲话内容，把它改写成为一篇带有反美倾向的报道，并由当时掌握在戈培尔手中的阿纳姆电台广播。布莱德雷总部的监听站把它误认为是英国广播公司播送的，于是这篇精心歪曲了的讲话稿便引起了轩然大波，对盟国的团结造成了灾难性影响。

蒙哥马利召开记者招待会的出发点是好的，但他的讲话确有容易引起误解的地方，因为在他的讲话中有这样一段：

∧ 英军与德军展开激战。

∧ 二战期间，马歇尔（右）与英国首相丘吉尔在一起。

★马歇尔（1880～1959）

美国陆军五星上将。1901年毕业于弗吉尼亚军校。参加过第一次世界大战。1924～1927年曾在驻华美军第15步兵团服役。1927～1932年任本宁堡步兵学校副校长。第二次世界大战前夕任陆军副参谋长。1939年9月任陆军参谋长。1944年晋升为陆军五星上将。1945年退役后，曾任美国驻中国特使，参与国共两党谈判，支持国民党政府发动内战。1947～1949年任美国国务卿，提出援助欧洲经济复兴计划。

“接着战局开始恶化。但盟国部队齐心协力对付这一危急局面，大家都把狭隘的国家民族观念撇在一旁，艾森豪威尔将军命令我指挥整个北部战线。我调用了英国集团军群全部可用的力量……最后，英国部队猛地一举投入战斗。目前，英军各师正在美军第1集团军右翼奋勇作战。这样，你们就可以看到英军正在受到沉重打击的美军左右两翼作战。”

这些话似乎在暗示，是蒙哥马利把自己的师团投入拦阻阵地，保持镇静而清醒的头脑，在美国人的北侧保持一个坚不可摧的壁垒，在默兹河西岸建立起一道坚固的屏障，保证了阿登战役的胜利。

令人奇怪的是，蒙哥马利竟会在1月7日自讨苦吃地搞这样一个记者招待会，因为仅仅一个星期以前，由于他不断向艾森豪威尔施加压力，要求实施“单一冲击”战略，任命单一的地面部队指挥官，他自己的军事生涯受到了极其严峻的考验。1944年12月30日，马歇尔★电告艾森豪威尔说：“在任何情况下都不得做出任何性质的让步。你不仅得到我们的完全信任，而且，如果你做出这一让步，将会在国内引起极大的愤慨……”这就是最后的定论，与艾森豪威尔常常力图使蒙哥马利认识到的没有什么两样。此时此刻，艾森豪威尔的忍耐已经到了最大限度，他的一帮顾问们也竭力唆使他和蒙哥马利一刀两断，于是他在给马歇尔的一份电报中便使用了“有我无他”（指蒙哥马利）的话语。

德·甘冈了解到这种情况后，急忙赶到凡尔赛，求得一点回旋、喘息的时间，然后又冒着漫天大雪飞到他的上司身旁，说服已经茫然不知所措的蒙哥马利给艾森豪威尔写了一封语气柔和的信，在一切行将失去的时候挽回了局势。

一切都暂时地平息下去了。然而，随着冬天的日子一天天过去，愈来愈清楚的是，艾森豪威尔的“宽大正面”战略收效甚微，美军和英军沿着莱茵河或在其附近的小规模零星战斗也没有多大进展。盟军参谋机构进行了多次深入细致的讨论，最后在1945年1月末在马耳他举行了最高级会议，达成了一项妥协方案。双方都做出了让步，艾森豪威尔的意图于2月1日在马耳他得到了批准。他说：

“你们请联合参谋长委员会放心，我将在北面立即夺取莱茵河渡口，这一作战是完全可行的，无须等到封锁整个莱茵河后再进行。而且，在渡过莱茵河之后，我将在北侧用最大力量向前推进，一旦南方局势允许我集结所需的部队，并且不会因此招致过大的风险，我将实施我的决心。”

这是蒙哥马利所能得到的最好结果，也许比他应得到的还多一些。这样，就为英联邦军队在西北欧的倒数第二次大规模作战行动——“诚实”作战行动打开了道路。

第十一章

胜利是军人辉煌的顶峰

1887-1976 蒙哥马利

蒙哥马利当众用英语宣读了投降书，并说，除非德军代表团立即签署这份文件，并不再就投降后的种种问题进行讨论，否则他将下令继续作战。然后蒙哥马利一个一个叫着德军代表团成员的名字，要他们依次在投降书上签名，他们一一遵命照办……

> 美军占领的雷马根铁路桥。

>> 挥师德国境内

蒙哥马利在进行欧洲最后一战之前，还进行了“诚实”作战。“诚实”作战是由加拿大集团军从帝国森林向南发动的一次攻势，目标是攻克莱茵河以西的全部地区。

“诚实”是一次非常激烈的作战行动，它的另一个名字是“帝国森林”之战。在“诚实”作战行动的1个月中，加拿大集团军虽然遭到1.5万人的伤亡，但蒙哥马利及其部队却达到了目的。希特勒再次犯下了致命的错误，强令其部队背水抵抗。到1945年3月初，“诚实”作战行动和美军的“手榴弹”作战行动打垮了德军19个师，使之伤亡达90000人。莱茵河西岸的德军已被扫清，向东挺进的大道已经打通。

到3月10日，美第9集团军和第21集团军群已在莱茵河西岸从诺伊斯到奈梅根一线摆开阵势，河上所有桥梁均已被摧毁。与此同时，美第1集团军于3月7日完整地拿下了雷马根的铁路桥，并立即在东岸建立了桥头堡。到3月的第三个星期，盟军已在南起瑞士、北到北海这条漫长的战线上，全部逼近莱茵河。

关于“地面部队指挥”的问题，蒙哥马利和艾森豪威尔已在1944年12月31日的通信中达成了谅解，得到了较好的解决。艾森豪威尔亲自指挥两个集团军群，但将美第9集团军置于蒙哥马利的指挥之下，并把主攻方向放在北线。一旦与布莱德雷就两个集团军群的作战地境线出现分歧，蒙哥马利有最后决定权。

盟军全线逼近莱茵河后，便准备强渡。蒙哥马利为第21集团军群强渡莱茵河进行了精心的筹划。在开始制订渡河初步计划时，蒙哥马利就是把渡河作为最终打败德国人的开端来计划的。一向以小心谨慎著称的蒙哥马利，此次尤其如此。

∧ 1945 年 3 月，蒙哥马利与艾森豪威尔、布莱德雷一起研究作战计划。

∨ 蒙哥马利迎接前来视察的丘吉尔首相。

为了确保强渡莱茵河万无一失，蒙哥马利把欺骗的技巧运用到无与伦比的境地。他做到了在伪装的掩护下，将大量人员、装备运到暴露的沿河一线而不被发现。在某种程度上，这是在阿拉曼所用过的办法的重演：让敌人知道进攻点，但看不见进攻者。下述统计数字表明蒙哥马列当时所必须解决的问题：11.8万吨各种各样的供应物资必须秘密屯集；发起进攻前的第一周中，662辆坦克、4000辆坦克运输车和3.2万辆，其他车辆必须大部分在夜间进入阵地；皇家海军的36艘登陆艇也要通过欧洲大陆的公路运来。美国集团军屯集了不少于13.8万吨弹药。除此之外，为了防止在阿纳姆发生过的皇家空军和美国陆军航空队在直接支援方面的错误，需要就英国第6空降师和美国第17空降师的空降，做出复杂的安排。

3月23日夜间，当3500门大炮向莱茵河对岸轰击，以掩护蒙哥马利精心筹划的突击时，上述一切都已顺利完成，其他许多辅助工作也进行得十分协调。当然，如果没有空中优势这一决定性因素，这种协调肯定会遭到破坏。只有引起敌人的注意，才更容易欺骗敌人。

在横渡莱茵河前，蒙哥马利对部队的后勤状况做了一番检查，情况良好。汽油、武器弹药和粮秣供应均极充足。部队健康状况极佳，发病率平均每周每千人不到6.75人。整个冬季战役中，患战壕足病的总共才201起。3月23日，蒙哥马利发布致集团军群全体官兵的信。当天晚上，蒙哥马利以美国第9集团军为右翼、英国第2集团军为左翼，在莱茵贝格到雷斯这一宽大正面上强渡莱茵河。加拿大集团军则在雷斯以北的左翼执行重要任务。

3月23～24日的强渡莱茵河，是英军最后一次将堆积如山的武器装备和成千上万的士兵，投入一个以英军占优势的有限战场作战，是蒙哥马利作为一个统帅的光辉杰作，也是那些在他指挥下忠诚战斗的部队的壮举。不知是出于偶然的机遇，还是出于有意的安排，3月23日夜间渡过莱茵河的两处主要突击行动，是由第51苏格兰高地师和第15苏格兰师进行的。

3月24日清晨，首相丘吉尔来到蒙哥马利的作战指挥所，观看这最后一场“大表演”。对于他来说，这是一个圆满的收场，从1940年起他就为之奋斗的一切，在他的眼前实现了。丘吉尔对他的将军们总是毫不留情的，常同他们作对，但蒙哥马利幸存下来了，而且现在能在这里请他登上一条船，将他送到一个他一直梦想着将其毁灭的国度。

3月26日，丘吉尔返回伦敦时，在蒙哥马利的纪念册上留言道：

莱茵河及其一切要塞的防线已为第21集团军群越过。这些防线是屏障德国重重大门的枢纽。它们再次证明，若无据险奋战的手段和精神，一切天险和人为的防御设施，都是可以攻破的。

这支不久前还是主宰欧洲的军队，遭到了打击，在追兵面前溃退了，对于来自远方、战斗出色的士兵说来，在引以为荣和忠于职守的统帅领导之下，目标就在眼前。乘胜前进，夺取最后胜利！

温斯顿·S·丘吉尔

蒙哥马利这位军事天才，使强渡莱茵河取得了圆满的结果。大量的人力、物力带来了决定性胜利，而且损失极小。物资并没有浪费，兵力得到了合理使用。到3月27日，他的几个集团军已越过了莱茵河，建立起宽60公里、纵深30公里的桥头堡。英国第2集团军伤亡3968人，美军伤亡2813人。但是，已建立的立足点异常稳固，俘敌1.6万多人。就像在诺曼底一样，蒙哥马利取得了当时条件下所必须取得的胜利，没有出什么差错，现在，英军已顺利地越过了莱茵河，美国人也以压倒优势的力量过了河。在东面，苏联军队正在迫近柏林的大门，下一步该怎么办呢？

蒙哥马利根据盟军计划做出的反应是，尽快尽远地向东挺进，第一步到达易北河，第二步向柏林推进。3月27日6时10分，蒙哥马利致电艾森豪威尔说："今天我向各集团军司令发出了东进作战的命令，现即将开始行动。"电报在陈述了作战计划细节之后，最后写道：

"我的指挥所将移往威塞尔－明斯特－温登布吕克－黑尔福德－汉诺威，然后沿着公路到达柏林，我希望如此。"

当丘吉尔收到这封电报的副本时，对于最后几个词的含义当然感到十分振奋。对于丘吉尔来说，头等重要的事是盟军首先攻入德国首都。然而，一个意外的障碍出现了——艾森豪威尔改变了西线战事最后阶段的整个作战方针。在这个新的作战方针中，柏林已不再是一个目标。

艾森豪威尔改变西线作战方针的原因，有三个：第一，艾森豪威尔基本上是在一个政治真空中行使职权，对英美苏"大同盟"正在迅速走向崩溃这件事一无所知，只注意通过军事手段得到军事上的胜利。第二，当时西方盟军还在距德国首都300公里以外的地方，而朱可夫已出现在奥得河上，离柏林不到60公里，从军事的角度看，苏联人比英、美军所处的地位优越，只要愿意，他们随时可以夺取柏林。此外，由于东、西方盟国的战线逐渐向一点会聚，很可能发生意外冲突，导致不幸事件。第三，艾森豪威尔的判断被所谓"民族堡垒"的神话引入了歧途。从许多渠道收集来的证据似乎表明，当时德国人打算在贝希特斯加登周围的山地要塞中进行最后的拼死抵抗。在收到蒙哥马利3月27日电报的同一天，艾森豪威尔收到马歇尔的一封信。这封信要求他注意"防止（敌人）形成任何有组织的抵抗区，南方的崇山峻岭地区有可能成为这样的地区之一"。由于这些原因，艾森豪威尔改变了既定作战方针，并于3月28日的下午和晚上，发出了3封至关重要的电报。

第一封电报是发给斯大林的，其目的是要了解苏军的计划，以便协调盟军与苏军的行动，防止出现任何混乱。在电报中，艾森豪威尔毫无戒备地向斯大林泄露了自己下一步的打算：包围鲁尔，然后在爱尔福特－莱比锡－德累斯顿地区与苏军会师。如果可能的话，再往南一点在雷根斯堡－林茨附近会师。第二封发给马歇尔，报告自己的行动与决心。第三封电报发给蒙哥马利，但没有给伦敦去电报。

艾森豪威尔在给蒙哥马利的电报中写道："我原则上同意你在鲁尔以东与布莱德雷会师的计划。……一旦你部和布莱德雷部在卡塞尔－帕德博恩地区会师，第9集团军将回归布莱德雷指挥。"

在后来的一封电报中，艾森豪威尔还说："你会注意到，在我的意图中我没有提到柏林。对于我来说，那块地方只不过是一个地理概念，我对此从来不感兴趣。我的目标只是消灭敌人的武装力量，摧毁其抵抗能力……一旦时机成熟，我们就要大张旗鼓地尽一切所能，毫不拖延地跨过易北河，推进到波罗的海岸边的吕贝克，封锁丹麦半岛。"

这意味着蒙哥马利和英国人已被坚决地、毫不含糊地排除在最后一场决战之外了。

蒙哥马利被弄得目瞪口呆。因为过去艾森豪威尔在讲到作战意图时经常提到柏林，蒙哥马利一直对此深信不疑，并且他的部队已经开始行动了，现在，面对艾森豪威尔这样的指示，他毫无办法，只得回电说：

"从FWD18272号指示中我注意到，您打算改变目前的指挥结构。如果您感到确有必要，我请求您在我们到达易北河之前，不要这样做，因为这样做对目前正在进行的伟大作战毫无益处。"

与此同时，蒙哥马利向伦敦报告说，第9集团军将要归还布莱德雷指挥，布莱德雷将向莱比锡和德累斯顿冲击，参加最后的决战。

这个消息传到白厅只能是火上浇油。随后伦敦、华盛顿和盟军最高统帅部之间便发生了激烈的争吵，但艾森豪威尔的新方针并没有发生变化。3月31日，美国参谋长联席会议认可了这件事，说："德国的战斗正处于这样一种时刻，战场司令官最能断定应该采取什么措施，来保障最快摧毁德军及其抵抗能力。"毫无疑问，这场蒙哥马利不是主角的争论，使他与盟军最高统帅部和最高统帅的关系更加恶化了。

然而，艾森豪威尔的行动产生了一个预想不到的、非常严重的后果。斯大林一收到艾森豪威尔的电报，马上认为这是一个谎言。他推断，这只不过是美国人和英国人用来隐瞒他们决心独自夺取柏林这一图谋的一个圈套。他立即把朱可夫和科涅夫召回莫斯科开会，并在会上命令他们连夜拿出尽早占领柏林的计划。

根据1945年2月11日雅尔塔会议批准的“日食”计划，战败的德国应分成三部分，分别由英国、美国和苏联占领。像整个德国一样，柏林也将被瓜分为几个区，每个区由一个同盟国占领。但是柏林城本身将在苏联人控制和支配的区域之内。鉴于这种情况，和后来苏联人不得不从柏林的一些区中撤出，英、美军队不得不从他们的一些占领区中撤出这一事实，丘吉尔和蒙哥马利坚持要向柏林挺进的看法，就不一定是正确的了。实际上，在对西北欧战役进行总估价的《西线的胜利》一书中，英国官方历史学家是毫无保留地站在艾森豪威尔一边，而不是站在蒙哥马利一边的。

渡过莱茵河后，蒙哥马利指挥部队迅速猛烈地向东挺进，但向易北河挺进却并不那么容易。前进路上，河流纵横交错，当英军向前推进300公里之后到达易北河畔时，已在身后建造了200座桥梁。在易北河上暂停后，蒙哥马利便日夜兼程前往波罗的海沿岸，以及时赶到那里，防止苏联人抢先进入丹麦，从而控制波罗的海的入口。为了加快行军速度，各师在狭窄的挺进线上，作大纵深的挺进作战。装甲先头突击部队绕过敌军抵抗地区，一直往前开去，把攻击该地区敌军的任务交给后面赶来的部队在翼侧或后方予以完成。

沿途虽然没有发生大规模战斗，但各师的官兵却尝到了德国的少年和军士、军官训练营手中的“装甲拳头”，一种相当于火箭筒的兵器的滋味。这些德国人被纠合在一起，沿着盟军的进军路线设置障碍点。在这些最后的日子里，登普西在他的第2集团军前锋部署了大约1000辆坦克，其中至少有125辆被德国人击毁或重创，而大约500多辆受损严重，不能再用。许多优秀军人战死。但英军终于在5月2日比苏联人早6个小时抵达波罗的海的维斯马和卢卑克，封锁丹麦半岛，阻止了苏联人的渗透。

> 蒙哥马利正乘车渡过莱茵河。

V 盟军将被俘的德军官兵押往后方。

英军从波罗的海的维斯马到易北河的德米茨筑起一条东向的防线，从卢卑克西向巴特奥尔德斯洛，然后南向易北河筑起一条西向的防线。德国军队和老百姓为了逃避苏军，都拥向英军占领区，结果这两条防线之内拥挤不堪，一片混乱。仅5月2日和3日这两天，第2集团军俘获的战俘就将近50万人。

>> 胜利者的姿态

4月27日，蒙哥马利接到陆军部的情况通报，说希姆莱曾通过瑞典红十字会提出投降。这份通报没有引起蒙哥马利的重视，因为他的当务之急是全速前进，抵达波罗的海，建立一条东向的防线，阻止苏联人渗入。后来，时局急转直下。5月1日晚些时候，德国

广播电台广播说，希特勒已在柏林他的指挥所里死亡，海军上将邓尼茨将继任元首。

5月2日下午，指挥波罗的海和威悉河之间地区德国地面部队的布卢门特里特将军派人送信给第2集团军司令部，说他将于第二天早上代表他的部队前来投降。结果他不曾前来，只送来了一封信，说谈判应在更高一级举行。

5月3日，经邓尼茨海军上将同意，凯特尔元帅派了一个代表团到蒙哥马利的吕讷堡荒原总部，开始谈判投降。代表团于11时30分到达，他们被带到蒙哥马利的指挥车外，在迎风高高飘扬的英国国旗下列队等候。蒙哥马利故意让他们等了几分钟，然后步出车外，以胜利者的姿态向他们走去。

∧ 德军谈判代表向蒙哥马利致敬。

MONTGOMERY

“这些是什么人？”他问道。

他的翻译告诉了他。

“他们来干吗？”

他被告诉说，弗里德堡想让德国北部（包括苏军正面）的所有集团军向英军投降。接着，海军上将冯·弗里德堡念了陆军元帅凯特尔的信件，说正从柏林到罗斯托克苏军正面撤退下来的德军3个集团军，要向蒙哥马利投降。蒙哥马利指出，这些集团军应向苏联人投降，但德国士兵若举起双手来英军阵地，那将自动被当作俘虏。

冯·弗里德堡说，向野蛮的苏联人投降是不可想象的，他们会把德国士兵直接送往苏联做苦工。蒙哥马利则说，德国人应该在发动战争之前，特别是在1941年6月进攻苏联之前，就想到了今天的下场。

蒙哥马利问他们是否打算讨论英军西翼德军的投降问题，他们表示不能，但非常关心这些地区的老百姓，希望和蒙哥马利做出某些安排，以便在英军部队挺进时，他们可以慢慢后撤。蒙哥马利当即表示拒绝。蒙哥马利决定压他们一下，迫使他们就范，就对冯·弗里德堡说：

“你们是否愿意让在我两翼和北翼，包括在荷兰、弗里斯兰及弗里西亚群岛、赫耳果兰岛、石勒苏益格－荷尔斯泰因和丹麦境内的德国部队，全部向我投降？如愿意的话，我可以把他们当作我当面敌军以及在丹麦支援我当面敌军的敌方部队，向我作一种战术性战场投降而加以接受。”

冯·弗里德堡说，他不能同意，但他非常希望对这些地区的老百姓做出某种安排。蒙哥马利拒绝讨论这个问题，并指出，如果上述地区和德军拒绝无条件投降，他将命令继续作战。这样，将会有更多的德国士兵被击毙，炮火和空袭也会使老百姓遭受更大的伤亡。然后，蒙哥马利又在地图上向他们指明整个西线战局的实况。对此，他们显得很不安。这时，蒙哥马利估计不难要他们接受他的条件，于是就让他们先吃饭，先考虑一下他的条件。

蒙哥马利让一名参谋军官领他们到另一个营帐。用餐时，冯·弗里德堡潸然泪下，其他人很少说话。

饭后，蒙哥马利让他们到他的会议帐篷内进行谈判，桌上放着一张战况图。一开头，蒙哥马利就向他们提出了最后通牒。但他们说，他们无权接受那些条件，不过准备向凯特尔元帅建议让第21集团军群西翼和北翼的全部德军无条件投降。他们之中的两人愿去德军大本营见凯特尔，带回他的同意批示。

然后，蒙哥马利起草了一个文件，概括了这次会议上达成的决定。最后，冯·弗里德堡和弗里德尔两人在蒙哥马利的副官特朗布尔·沃伦中校陪同下，坐车去弗伦斯堡。

蒙哥马利指出，他们必须在次日，即5月4日下午6时，返回他的作战指挥所复命。金策尔和瓦格纳留在蒙哥马利总部。

蒙哥马利肯定冯·弗里德堡将受全权委托回来签字，于是决定在5月4日下午5时举行记者招待会，谈谈最近几天德国人向英军联系投降的事，同时告诉他们，他所希望当天下午6时出现的是什么情况。

当冯·弗里德堡和弗里德尔回到蒙哥马利总部时，记者招待会正在进行。于是，蒙哥马利便请记者们和他一起去会议帐篷内，目睹这最后一幕。

德国代表团再次在蒙哥马利指挥车外的英国国旗下肃立。蒙哥马利先把冯·弗里德堡叫进指挥车，问他是否愿意在投降书上签字。弗里德堡答称愿意。蒙哥马利便叫他退出车外。

这时已快近下午6时，蒙哥马利下令立即在一座专设的营帐里举行受降仪式。营帐内已安放了各种录音器材。在一群英国士兵、战地记者、摄影人员和其他人士的注视下，德国代表团走进了营帐。在场的人都非常兴奋，因为这意味着战争的结束。

蒙哥马利早就准备好了投降文书。营帐内布置得很简单，一张铺着军毯的粗木会议桌上放着一只墨水瓶，一支花2便士就能买到的普通军用钢笔，还有两只英国广播公司的话筒。当蒙哥马利步入营帐时，德军

代表团全体起立，随后便围桌就座。德国人很紧张，其中有个人掏出烟来，打算吸烟镇定自己，蒙哥马利朝他看了一眼，他立即把烟收了起来。

蒙哥马利当众用英语宣读了投降书，并说，除非德军代表团立即签署这份文件，并不再就投降后的种种问题进行争论，不然，他将下令继续作战。然后，蒙哥马利一个个地叫着德军代表团成员的名字，要他们依次在投降书上签名，他们一一遵命照办。

接着，蒙哥马利签上了自己的名字。

蒙哥马利签名的日期原来写的是5月5日，当时打算把“5日”改为

"4日"，于是把"5"划掉，在上面注明他的名字的缩写，在旁边重新写了个"4"字，原件打在一张普通的陆军公文笺上。最高统帅部要蒙哥马利把原件送去，他却把原件的照片送去，原件留在身边，舍不得送走，因为那是一份珍贵的历史文件。

此时，在第21集团军群占领的地区，需要解决的民政问题多得惊人。由于英国政府没有派出英国驻德的首脑，蒙哥马利只好自己为英占区制订管理计划，并毫不拖延地予以贯彻。

首先，他下令严禁抢劫和使用德国的运输设施。很多单位用了德军参谋部的车子，还有一两个将军居然驾驶起缴获的德国元帅的座车。蒙哥马利决定煞住这股风，他于5月6日发布了命令：个人或集团的抢劫行为，不论何时都在禁止之列，违反此项命令者，不论当事人军阶如何，均得受军事法庭审判。

接着，蒙哥马利把德国部队划归西北欧德军总司令布施元帅管辖。他的总部设在石勒苏

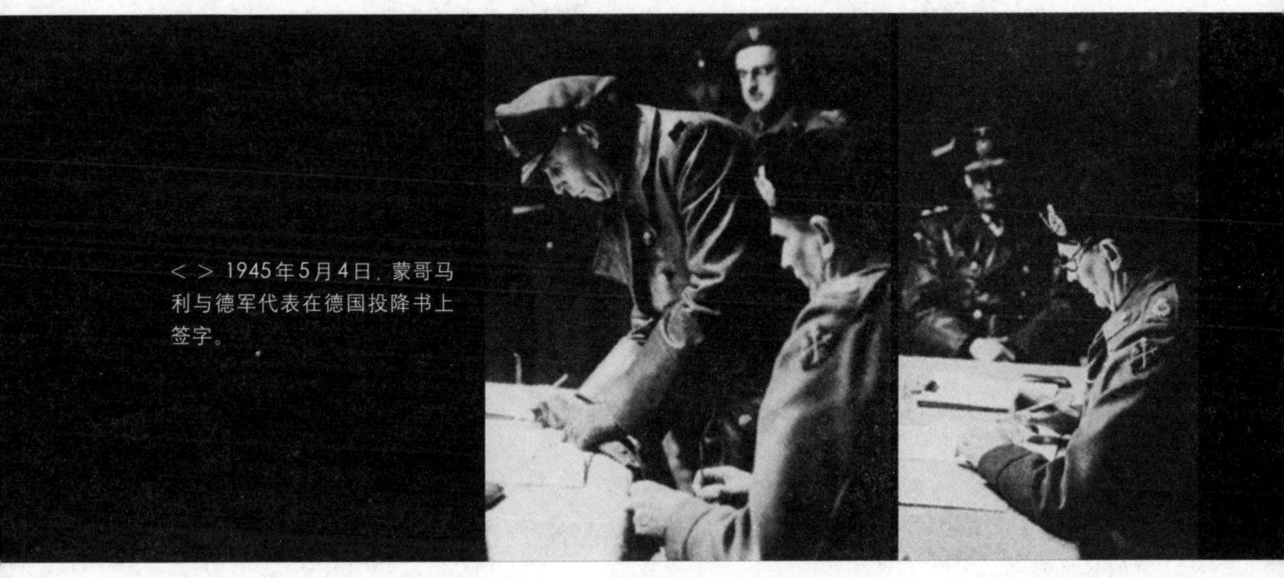

< > 1945年5月4日，蒙哥马利与德军代表在德国投降书上签字。

益格－荷尔斯泰因，他的参谋长金策尔将军以及一个小型参谋班子和一组联络官，则住在蒙哥马利总部。这样，蒙哥马利的英占区计划就可以通过德军司令部组织系统，来贯彻和执行。

最后，蒙哥马利把英占区分成4个负责占领事务的军区：柏林军区，由莱茵将军负责，指定一部分部队待命，一俟与苏军达成协议，即开赴柏林；石勒苏益格－荷尔斯泰因军区，由E·H·巴克将军负责，指挥第8军、2个师和1个装甲旅；汉诺威军区，由霍罗克斯将军负责，指挥第30军、3个师和1个装甲旅；威斯特伐利亚军区，由克罗克将军负责，指挥第1军、4个师和1个装甲旅。

其他部队由他自己统一管理，组成总预备队，以防万一。蒙哥马利这样做的目的，在于

∧ 蒙哥马利与苏军罗科索夫斯基元帅握手。

利用他的军、师、旅、团军事司令部组织，有秩序地在英占区重建地方政府。这些司令部管辖相应的县、镇、乡等地区，一切都通过相应的民政组织进行工作。在蒙哥马利的有效管理下，英占区很快就消除了混乱状态，那年冬天没有出现饥荒和流行病。

然而，在战争刚结束后的几个月里，庆祝胜利的活动占用了蒙哥马利许多时间。盟军互访、出访外国首都、授勋仪式等活动一个接一个，简直使他应接不暇，几乎快成了挂名的英占区行政首脑。

5月7日，与第21集团军群接邻的白俄罗斯集团军群指挥官罗科索夫斯基元帅到维斯马访问蒙哥马利，蒙哥马利设午宴招待他及其随行。罗科索夫斯基随即邀蒙哥马利到他的总部去作客，蒙哥马利同意5月10日回访。

苏联人为了给蒙哥马利留个好印象，派了专人到英军部队了解蒙哥马利喜爱什么娱乐活动，有什么嗜好和习惯。这位军官问蒙哥马利喜欢喝什么酒，得到的回答是，蒙哥马利不喜欢喝酒，也不喜欢喝含酒精的饮料，只爱喝白开水。他又问：

“他爱抽雪茄吗？”

人们又告诉他，蒙哥马利不抽烟。这时，这位军官似乎有点吃惊，但又建议说，他们有一些非常漂亮的姑娘和舞女，打算招待蒙哥马利元帅。人们又告诉他，元帅不喜欢女人。这使他束手无策，大声说道：

“他不喝酒，不抽烟，又不喜欢女人，那他到底整天搞些什么？”

蒙哥马利按期回访。一顿豪宴之后，苏联人为蒙哥马利及其随从人员举行了长达1小时的歌舞音乐会。蒙哥马利的一个随从参谋，被苏联人灌得烂醉如泥。临行前，他被先行送上飞机，藏在盥洗室里。蒙哥马利上飞机后没有看见这个参谋，便问哪里去了，有人说他上厕所去了。于是，蒙哥马利下令起飞，当飞机滑向跑道始端时，苏联人鸣起了21响礼炮，藏在盥洗室的这位参谋也拔出左轮枪，向窗后打枪，和苏联人交相呼应。他打了第6枪还想再打，别人说服了他不要再打，他就在盥洗室里睡着了。

到达机场时，只好用一辆救护车把他送回作战指挥所去。后来，蒙哥马利解了他的职，让他回团里去当差。但为了不因一次疏忽而毁掉他大有可为的前程，蒙哥马利附去一份尽早让他指挥一个炮兵营的命令。这样，他便可以回复他那临时任命的少校军衔。

5月25日，蒙哥马利到巴黎为英国军事展览会主持揭幕典礼，巴黎倾城出动欢迎。戴高乐将军在巴黎残老军人院为蒙哥马利举行了五彩缤纷的阅兵典礼，并授予他一级荣誉勋章。那天晚上，蒙哥马利为展览会揭幕，并用英语，间或杂以法语向观众发表演讲，使观众的情绪十分高涨。

当天晚些时候，许多人围在蒙哥马利下榻的英国使馆门外，不断地喊着他的名字。最后，蒙哥马利走到阳台上向他们致谢。他用英语简单地讲了几句，但人们继续欢呼。一点也没有想离开的样子。于是，他再次走上阳台，用法语说：

“你们走吧。”

人们放声大笑，愉快地离去了。

6月10日，朱可夫★元帅在法兰克福的盟军总部，代表斯大林授予艾森豪威尔和蒙哥马利胜利勋章，那是苏联从未授予任何外国人的最高荣誉。除荣誉价值外，勋章本身就价值连城，因为它是一颗由许多红宝石和钻石镶成的非常漂亮的五角星。此外，朱可夫还向盟军最高统帅部的其他24名军官授了勋章。

★朱可夫（1896～1974）

苏联元帅。参加了第一次世界大战，并获乔治十字勋章两枚。1918年参加红军。1919年加入俄共（布）。1940年6月任基辅特别军区司令。1941年1月至7月任苏联副国防人民委员兼总参谋长。同年10月任西方面军司令，参与指挥莫斯科会战。1942年8月起任第一副国防人民委员和最高统帅部副最高统帅，因功勋卓著于1943年1月晋升为苏联元帅。德国战败后，代表苏联最高统帅部接受法西斯德国投降。

6月10日那天早上，蒙哥马利到达较早，和艾森豪威尔进行一次简短的私下会谈。其间，艾森豪威尔授予他一枚优异服务勋章。这是美国授予外国军人的最高勋章，并且是蒙哥马利接受的第二枚美国勋章。1943年艾森豪威尔曾奉罗斯福总统命令，在西西里亲自为蒙哥马利佩上一等功绩勋章。

7月13日，蒙哥马利授予朱可夫元帅巴斯骑士大十字勋章。

这些授勋和访问活动，占用了蒙哥马利许多时间，但这只是群山之一角。这个在战争期间把自己禁锢在战术司令部的人，似乎突然间从民众的欢呼声中得到了无限乐趣。他同许多单位和个人保持通信联系：足球俱乐部、慈善事业机构以及每一个愿意给他写信的人。他总是乐意出席英国举行的各种仪式，无论是接受自治城市的荣誉市民称号，还是在盛大集会上发表演讲，或是在牛津大学、剑桥大学和女王的贝尔法斯特大学成为名誉博士，他总是来者不拒，一概参加。随便查一下他的日程安排，便可以说明这一点。例如，在10月17日至22日这6天中，他便接受了曼彻斯特、坎特伯雷、梅登黑德和沃里克4个自治城市的荣誉市民称号。而每一个这样的仪式，都需要将近一天的时间。

由于他还把与在德国的部队保持密切联系看作是他的责任，事情便进一步复杂化了。他尽可能经常地离开他的总部，到莱茵河沿线部队去巡视，主持体育运动和授予勋章。

> 1945年7月，蒙哥马利在指挥部外骑马。 ∧ 蒙哥马利与朱可夫元帅（前左）、罗科索夫斯基元帅（前右）在一起。

为了享受偶尔出现的一点和平与宁静，蒙哥马利便去欣德黑德学校度周末，因为他的儿子戴维在搬往温彻斯特之前，一直住在那里。自从在朴次茅斯的家被炸毁后，蒙哥马利就再也没有固定的家，只好住在欣德黑德学校里。战争期间，该校专门为他保留了一间屋子。他的一些奖

品，包括陆军元帅权杖，都陈列在那个学校里。他在欣德黑德学校的生活，与在司令部的生活几乎完全一样。穆尔黑德曾写道：

“蒙哥马利喜欢同孩子们待在一起。在食堂的一片吵闹声中，他和孩子们一起吃饭，给他们说谜语、讲笑话。”

蒙哥马利的私生活几乎同与他相同年龄和地位的人没有任何联系。

>> 在德国最后的日子

战争的紧张生活和战后的繁忙活动，在1945年开始对蒙哥马利产生不利影响，他的健康恶化了。7月间，他患了扁桃体炎。为了健康的缘故，他比任何时候都吃得更简单。8月22日，蒙哥马利乘坐他的轻型飞机“迈尔斯信使”号访问驻德加拿大第3师。当他的座机在机场上空盘旋准备降落时，发动机突然熄火，驾驶员不得不放下襟翼，飞机很快就失去速度。驾驶员无法使飞机抵达机场，只好在机场附近着陆。座机全部撞毁，驾驶员和他的副官都没有受伤，但他却没有那么幸运，腰椎骨被撞断。

蒙哥马利还是坚持向加拿大官兵作了演讲，但因痛得厉害，演讲只好中断。大家建议他坐车回去，但他拒绝了，坚持要乘飞机返回。加拿大人害怕再次失事，非常不安。蒙哥马利说，没有人会在一天之内两次飞机失事，乘飞机回总部是最保险的。

回到总部后，他的医生阿瑟·波里特建议派两个护上去照顾他，但他马上说：

“波里特，我已经接受了你的许多建议，但这一条我不能接受。我的司令部里不能有女人。”

尽管没有女人照顾，蒙哥马利的伤还是痊愈了，但他比战争期间虚弱了许多。

1945～1946年的冬季，蒙哥马利常患感冒，并于1946年1月并发胸膜炎，病得相当厉害。他住了一段时间的院，出院后去瑞士休养了1个月。

这些仅是蒙哥马利在英占区生活的一个方面，而且是并非重要的一个方面。更重要的是，他为重建德国做出了艰苦的努力。

1945年5月底，蒙哥马利发现英占区的德国人普遍变得难以控制起来，于是决定向他们发布一封公开信，以他在战时向部下发表告全体官兵书的方式，告诉他们应该怎么办。随着英占区秩序的恢复，蒙哥马利开始注意与德国人的友好往来问题。他认为，要用英国人的自由标准和个人责任观念重新教育德国人，就必须同德国人友好交往。于是，他于6月10日发表了《告英占区德国民众书》，告诉他们为什么在过去一段时间里英国士兵不和他们交往。

与此同时，蒙哥马利逐步放宽了严禁士兵与德国人交往的规定。刚开始时，蒙哥马利严禁士兵随意同德国人交谈，不准出入他们的住所，或同女孩子们跳舞。6月12日，他把这一命令放宽到士兵可以和孩子们谈话、玩耍。7月，他进一步放宽限制，允许士兵在街头和公共场所同德国人谈话，但仍禁止进入德国人的住处。1945年9月，蒙哥马利在管制委员会上提出取消不准同德国人来往的禁令，得到大家的一致赞同。但仍保留了两条规定，即武装部队成员不得和德国人住在一起，也不得和德国人通婚。

6月19日，蒙哥马利得知，斯大林同意在德国和奥地利同时把各自部队撤至业经同意的占领区，同意英、美、法卫戍部队于7月1日前后开始进入柏林。各国政府同意同时撤至各自占领区之后，管制工作委员会的英、美副代表威克斯将军和克莱将军便于6月29日飞赴柏林，与朱可夫商谈撤军的具体细节。

这次会议一致决定，7月1日起开始撤军，英军应于一天内撤出维斯马“靠垫”地区，两天内撤出马格德堡“突出地带”。美军应在6～9天内撤出他们所占领的苏占区。英美先遣分队应于7月1日接管在柏林划给他们的地区，主力部队将于7月4日进驻柏林。此外，苏联还同意划出一条公路和一条铁路，给英美以自由通过权，但苏联人负有维修和管制的责任。同意在柏林上空建立宽20公里的空中走廊，允许西方飞机自由使用，但规定飞机在进入苏占区前1小时，应通知苏占区当局。

7月4日，蒙哥马利把维斯马和马格德堡移交给苏军，同时，由第7装甲师组成的部队开入柏林英管区。

7月13日午夜，盟国远征军最高统帅部正式解散。这时，4个占领国早已接管了各自在德国的占领区，并建立了军政府。西方盟国占领区之间均可自由来往，但仍然不得进入苏占区。只有在柏林，盟国各管区之间才可自由进出。

11月间，正当蒙哥马利准备使英占区的工作走上正轨时，朱可夫递交了一份备忘录，请管制委员会传阅。该备忘录指责英占区存在着从集团军群一级直到陆军和空军军区一级编成的德军司令部，并拥有“作战”参谋部。备忘录还声称，英占区留着两个军群，各10万人，配有坦克部队，而且还在编成单位里保留着相当数量的波罗的海诸国人和匈牙利人。备忘录最后说，管制委员会有必要组织一个委员会去英占区实地调查。

这是管制委员会上，一个盟国指责另一盟国的行动的第一个例子。蒙哥马利觉得有必要狠狠回击一下俄国人的挑战。因此，他除了将自己的看法电告伦敦外，还在11月30日的管制委员会会议上，宣读了一项声明，对朱可夫元帅直接攻击英国政策的做法表示惊讶。蒙哥马利在声明中针对俄国人的指责，一一进行了驳斥，并且最后表示：

“同意派一个委员会前来视察的建议，但有两个条件：第一，这个委员会一定要视察所有占领区；第二，它应该是调查管制委员会其他事项的先驱。”

朱可夫元帅表示同意委员会应视察所有占领区，但反对第二个条件。最后，大家一致同意把这个问题交协调委员会研究，英国将向协调委员会提供详细情况和数字。

从12月10日起，蒙哥马利开始实施“狠揍”行动，该行动的目的是，在1月30日前解

∧ 1945年5月2日，蒙哥马利离开德国。

MONTGOMERY

散德军各级司令部和遣散德国军事人员。此后，英军保留的德国人将只是三军所需要的人员，和未经审判不得遣散的人员。

与在战争时期一样，蒙哥马利对自己所掌管的范围内发生的事情了如指掌。1945年12月，他视察英占区的一个难民营。他告诉难民营主管人珀金斯上校说，他想了解进难民营的整个程序，并说："你必须把我当作新来的难民。"

珀金斯告诉他说，接收难民时，第一步是往新来的难民的袖管和裤管里放滴滴涕粉。听到这里，蒙哥马利的热情开始消失了，就说：

"你可以省掉第一步，让我们到第二步吧！"

蒙哥马利彻底地检查了难民营的工作，并向管理人员和难民问了许多尖锐的问题。后来，在讨论难民遣返旅途补助费的问题时，他表明他比大多数工作人员都更了解德国马克在战后混乱形势中的价值。

1946年1月26日，蒙哥马利接到通知说，他已被选为帝国参谋总长，并要在6月26日就职。蒙哥马利在桑赫斯特军校读书时，没有想到会有这么一天，别人也不曾想到，他会如此扶摇直上。

蒙哥马利定于1946年5月2日离开德国，6月到陆军部任新职。他决定离职时向英国政府呈递一份对德国局势看法的备忘录，于是便把在德国的最后一天都用在撰写这份备忘录上了。蒙哥马利在《回忆录》中写道：

"当前，我们的目标是把西德纳入西方国家大家庭。使西德的领土变得繁荣昌盛，富有吸引力，要使东德人拿他们的悲惨命运与它相比而羡慕不已。"

为了实现这个目标，蒙哥马利在备忘录中呼吁在英占区发展工业，建立健全经济，平衡国家预算，集中控制财政。同时，他提出了解决问题的4条原则：

一、确定"德国"的领土（东界已在波茨坦达成协议，西界尚未达成协议）；

二、保证居住在德国境内的人有合理的生活水平；

三、使德国人能够自己"管理"自己；

四、继续向德国人供应粮食。

蒙哥马利认为，这4条原则是从旧的废墟上，建设新的德国的四大支柱，但最重要的是第四根支柱，即粮食支柱，如果这根支柱断裂，其他支柱也就统统倒塌。当时，这四大支柱一根也没有。因此，蒙哥马利希望英国政府和他的继任者，能够尽快地着手建立这四大支柱。

> 1946年，走向唐宁街10号首相官邸的蒙哥马利。

第十二章

自信而随心的老人

1887-1976 蒙哥马利

欧洲盟军最高司令部最高副统帅这个职务，似乎就是专为蒙哥马利设置的，没有任何实权和责任，一点儿也不使他着急，因为他从来就没有真正追求过半军事领域中，那种能产生深远影响的权力。对他来说，权力意味的是向参谋人员和下级指挥官发布命令的能力……

>> 帝国参谋总长

蒙哥马利显然完全不适合于做帝国参谋总长那种复杂的政治工作，但他怎么又被选作帝国参谋总长了呢？对于局外人来说，这似乎是一个令人迷惑不解的问题。然而，对于了解英国陆军现状的人来说，这却是完全可以理解的。它仅仅表明，英国陆军上层可供选择的范围是多么狭小，而一场重要的战争又怎样能在短期内进一步缩小这种范围。布鲁克从1941年起任帝国参谋总长，到战争结束时，他已感到“非常非常疲倦”。他非常愿意接替即将退休的阿思隆勋爵，继任加拿大总督。接替他继任帝国参谋总长的，只有一个符合逻辑的人选——亚历山大。但在1945年7月的波茨坦会议上，丘吉尔决定让布鲁克再留任一年。于是，亚历山大成为加拿大总督。因此，到1945年冬必须另选一个人于1946年6月接替布鲁克时，却没有一个完全适合的人选。韦维尔太老，现任印度总督。奥金莱克现任印度英军总司令，但他的主要经历又在印度陆军而不在英国陆军。此外，他们两人都有失败的记录。斯利姆在远东进行的战役似乎太遥远，他的部队已经是“被遗忘的部队”。此外，他还有对行政事务不感兴趣的名声，而行政管理却是参谋总长的分内事。

比较而言，蒙哥马利却是一个更为可取的人选。至少，他有指挥英国陆军在欧洲作战的丰富经验，是一个受人欢迎的英雄。在欧洲战区，没有任何其他人可以被提拔到蒙哥马利之上而不意味着是对蒙哥马利的轻视。所以，蒙哥马利作为英国最受人欢迎的将军，几乎是不可避免地被选来担任帝国参谋总长的工作。

蒙哥马利就任帝国参谋总长后，首先关心的是官兵的生活问题。在陆军部任职的未婚军官要自行解决膳宿问题，不仅难以找到住处，而且生活十分单调。蒙哥马利发现这个问题后，立即做出安排，把在伍尔维奇的前皇家军事学院作为能容纳250名军官的宿舍，并建立了军官食堂，使这个问题很快得到了妥善解决。

解决了陆军部的问题之后，蒙哥马利开始着手解决部队在生活方面的问题。1946年7月26日，他在朴次茅斯说，不能让士兵脱离社会环境，英国陆军必须同国家的发展保持一致。8月，他又在讲话中强调，应该重新审查某些“小规定”，“熄灯”制度不应该被看作是神圣不可侵犯的，“宿舍不是兵营”。

当然，改革不可能一蹴而就。但他至少建立起由麦克米伦少将为首的特别委员会，负责调查英国士兵在营房里的生活方式，和提出在哪些方面应更适合时代的要求。

蒙哥马利特别注意提高陆军部工作人员的士气。除了关心他们的生活外，蒙哥马利还租用了附近的一家电影院，开始按他的习惯，经常把参谋们和文职人员召去听他演讲。他向他们概要地介绍建设英国陆军的总体计划，号召他们为改进陆军部的工作而共同努力奋斗。

他说，在陆军部工作是一种荣誉，因此建议所有军事人员佩戴一种特殊的标志。如果文职人员愿意的话，也应发给。此后陆军部的工作人员都开始佩戴那个标志。他提高士气的另一种做法，是对工作人员关怀备至。例如，一个叫温博的中士书记员患了心脏病，住院治疗一段时间后不得不退出现役。蒙哥马利费了九牛二虎之力在地方上为他找到了合适的工作。

蒙哥马利在任帝国参谋总长期间，与政府发生了许多冲突，但最严重的冲突是关于国民兵役制和战后陆军的规模问题。英国政府不能确定他们在战后要追求什么样的目标和需要多大规模的陆军。蒙哥马利则坚持认为，政治家应该决定英国的目标是什么，然后再根据所追求的目标计算陆军的规模。因此，蒙哥马利和政府之间便在国民兵役制和战后陆军规模这两个问题上，展开了一场持久的拉锯战。

战争结束后，英陆军由于迅速复员而造成兵员严重不足的局面。若要解决这个问题，就必须在和平时期采用国民兵役制。1946年10月，蒙哥马利向参谋长委员会呈递一份综合性报告，说明在和平时期国民兵役制是十分必要的。经过一番争论，报告转给了政府。和平时期国民兵役制究竟有无必要，政府曾为此举行了好几次争得面红耳赤的会议，最后终于同意实施国民兵役制。1947年3月，政府向议会提出了国民兵役制法案，但遭到许多工党议员的反对。政府发现自己党内出现了分歧，于是决定把18个月的服役期减为12个月。蒙哥马利指出，18个月服役期是必需的，如果把服役期减为12个月，陆军非变更部署不可。不过，陆军可以接受把服役期减为1年，但条件是取消海外义务，并保证以后不再增添。1947年7月，服役期为1年的国民兵役法被议会通过，获得国王的批准，并将于1949年1月1日起实行。

> 1948年，法国德拉特将军与蒙哥马利握手。

< 1948 年，蒙哥马利在他设在法国的司令部前。

> 1948 年时的蒙哥马利。

1948年6月24日，苏军开始封锁西柏林，国际局势严重恶化。英国政府的反应是提议三军暂停复员6个月。蒙哥马利却对首相说，解决兵员不足的唯一最好办法，是从1949年1月1日起实行服役两年的国民兵役制，因此，政府应修改国民兵役法。最后，蒙哥马利发现无法使政府同意服役两年的建议，于是提出服役18个月的建议，并力争通过。

10月19日，蒙哥马利召集陆军委员会的军方成员开会，问他们如果政府做出的决定少于18个月，他们是否打算在他的带领下集体辞职，他们一致表示同意。蒙哥马利便把此事通知陆军大臣伊曼纽尔·欣韦尔。欣韦尔大吃一惊，立即向首相报告，说他控制不了陆军委员会。后来，政府于11月下旬做出决定，同意了18个月的服役期，这时蒙哥马利已离开陆军部，出任西方联盟军事委员会主席。

1947年夏，关于英国整个武装部队兵力问题的讨论，开始引起了严重的反响。蒙哥马利取消了计划中的日本之行，急忙从新西兰赶回英国，支持政府同削减军事预算的压力做斗争。8月初，国防大臣亚历山大宣布，首相希望削减三军总人数，国防开支总额削减到6亿英镑，其中海军1.6亿英镑，陆军2.7亿英镑，空军1.7亿英镑。三军参谋长据理力争，但仍无法阻止政府于1947年10月初批准这一数字。

10月27日，在下院的一场辩论中，亚历山大就三军发展的优先顺序发表看法说，国防研究是第一位的，第二位应是维持皇家空军的结构及其最初打击力量，第三位是维持海上交通，“然后尽我们力之所能考虑陆军的战力问题”。蒙哥马利得知这一消息后，表示强烈抗议，要求在估计三军作用时，不要使用“优先”这个词。

1948年1月14日，蒙哥马利接到国防部通知，陆军在6亿英镑中所占的份额为2.22亿英镑，正规军人数为18.5万人，国民军人数为10.5万人，这使陆军各级组织

∧ 1948年，蒙哥马利在法国访问。

进一步遭到大削大砍。蒙哥马利拒绝接受正规军为18.5万人的方案，说总数应为20万人。经过抗争，他的要求得到了满足。

由于蒙哥马利与国防大臣亚历山大在战后陆军的规模这个问题上看法相左，两人的关系越来越紧张。在1948年7月15日的一次令人特别恼怒的会议之后，蒙哥马利对海军大臣和空军参谋长说，亚历山大是个“不中用的人”，要他们和他一起请求艾德礼首相罢他的官，理由是他们不信任他。他俩觉得亚历山大的态度不值得同情，便一口答应了。但后来经过考虑，他俩认为这样做不符合宪法，而且对参谋长委员会的地位也有不利之处，于是打了退堂鼓。蒙哥马利发现自己已是单枪匹马，只好作罢。

9月10日，亚历山大又和三军参谋长发生了激烈的争吵，起因是关于征募兵员的问题。特德要求政府给予更多的帮助，亚历山大却说出于政治上的原因，他不能这么做。特德火冒三丈地说，在这个十分困难的问题上，政府从未帮过三军的忙，也从不引导全国了解武装部队征募正规军的重要性。亚历山大马上以三军薪饷条例和国民兵役制的例子加以反驳。这时，蒙哥马利在一旁火上加油地说，在陆军中，一提到薪饷条例，人人都要咒骂，它根本不是什么巨大成就，而是头等胡话；至于国民兵役制，谁都知道是他们争来的，政府在最后关头还“摇摆不定”。随后，当特德讽刺亚历山大只做小题而不承认有大事时，蒙哥马利又笑出声来，并且说他完全同意特德的意见。最后，蒙哥马利说，三军居然会被削减到如此危险的地步，“我们已沉到底了”。蒙哥马利与特德一唱一和，把亚历山大气得七窍生烟，有好一会儿说不出话来。后来，亚历山大对陆军大臣欣韦尔说，蒙哥马利是个非常难弄的人，他已开始考虑由谁来接替他。

9月21日，三军参谋长提出报告，说明皇家海军、陆军和空军的现状以及影响三军的一些主要因素。三军参谋长的报告最后说，目前部队的状况，引起了“极为严重的不安”。23日，亚历山大在下议院发表讲话时宣布，鉴于国际形势的变化，已采取步骤，“对三军整个人力和装备问题”予以重新考虑。

蒙哥马利发现参谋长委员会这个机构总是不能协调一致，效率极低，其根本原因是国防大臣不得力，国防部秘书处不中用，三位参谋长互不协调。在人力物力极为匮乏的情况下，三军各为自己打算。于是，他起草了一份备忘录，建议由一个大臣级委员会来审查白厅的防务组织，主张设立总参谋长并由总参谋长担任参谋长委员会的常任主席。但由于海军大臣、空军参谋长和国防大臣的参谋长官都激烈反对此种审查或改变体制的做法，蒙哥马利的建议被打入了冷宫。但10年之后，即1957年，蒙哥马利的主张终于变成了现实。

在任参谋总长期间，蒙哥马利在威斯敏斯特有一套间，但他却喜欢住在郊区。经过一番勘查，他在汉普郡看中了韦河旁的伊辛顿磨坊，于是便把这座古老的磨坊及其周围的草地和两侧的田地一并买了下来。磨坊的主要建筑很结实，里面全是机器，从不住人。水、电、煤气等得从远处接过来，最近的电源线也远在2公里之外。蒙哥马利决定保持建筑物的外壳，但把内部改装成住家。

战后头几年内，建筑材料和劳力都极为缺乏，一切住房都由卫生大臣严格控制。蒙哥马利向磨坊所在地区办事处申请许可证，但遭到拒绝。蒙哥马利便给卫生大臣安奈林·比万写信，请他出面干预。但比万说，这在法治方面将使他处于困境，他也是爱莫能助。最后，蒙哥马利向首相呼吁，才领到了许可证。当得知蒙哥马利修建家园有困难时，塔斯马尼亚送来了橡木、山梨木，加拿大政府送来了雪松板，澳大利亚政府送来了一座车库，新西兰政府送来了家具。在澳大利亚、加拿大、新西兰等自治领的鼎力相助之下，蒙哥马利终于开始建立起自己的家园。

1948年9月20日中午12点45分，国防大臣亚历山大召见蒙哥马利。他告诉蒙哥马利说，他已提议任命蒙哥马利为西方联盟各国总司令委员会主席。9月27日，西方联盟五国国防大臣（部长）在巴黎举行会议，一致通过了对蒙哥马利的任命。于是蒙哥马利在同国防大臣、其他内阁成员和参谋长委员会的不断争吵声中，结束了他的帝国参谋总长的任期。

< 出任欧洲盟军最高司令部最高副统帅的蒙哥马利。

>> 军事生涯的巅峰

1948年3月17日，英国、法国、比利时、荷兰和卢森堡五国签订布鲁塞尔条约，宣告西欧联盟成立。一开始，这个条约仅限于经济事务和促进民主等。苏联于1948年6月封锁西柏林后，西方国家认识到，必须考虑制订西方防务计划。于是，布鲁塞尔条约国的五国国防大臣（部长）和三军首长开始讨论人员和装备问题，并于1948年9月决定建立西欧联盟防务组织，草拟联合行动计划，以对付一旦出现的袭击，于是蒙哥马利被任命为西欧联盟各国陆海空军总司令委员会的常任主席。

蒙哥马利几乎是不可能拒绝这个任命，因为一方面英国政府迫使他接受，另一方面这也完全符合他的一贯主张：西方国家有必要建立一个互相协调的军事司令部。因此，蒙哥马利说，如果这是政府、参谋长委员会中他的同僚和西方联盟中别的政府的一致愿望，他就接受此项任命。不过，他有两个条件：一个条件是他仍是一名英国军官，他的名字仍应留在陆军部的花名册上，不把他的个人事务转给某个国际组织；另一个条件是在另一次世界大战爆发的情况下，不由他出任最高统帅。他的两个条件都得到了满足。

西欧联盟各国总司令委员会的总部设在法国枫丹白露，联合总部简称"联总"。蒙哥马利被任命为联盟各国司令委员会主席后，即去枫丹白露附近住下。他和同僚们走遍西欧，研究各种问题，并制订了对付侵略、保卫西欧的计划。而实际上没有一个计划能够实现，因为这些国家都不愿意提供必要的、经过专门训练的、有健全的指挥机构和可靠的通讯联络系统的部队。更大的困难是，没有真正的团结一致，没有一个国家愿意为共同利益牺牲任何主权。

蒙哥马利认为，这些国家强调经济复兴，不了解经济力量和军事实力都是必需的，而且

★北大西洋公约组织

也称“北大西洋联盟”或“北大西洋集团”，简称“北约”。是战后美国为了维护其在欧洲的霸权地位，联合西方国家建立的军事政治组织。1949年4月4日，美、加、比、法、卢、荷、英、丹麦、挪威、冰岛、葡萄牙和意大利在华盛顿签署了北大西洋公约，决定成立北大西洋公约组织。同年8月24日正式成立。该组织的宗旨是缔约国实行集体“防御”，任何缔约国同他国发生战争时，必须给予援助，包括使用武力。

必须平衡得当。只有以军事实力作后盾，政治才能有力量，实力是最重要的。但西方联盟如果不在政治上意见一致，要想实现经济合并和建立军事实力，是十分困难的。外长们在表示友好与团结的宴会之后，围着桌子坐下来签署条约是一码事，回国后要求各个政府根据条约行事又是另一码事。

当了几个月主席之后，1949年4月签订北大西洋公约，并决定成立北大西洋公约组织★。西欧联盟防务组织被吸收进这个由美国人统治的新体系。1951年4月2日，艾森豪威尔出任欧洲盟军最高司令部最高统帅，接管了所有北约部队的作战控制权。蒙哥马利成为欧洲盟军最高司令部最高副统帅，先后在4位美国最高统帅手下工作，一直到1958年9月退休为止。

在国际舞台上的这10年，是蒙哥马利一生中较为轻松愉快的一个时期。在这10年中，由于他那难以改变的个性，蒙哥马利虽然难免同周围的人产生摩擦，但极少发生大的争吵。在很大程度上，这是由于他远离了决策中心的缘故。英国政府让他出任西欧联盟各国总司令委员会常任主席，实际上是对他明升暗降。尽管蒙哥马利有金光闪闪的头衔，但他那个职务并不比一个协调员好多少，真正的权力，仍掌握在各国政府手里。当北约成为军事实体时，蒙哥马利又戴上了“最高副统帅”的头衔，但他的作用却更显得无关紧要。艾森豪威尔1951年3月12日给蒙哥马利的指示阐明，艾森豪威尔不在时，由蒙哥马利负责全面指挥。但他作为副统帅的职责却使他的权力受到限制：“你担负的主要日常责任，是对打算今后拨归本司令部的各国部队进一步做好编制、装备、训练和战备工作，并通过同下属司令官紧密合作，对已经拨归欧洲盟军最高司令部的部队履行同样的职责。”

在履行这些职责时，蒙哥马利的控制是间接的，“为了帮助你做好这件工作，你可通过

参谋长支配欧洲盟军最高司令部的整个参谋部。当然，给下级指挥官的一切行政命令，应当通过参谋部颁发”。在欧洲盟军最高司令部，最高统帅的真正副统帅是参谋长——开始是格伦瑟，格伦瑟成为最高统帅后，是斯凯勒。蒙哥马利的角色只不过是一个东奔西走的军事演习组织者。

因此，他再也没有力量去影响决策中心的各种关系，但他发现新的工作比当帝国参谋总长更合他的口味。在西欧联盟各国总司令委员会，他致力于确保盟国部队能有效地进行防御。尽管他承认，不断地要求提供更多的资源可能使某些外交部长烦恼，但这些外长们至少没有像亚历山大那样，接到那么多并不需要的忠告。

< 在散步中冥想沉思的蒙哥马利。

欧洲盟军最高司令部最高副统帅这个职务，似乎是专为蒙哥马利设置的，没有任何实权和责任，一点儿也不使他着急，因为他从来就没有真正追求过半军事领域中那种能产生深远影响的权力。对他来说，权力意味着向参谋人员和下级指挥官发布命令的能力。他知道，他不善于处理战后欧洲军人与文职政府那种复杂而微妙的关系。作为最高副统帅和第二次世界大战的伟大人物之一，他依然享有巨大的声誉和很高的威望。由于他现在不处于北约机构的中心位置，他能够对许多事情进行批评而不至于引起太多的怨恨。他主管训练，而训练一直是他的拿手好戏；他是训练部队的杰出大师，凡是他组织的演习，不论是为少数高级军官组织的室内演习，还是为大部队组织的野外演习，都能针对参演人员的问题找出他们的弱点。他对细节问题的关注有时简直到了异乎寻常的地步。1956年4月，他举行代号为“CPX6”的军事演习，北约国家300多名高级军官参加了演习。在3天演习结束时举行的记者招待会上，他似乎对军事问题不怎么感兴趣，但他却自豪地告诉记者，他已经生产出一种特殊的咳嗽糖，可以减少招待会上的噪音。参加招待会的人吃掉了成千上万的咳嗽糖，蒙哥马利也因此可以顺利地进行他的活动，而无须浪费时间去发布不准咳嗽的命令。

要组织这些演习，蒙哥马利不得不经常东奔西走，访问每一个北约国家。但他喜欢这样忙忙碌碌，习惯于作某种非官方使节，在大多数盟国他都代表北约最高司令部。他总是同被访问国家的总参谋长讨论训练和军事问题，而让与政府有关的重要军事问题的讨论在另一个层次进行。当他每年大约在同一时间访问同一些国家时，他的任务已成为一种例行公事。在20世纪50年代，北约常用他那种非官方使者的身份推行北约的重要政策。1953年9月和1954年9月，他两度作为铁托总统个人的客人访问贝尔格莱德。尽管声称这些访问纯属私人性质，但它们明显地有着重要的国际色彩。这两次访问虽然没有讨论任何特别微妙的问题，但却清楚地表明，西方和南斯拉夫正在改善关系。后来，蒙哥马利建议去马德里访问佛朗哥将军，但北约对待西班牙的态度是复杂的，认为最高副统帅的访问不会起什么作用。他的建议遭到拒绝后，蒙哥马利显然有几分恼怒。

虽然他在“联总”和欧洲盟军最高司令部的角色对他非常适合，但这并不是说某种职务会对他的性格产生深远的影响。蒙哥马利是个不善于交际的人。频繁的旅行意味着他很少待在枫丹白露司令部。当他在那里时，他也很少是大家的好伙伴。如果出去吃饭，他只愿意去英国大使馆，并且不常去。

1954年春天，蒙哥马利参加英国大使馆的一次宴会，爱丁堡公爵出席了宴会，法国国防部长勒内·普莱文也应邀参加。当时，奠边府刚刚陷落，普莱文显然比较难过。晚宴安排在8点开始，但这在巴黎是少有的，因为那里的晚宴一般都很晚。普莱文很晚才到，因为他以为宴会是9点开始。大家在等了将近1个小时之后，便开始吃了起来。谁知大家刚一开始吃，普莱文便赶到了。在这种庄重的场合迟到，使普莱文十分慌张。每个人对他和他的夫人都非常客气，十分礼貌，一切都十分顺利。突然，大家听见蒙哥马利那细而尖的声音说道：

“唉，普莱文先生，成为最不受欢迎的人的感觉如何？”

顿时，宴会上鸦雀无声，大家面面相觑，难堪得简直透不过气来。显然，蒙哥马利对自己使别人陷入窘境并不感到内疚。

另一次是在玩高尔夫球时，蒙哥马利和乔治·科尔联手对葡萄牙业余冠军。玩球时，蒙哥马利老是嘲笑对方：

“想想，你可是个专家！”

蒙哥马利的嘲笑使对方不断分心，不能集中精力。结果，被蒙哥马利和科尔远远抛在后面。后来，科尔告诉蒙哥马利他为他感到羞耻。蒙哥马利却回答说：“那有什么，我们不是想赢他吗？”

蒙哥马利最后10年的军队生涯过得轻松自在，无忧无虑。他不用担心提升，也没有肩负多少重大责任，生活过得舒适、安逸。他的年薪为5170英镑，此外，还有1000英镑的娱乐补助费。在那个年代，这是一笔很大的收入。伊辛顿磨坊的翻修工作已结束，他现在已有一个舒适的家，并且配有陆军勤务人员。他的生活方式已经定型。他过的是一种公众生活，而不是私人生活。

他与家庭成员之间的鸿沟，比以往任何时候都大。他对戴维仍然是保持一种表面冷淡的父子关系。蒙哥马利对他的亲属从来没有什么深厚的感情可言，他对他们的疏远已是“冰冻三尺非一日之寒”。贝蒂去世时，他拒绝让自己的妹妹温莎照顾戴维。在战争期间，他虽然曾答应要参加他弟弟布莱恩的婚礼，但在最后一分钟，却决定去看足球比赛而不去参加婚礼。

他的母亲仍然是他最不喜欢的人。当纽波特市决定授予帝国参谋总长蒙哥马利荣誉市民称号时，他的母亲决定去参加授称号仪式，于是给纽波特市政会写信，并受到了邀请，但他的儿子却不知道这件事。当蒙哥马利到达并发现他的母亲在场时，他非常生气。可是，他对此已毫无办法。但他坚决不让他的母亲参加午餐会。他坚持要这样做，也就只好按他的要求办，这使非常好客的纽波特市政会处于非常难堪的境地。

1949年他的母亲去世时，蒙哥马利拒绝参加她的葬礼。很难说他母亲的死对他有多大影响。长期以来，他一直不喜欢他的母亲，当他母亲去世的消息传来时，也许他已经没有多少感觉。那个对形成他的复杂性格产生过重要影响的女人，就这样悄悄地走出了他的生活。

蒙哥马利对其他的亲属也保持着距离。当他在多伦多访问时，他的堂侄到他下榻的饭店去看望他。蒙哥马利的反应是：“他想要什么？我不想见他。”他只是敷衍地同堂侄交谈了5分钟。他的妹妹们同他的关系比他的兄弟们近乎些。但战争结束后，他认为她们对他感兴趣也仅仅是因为他获得了成功。

他同戴维的关系却要复杂得多。他非常喜爱自己的儿子，当戴维在国民兵役训练中获得“荣誉武装带”时，他为他感到骄傲。但当戴维的第一次婚姻破裂时，他也不问青红皂白，就自然而然地认为是他儿子的错。然而，他对戴维的爱是深厚的，儿子婚姻的破裂没有影响到他们的父子关系。后来，戴维成为蒙哥马利在伊辛顿少有的几个探访者之一。

在他喜欢的职位上，蒙哥马利能够随心所欲地安排自己生活。他使一些人心存不悦，包括伊辛顿的居民，他们不喜欢他总是拒绝参加村里的活动，但他对此毫不在乎。1948年以后，他在工作中再也没有与同事们发生过激烈的争吵。实际上，他的生活是如此的舒适，以至于他都不愿意退休。也许他已经感到，假如没有经常的工作加以掩饰，他个人生活中的空虚感将难以忍受。20世纪50年代中期，他仍然非常健康，实际上比战争刚刚结束那些年健康多了。他遇到的唯一麻烦是作了几次小手术，除掉背上的痣。

1958年，蒙哥马利告别了他的军事生涯。在离开部队之前，他仍像以往那样精力充沛地组织军事演习。1958年4月，蒙哥马利为高级军官举行了“CPX8”军事演习。为配合演习，还上演了戏剧《玻璃走廊》。然而，蒙哥马利退休前的大部分时间，是用在向北约各国告别上。5月，他在加拿大作告别访问。6月，他访问西德与荷兰。在西德访问时，他表达了把吕讷堡荒原的纪念碑——一块重15吨的石碑——运往英国的愿望，但他的愿望未能实现。7月，他访问葡萄牙。8月访问挪威。

9月初，蒙哥马利访问南斯拉夫，受到成千上万人的热烈欢迎。9月14日，他到尼斯参加丘吉尔的金婚纪念活动。9月15日，朱安元帅授予蒙哥马利军功奖章，并在巴黎为他举行了告别宴。第二天，蒙哥马利飞回英国。英国政府为他举行午餐会，邓肯·桑兹代表政府向他致谢。9月18日，英国陆军委员会在切尔西为他举行了告别宴会。

耳边回响着世界对他的欢呼声，胸前挂满各种奖章，蒙哥马利满身荣耀，衣锦还乡，回到了伊辛顿磨坊。

∧ 蒙哥马利在儿子戴维的婚礼上。

> 1958年时的蒙哥马利。

>> 晚年的日子

1958年9月，蒙哥马利退出现役。然而，直到1968年，他才放弃许多公职，取消出国访问活动。在这10年中，他过着一种非常奇特的生活。虽然在他的《回忆录》中有这样一幅照片：蒙哥马利倚靠在草坪割草机上，旁边写着“作者晚年在伊辛顿磨坊过得非常愉快”，

< 在乡间漫步的蒙哥马利。

但他在1958年9月肯定没有打算就在伊辛顿的花园中愉快地度过他的余生。蒙哥马利已经把他的整个一生完全献给英国陆军和军事事业，自从他的妻子去世后，他对军事以外的事情几乎毫无兴趣，除偶尔看看芭蕾舞外，他别无所好。要他待在伊辛顿这样一个小天地里，整天侍候花草树木，那简直不可想象。他根本就不喜欢种植花草果木之类的事情。他指示花工把花园中的一切都弄得整整齐齐，有条不紊。他的弟弟布莱恩写道，那些小溪小沟"被收拾得井井有条，纹丝不乱，凡是看起来有点脏或不雅观的石头都得搬走"。

幸运的是，蒙哥马利很快就找到了一种非常适合于他的工作——做一名有真知灼见的政界元老。他健全的常识和局外人的身份，使他对许多问题都能一针见血地洞穿实质，而这对一般当事人来说，却是不易做到的。他能够对他经历过的许多历史事物，提供直接的咨询意见。他的主要贡献在外交和防务方面。但他肯定相信，他那直率而符合逻辑的分析问题的方法，对国内问题也有影响。

蒙哥马利离开北约时，对他的赞扬声不绝于耳，有些言过其实的赞扬，听起来有点令人倒胃口。1958年9月，阿瑟·布莱恩特在《星期天泰晤士报》上发表文章，把蒙哥马利说成是"一个非常和蔼、非常有人情味的人。对那些了解他的人来说，也是非常可亲可爱的"。同年10月，曾在非洲沙漠同蒙哥马利作战的对手冯·海伦廷说，蒙哥马利一接过第8集团军的指挥权，"非洲军团"就认识到他们的末日来到了。蒙哥马利接受了这些阿谀奉承，并且感到很对自己的胃口。也许正是这些赞扬声，使蒙哥马利备受鼓舞，以至于信心百倍地要做一个独立的国际事务评论人。

蒙哥马利退休后的活动主要集中在三个方面，一是到各国访问，并就国际问题发表见解；二是撰写历史著作和去广播电台与电视台向观众作演讲；三是参与国内政治。由于他常去上议院演讲，上议院已充分感觉到了他的存在。他对国际关系、历史和国内政治的研究情况，大多反映在他撰写的五部著作中：《回忆录》(1958)、《正确判断的方法》(1959)、《领导艺术之路》(1961)、《三个大陆》(1962)和《战争史》(1968)。

对蒙哥马利本人来说，他的新生活最有意思的一个方面，是出访世界各个国家。尽管他年事已高，但却表现出惊人的活力。1959年4月，他访问苏联。同年11月，访问南非。1960年，蒙哥马利访问印度、加拿大和中国。1961年，他再次访问中国，而且时间更长，然后，访问加拿大和中美洲。从1962年到1966年，他每年初都去南非访问。最后，他于1967年5月到埃及访问，故地重游，凭吊旧战场。

蒙哥马利对中国进行的两次访问非常有意义。对大多数西方人来说，中国是神秘的。蒙哥马利的访问有助于西方了解中国。1960年1月，蒙哥马利访问印度，同他心目中的伟人尼赫鲁住在一起。后来，他决定访问中国，于是从新德里向北京发出了这个信息。不出所料，他接到通知说，鉴于中印关系紧张，直接从印度飞往中国将不受欢迎。但是，为他做出了5月份访问中国的安排。5月20日，蒙哥马利到达香港。有人告诉他说，周恩来总理于前几天谈论了澳门和香港的最后前途问题。蒙哥马利反驳说：

"如果谁想夺取香港，那将意味着世界大战。"

确定了他在这个复杂问题上的立场之后，蒙哥马利于5月24日启程前往中国访问。24日中午，蒙哥马利元帅在中国人民国防体育协会主任李达上将的陪同下，乘飞机由广州到达北京。24日下午，蒙哥马利参观了北京站、民族文化宫和北京的其他新建筑。国务院副总理陈毅元帅接见了蒙哥马利，并举行宴会，欢迎蒙哥马利访问中国。25日，周恩来总理和对外贸易部部长叶季壮分别接见了蒙哥马利。此外，蒙哥马利观看了跳伞表演和滑翔机飞行表演，参观了北京第二棉纺织厂。

26日晚，周恩来总理在人民大会堂举行宴会，欢迎蒙哥马利访问中国。周恩来在宴会上表示，中国人民支持蒙哥马利元帅为缓和国际紧张局势和世界和平所做的努力，相信蒙哥马利元帅这次访问，对增进中英两国人民的友好，对改进两国关系，一定会有很好的贡献。蒙哥马利在讲话中表示，他在返回英国后，一定马上非常明确地指出，"我们大家都应该同新中国保持友好"。他还说，他这次访问，使他能够纠正西方世界普遍持有的对新中国的错误印象。

5月27日上午，蒙哥马利离开北京，前往上海访问，上海市副市长曹荻秋到机场迎接。中午，上海市市长柯庆施设午宴欢迎蒙哥马利元帅。蒙哥马利在讲话中感谢柯庆施市长对他的欢迎。他说，在亚洲来说，一

< 1960年5月27日,毛泽东在上海接见了蒙哥马利。

V 蒙哥马利访华时与中国百姓合影。

个大问题就是台湾问题。作为一个有理智的军人，他一贯认为世界上只有一个中国，中国政府在北京，台湾是中国领土的一部分。下午，蒙哥马利参观了上海近郊的马桥人民公社。晚上，毛泽东主席在上海接见了蒙哥马利，并共进晚餐。

28日早晨，蒙哥马利元帅在李达上将和国家体委副主任荣高棠的陪同下，乘飞机离开上海前往广州。抵达广州后，转乘火车经深圳，取道香港回国。

蒙哥马利在北京访问时，过得非常愉快，因此邀请周恩来总理到伊辛顿访问，但被婉言谢绝。然而，蒙哥马利却非常高兴地接受了1961年9月再次访问中国的邀请。

1961年9月6日，蒙哥马利再次来到中国访问。在这次访问中，蒙哥马利访问了更多的地方，会见了更多的中国领导人，对中国有了更多了解。9月9日，蒙哥马利离开北京前往包头、延安、西安、三门峡、洛阳、郑州、武汉等地访问，参观了许多工厂、农村和学校，游览了一些著名风景区，于9月20日回到北京。在访问期间，蒙哥马利不仅受到各地党政军负责人的热烈欢迎和亲切会见，而且受到党和国家领导人的多次接见。陈毅副总理为他举行欢迎宴会，并陪同他参观故宫。周恩来总理两次接见他，国家主席刘少奇于22日接见了他。中国共产党主席毛泽东于23和24两日在武汉两次接见了他。通过这些访问与会见，蒙哥马利对中国有了更深刻的印象。在周总理为他举行的饯别宴会上，蒙哥马利说，中国人民的命运已经掌握在自己手中，全中国人民是坚强团结的，他们12年来在毛泽东的领导下取得了巨大成就。

蒙哥马利第二次访问中国时，提出了缓和国际紧张局势的三项原则，这就是大家都承认只有一个中国、承认有两个德国、一切地方的一切武装部队都撤退到他们自己的国土上去。他还进一步解释说，我说的中国是指政府设在北京的中华人民共和国，而不是从来没有资格代表中国的台湾那一套机构，我一向认为，台湾是中华人民共和国的一部分。

蒙哥马利关于中国的见解，大多阐述在为报纸写的文章和他的《三个大陆》那本书中，比他要把苏联吸收进基督世界的看法要有趣得多。从1960年起，他一贯坚持认为，台湾代表整个中华民族实在是荒谬之至。他把自己的观点表达得如此强烈，以至于引起台湾报纸的一场反击，把他的看法说成是“一个遭到挫折而又被完全遗忘的人的悲号”。在对20世纪中国历史进程的分析中，蒙哥马利明显表现出对毛泽东领导下的中国共产党的同情，他把毛泽东描绘成一个同残酷无情、侵略成性的蒋介石进行了艰苦卓绝的斗争的人物。通过访问中国，和对某些问题的思考，蒙哥马利得出的结论在现在看来好像并没有什么了不起的地方，但在当时西方却是超时代的。

蒙哥马利最常访问的国家是南非，他喜欢那里的天气和那里的人。他赞同白人的种族隔离制度，并且毫不隐瞒自己的观点。结果，下议院不可避免地对他提出质询。每次他从南非回来，总是逢人便讲不要干预南非的事情，让它自己解决自己的问题。1961年他在德班对听众说：

★纳赛尔

埃及总统，武装部队最高统帅。1937年入埃及皇家军事学院。1939年毕业后获少尉军衔。1948年参加第一次中东战争，因战功获"法卢加之虎"称号。1952年领导自由军官组织发动政变，推翻法鲁克王朝。1954年任革命指导委员会主席兼总理，后任代总统。1956年颁布宪法，同年当选总统，并在中东战争中迫使英、法、以停火并撤军，将苏伊士运河国有化。

"如果这个国家北部的黑人联合起来，如果他们能找到领袖人物，并威胁南非白人的安全，我本人将前来拔刀相助。"

蒙哥马利支持种族隔离制度的根本原因在于，他相信只有遍布全球的盎格鲁－撒克逊民族联合起来，才能拯救这个世界。他在《三个大陆》中描绘了这种梦想。这种梦想的基础，是他过低地估计了其他民族的能力。他认为，班图人生性懒惰，黑人太落后，没有白人的帮助他们难以生存。由于他如此地贬低黑人的能力，他在南非白人中颇得人心便不足为奇了。1965年11月，南罗得西亚单方面宣布独立，但他去那里访问并没有引起什么使人为难的事情。他只喜欢那里的气候和南非的朋友。他在1954年给朋友T·E·B·豪沃思的信中写道："我总是在想，为了适当而有效地治理这个世界，有必要造就一批杰出人物……"显然，他认为南非白人社会满足了这一简单的要求。

蒙哥马利最后一次重要的海外之行，是1967年去埃及。当时他已79岁。这次访问是1966年12月宣布的，翌年5月进行。英国政府对此不怎么高兴，因为中东的政治形势非常微妙。蒙哥马利私下安排了这次访问，他想旧地重游。

这次访问显然具有历史意义。《星期天泰晤士报》派来了随行摄影师，并负责支付蒙哥马利的开销。当蒙哥马利一行到达赫利奥波利斯时，机场上彩旗飞舞，管乐齐鸣，蒙哥马利受到隆重而热烈的欢迎。他同埃及总统纳赛尔及其总参谋长举行了会谈。同往常一样，他相信这样就能使他对正在发生的事情有一个全面的了解。他甚至让英国代办用密码向伦敦发了一份电报，说明埃及问题应该怎样解决，并说纳赛尔★总统只准备同工党政府的某位大臣进行谈判。

蒙哥马利在埃及的大部分时间，都是在沙漠中游览旧战场中度过的。他的时间表安排得非常紧，每天早上6点起床，随后就爬上直升机，观看那片土地最美丽的景色。随后，直升机在预定的地点降落。他们一行站在沙漠中，蒙哥马利一边对照他过去用过的地图和作战计划，一边把在场的人员用作标记，分布在沙漠中。他在埃及深受欢迎，部分原因是他毫不含糊地谴责了苏伊士作战行动。尽管蒙哥马利在这次访问中进行了这些充满生气的活动，但他的老态再也无法掩盖。蒙哥马利自己就说，这次旅行缩短了他1年的寿命。实际上，这是蒙哥马利进行的最后一次访问，这使得英国外交部大大地松了一口气。

蒙哥马利喜欢这些毫无害处的短途游览。他坚信他能以提供意见的方式，为国家做出一些贡献。在很少得到英国政府鼓励的情况下，他非常乐意地就许多国际关系问题，向英国政府提供了咨询意见。作为一个非常关心西方团结的人，他却奇怪地反对与欧洲结成任何联盟。在20世纪60年代初期，他是阻挠英国加入欧洲共同市场的知名人士。1959年他甚至在普利茅斯说，在英吉利海峡修建海底隧道是危险的，不符合英国的战略需要。

∧ 1967年，蒙哥马利在埃及访问，这也是他最后一次出访。

随着他的著作的出版，许多人对他的战略思想的尊重开始烟消云散。读者很快就发现，他的思想前后不一致，甚至自相矛盾。1961年2月9日，《泰晤士报》发表对《领导艺术之路》一书的评论。评论者写道：

> 这本书不过是一堆陈词滥调和高级将领鼓舞士气的老生常谈。

这种评论，典型地反映了读者对他的著作的批评性意见。蒙哥马利关于国际关系的思想，尽管常常是混乱的，和自相矛盾的，但其基础却是完全一致的。他认为，国家与国家之间的冲突是自然的、不可避免的，必须接受冲突和战争，但在可能的情况下，应尽量减轻其影响。从这种实用主义观点出发，他对国际形势的分析，总是着眼于从实际上缓和紧张局势，而不是从根本上解决道德价值观念。这是一个相当不错的考察国际事务的基础，它使蒙哥马利得出了一些相当有价值的见解。

∧ 晚年的蒙哥马利。

蒙哥马利很早就认识到共产党领导下的中国的重要性,便是他严格的实用主义方法带来的直接结果。同样，这种方法也使他确信，虽然美国是欧洲的保护伞,但北美洲比任何欧洲国家都可能引发世界大战。蒙哥马利强烈地谴责杜勒斯和肯尼迪时代的讨伐政治。他认为,美国人的态度总是很可能引起问题。如果美国不能正视并承认中国的存在,那就更可能引起问题。他还担心美国许多外交政策中固有的“珍珠港”情结。他认为,美国人非常害怕突然袭击,因为他们不能想象在一种长期互相敌对的形势下，这种威胁总有一天可能会消除。由于这种原因，美国人便把战略思想建立在对任何攻击都立即进行大规模报复的基础之上。这种推理使蒙哥马利比许多观察家更早地谴责美国在越南的行动。1965年，他告诉《每日快讯》的勒内·麦克科尔说，美国应该撤出东南亚，因为同共产主义的斗争，不能停止在一个小国的边界上。

“世界有一半的人都是共产主义者，他（指林顿·约翰逊）打算同所有这些人做斗争吗？”1968年7月，蒙哥马利以略微不同的理由，再次谴责美国的越南政策。

1958年，蒙哥马利出版了完全由他自己亲笔写成的《回忆录》。他只用了3章来描写他1939年以前的生活，并且没有提到他声名显赫的祖先——父系的罗伯特·蒙哥马利勋爵和母系的法勒大主教。他写这本书的目的，是非常明确的：他只想记录他曾参与过的重大历史事件。曾经，蒙哥马利常拿《从阿拉曼到桑格罗河》和《从诺曼底到波罗的海》这两本书送人。这两本书按时间顺序详细地记叙了蒙哥马利所指挥的历次重大战役，是由蒙哥马利及其参谋军官在1945年编写的。但战争结束后不久，曾在第21集团军群任参谋军官的R·F·贝尔彻姆少将却在写给爱德华·巴德少校的信中声称，他是《从阿拉曼到桑格罗河》和《从诺曼底到波罗的海》这两本书的唯一原作者。蒙哥马利认为，这两本书的最大优点是准确，而他的《回忆录》则主要是阐明一些重大问题的真相。

但是，许多人认为，蒙哥马利在其《回忆录》中记述的某些历史事件不够真实。阿伦·查尔方特写道：“他常常承认他可能错了，给人一种他在进行自我批评的表面印象……实际上，他在用这样一种方法暗示他很少有错，他有一种改写或重新编造历史的高超本领。”

蒙哥马利后来与艾森豪威尔失去了联系，也许可以进一步说明这个问题。早在1959年1月，蒙哥马利便在一个电视节目中说，他曾送给艾森豪威尔一本他的《回忆录》，但反应一直是“沉默，沉默。我给他寄去一张圣诞贺卡，所用语言比我给任何人的语言都更为热烈，结果仍然是沉默……如果我已经失去了这个伟大而善良的人的友谊，我将感到非常痛苦”。

艾森豪威尔虽然在公众场合非常有节制，但在私下却并不那么和蔼可亲。他在去世前不久，曾对科尼厄斯·瑞安说：“他（指蒙哥马利）为了突出自己，就说美国人，特别是我，没有什么值得称赞的，与那场战争毫无关系，我只好同他断绝联系。我对不讲真话的人保持联系不感兴趣。”

蒙哥马利的私生活相对平静，他的大部分时间都是在伊辛顿度过的。1968年，他在当地找了一户人家照顾他，他几乎没有什么来访者，但却有大量信件从世界各地寄来。有两件事打断了他的平静生活。1960年10月，洪水淹没了他住宅的一楼，到第二天，洪水才退去。由于地毯和家具已被搬走，他几乎没有受到什么损失。更为严重的事件是，他的住宅于1967年11月17日晚被盗。那是一个星期六的晚上，蒙哥马利离开伊辛顿去参加切尔西皇家医院院长为他举行的生日晚宴。蒙哥马利家中所有的金、银饰品和钻石被盗贼偷得一干二净。他的丹麦大象勋章和陆军元帅权杖也不见了。幸运的是，吕讷堡荒原受降文件原封未动。后来，蒙哥马利把它赠给了大英帝国军事博物馆。

虽然蒙哥马利的性格已不像过去那样古怪，但他的自信却丝毫未减。1961年，当他驾车误入单行道时，发生了撞车事故。他在向警察报告事故时说：“单行道上没有标志，我非常肯定这一点。我带了一个乘客，他可以作证。”这种固执己见的声明毫无用处，但他却感到有必要那么做。如果他不能按自己的意见行事，就很容易生气。1967年在帕斯的第51高地师联欢会上，蒙哥马利刚要开始向新闻界发表演讲，一个播音员通过公用讲话系统进行介绍。蒙哥马利大声叫道：

“我连自己讲的话都听不见了。在外面说话的那个人是谁？把他弄走。”

几个军官出去叫那个播音员赶快停下来。但对蒙哥马利来说，他们的动作还不够快。他怒气冲冲地问：

“撵走捣乱分子的人到哪里去了？”

这个小小的插曲弄得他十分不愉快，演讲结束时，他不让新闻记者提问题。他说：“我把一切都讲得非常清楚了，因此，不再回答任何问题。”

即使像蒙哥马利这样出奇健康的人，也不能永生不老。1967年他的住宅被盗时，他度过了他的80大寿。1968年，他已经开始显现出老年的痕迹。1964年做的背部手术使他变得虚弱，但他在南非得到了很好的恢复。然而，1965年他却只好不去参加阿拉曼联欢会，因为他感到不舒服。1965年以后，还患有轻微的心脏病。1968年初，他正式宣布他将放弃大部分公职（例如各种学校的校长），不再进一步参与公共事务。1968年7月，他宣布，根据医生的命令，预定的澳大利亚和新西兰之行被取消；8月，医生告诫他不要去德国访问，因为有加重他的轻感冒的危险。

∧ 1953年6月2日，英国女王伊丽莎白二世加冕典礼现场。

★英国女王伊丽莎白二世

伊丽莎白二世，全称为"大不列颠及北爱尔兰联合王国与其他国土和领地之女王，联邦的元首"，1926年4月21日生于伦敦，原名为伊丽莎白·亚历山德拉·玛丽，是英国温莎王朝第四代君主、英王乔治六世的长女。自幼在皇宫内接受教育，能流利地讲法语、西班牙语和德语。二战后期，参加英国本土辅助部队。1952年2月6日乔治六世国王逝世后继承王位。1953年6月2日加冕。

1968年初，蒙哥马利由于健康状况不好，被迫放弃了最后的一点儿事业，完全退出了公共生活。从他离开北约回到伊辛顿，到他完全退出公共生活这10年间，蒙哥马利过得非常愉快。他相信，他能够理解，甚至能够影响世界重大事件。

说服蒙哥马利最终离开公共舞台的事件，发生在他最喜欢的豪华而庄重的场合。1968年，英国国会举行隆重而庄严的开幕仪式，81岁高龄的蒙哥马利要求带国剑参加开幕式。从根本上说，这是一种虚张声势的姿态。国剑长而重，必须笔直地拿着它，通过皇家画廊走到上议院。英国女王伊丽莎白二世★讲话时，必须把剑拿得笔直，并且纹丝不动，然后再把它带回更衣室门口。携带国剑是功勋卓著的英国军官的一种荣誉，但即使对一个健康的现役军官来说，这也是一个严峻的考验。对一个年过80的退休陆军元帅来说，就更是力所不及了。

那天，上议院辩论厅的场面非常热烈。勋爵们按身份和地位亲密地坐在一起。法官和主

教坐在前面，身后是穿着鲜红貂皮长袍的其他贵族。女贵族着传统而又多少有些不协调的晚礼服，戴着各种冠状头饰。外交使团却身着千奇百怪的服装。大家都坐在那里静候女王及其随从的到来。女王一行庄重地走进会场后，女王派黑棍侍卫的传令官召来了下议院的议员。会场一片寂静，女王开始念她的讲话稿。突然，蒙哥马利手中的国剑难以觉察地晃动了一下。接着，国剑又显而易见地摇晃起来。随后，那个身穿元帅服的瘦小身材也跟着摇晃起来，几乎跌倒在地。女王那有节奏的讲话略带关切地顿了一下。王室司库特赖恩勋爵冲上前去，接过国剑。人们轻轻地把蒙哥马利扶到旁边的一把椅子里坐下。几分钟后，蒙哥马利几乎在没有人察觉的情况下，慢慢地走出了上议院，走出了公共生活。

1976年3月25日，蒙哥马利走完了富有传奇色彩的人生历程，弥留之际，恍惚中他看到了爱妻贝蒂，贝蒂天使一样的笑容在召唤着他，蒙哥马利微微扬起颤抖的手，喃喃低语道：

“贝蒂，我来了！”

说罢，安静地、慢慢地合上了双眼。一颗璀璨的将星，就此陨落。

蒙哥马利死后，英国当时有人这样为他写道，

战争时：坚强刚毅；

挫折时：顽强不屈；

胜利时：宽容敦厚；

和平时：友好亲善。

在蒙哥马利身前身后，围绕对他的评价一直是很复杂的，高唱赞歌者不乏其人，批评诋毁者也大有人在，褒者大送褒扬之词，贬者极尽贬抑之能事。奥马尔·布莱德雷将军在谈到蒙哥马利时，轻蔑地说道：

“只是个三流将军而已。他也从未干出什么名堂，别人打不赢的战争，他也没有打赢，更不必说打得比别人更好了。”

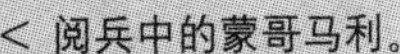

< 阅兵中的蒙哥马利。

> 1968年，老迈的蒙哥马利（右下者）出席英国国会开幕仪式。

> 1976年3月25日，蒙哥马利去世后英国政府为其举行了隆重的国葬。

一个在战时和蒙哥马利共事过的美军参谋，也曾这样刻薄地评论他：

“他不是一个很机智的人，也没有什么背景，他是一个混蛋，他是靠个人奋斗获得成功的。”

然而，富有趣味的是，包括在北非沙漠被蒙哥马利打败的隆美尔元帅在内的许多德军将领，却认为蒙哥马利是“一位伟大的将军”，“在考虑过他所掌握的巨大优势实力之后，他是个非常谨慎小心的人”，但却是“一位战无不胜的元帅”。

所有这一切，蒙哥马利在生前一笑置之，毫不在意，死后，在九泉之下，他就更听不到了，是是非非，任由他人指点评说……

>> 检索……相关事件

“反侵略国联合宣传委员会”宣告成立

1942年1月5日，根据联合国家宣言所制定的共同对法西斯作战到底的精神，开展对法西斯国家的宣传攻势，中国、英国、美国、荷兰成立了“反侵略国联合宣传委员会”。该会会址设在中国重庆，由中国国民党中央宣传部及美、英、荷政府驻华使馆代表组成。该组织的成立，对向世界人民宣传法西斯的侵略罪行、鼓舞世界人民的反法西斯斗志，起到了一定的积极作用。1月6日，在华盛顿和伦敦也成立了类似的组织。

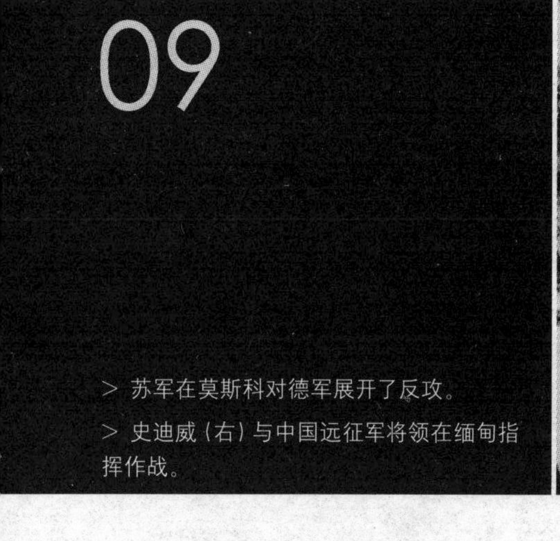

> 苏军在莫斯科对德军展开了反攻。

> 史迪威（右）与中国远征军将领在缅甸指挥作战。

莫斯科会战以苏军的胜利而告终

莫斯科城被德军攻陷后，苏联军民在斯大林的领导下，沉着应战，以纵深梯次配置的防御工事，防止德军推进。1941年12月，苏军开始大规模反攻。到1942年4月20日，苏军已收复了莫斯科州、加里宁州、图拉州和梁赞州等广大地区。在此次会战中，德军损失兵力约50万人，其中冻死冻伤10万余人，坦克1300辆，火炮2500门。苏军取得了莫斯科会战的辉煌胜利，改变了苏德战场的形势，宣告了希特勒闪击战的破产。

中国远征军入缅作战

日军偷袭珍珠港并进而占领东南亚部分地区后，于1942年1月发动了侵缅战争。中国政府根据1941年12月《中英共同防御滇缅路协定》，应英国政府请求，以第5军、第6军、第66军共10万余人组成远征军，由远征军第一路司令长官罗卓英和同盟国中国战区参谋长史迪威指挥，于1942年2月先后入缅作战。中国远征军入缅作战，重新打通了中国西南的国际运输线，有力地配合了盟军在太平洋的反攻，为盟军在缅甸的最后胜利作出了贡献。

日本舰队在中途岛受到重创

太平洋战争爆发后，日本海军依仗在偷袭珍珠港中所取得的"辉煌胜利"，一直在寻求与美国海军舰队主力决战。1942年6月4日，日机从航空母舰上起飞准备轰炸中途岛。美军利用事先破译的密码，掌握了日本舰队的作战计划、实力等情况，给日本海军以重创。中途岛海战是太平洋战争的转折点，国力空虚的日本受此重创后，再也不能随心所欲地进攻了，而国力雄厚的美国逐步掌握住战争的主动权，开始对日本发动反攻。

美英两国部分废除对华不平等条约

太平洋战争爆发后，中、苏、英、美成为反法西斯同盟国。在中美两国人民的呼吁和世界舆论的推动下，美、英两国政府开始会商共同放弃对华不平等条约的问题。1943年1月11日，中国国民党政府与美、英两国代表在华盛顿和重庆分别签订了《中美关于取消美国在华治外法权及处理有关问题之条约与换文》、《中英关于取消英国在华治外法权及其有关特权条约及换文》，部分地放弃了一些对华不平等条约。

retrieval 10

意大利向盟国举起白旗

1942至1943年间，意大利军队在苏德战场、北非战场的惨败，使意大利人民的反战情绪日趋高涨，军队士气低落、人心涣散。为此，意统治集团内部决定抛弃墨索里尼，退出大战。1943年7月25日，墨索里尼被拘禁。当日晚，意大利国王命令巴多里奥组织新内阁。同年9月29日，盟军代表艾森豪威尔将军与意大利代表巴多里奥元帅签署了《意大利投降书》。意大利的投降，标志着法西斯轴心国的解体和反法西斯联盟的一次重大胜利。

>> 检索……相关事件

中美英三国首脑会晤开罗

为了加强反法西斯同盟国之间在军事和政治上的协调行动，协商制订联合对日作战计划和解决远东问题，1943年11月，中、美、英三国政府首脑在开罗举行会议。参加会议的有美国总统罗斯福、英国首相丘吉尔和中国国民党政府主席蒋介石。会议签署了《中美英三国开罗宣言》，简称《开罗宣言》。宣言宣称：将坚持长期作战以迫使日本无条件投降。此次会议签署的《开罗宣言》，成为确定日本侵略罪行及战后处理日本问题的重要国际文件。

11

< 中美英三国首脑在开罗会议期间合影。

> 太平洋战区盟军最高司令麦克阿瑟。

波茨坦对日发出促降公告

1945年5月8日，德国政府无条件投降，欧洲战争结束。日本法西斯在负隅顽抗的同时，开始酝酿媾和。为了研究处置德国，商讨对日本作战和解决欧洲其他问题，苏、美、英三国举行了波茨坦会议。7月26日，通过了《中美英三国促令日本投降之波茨坦公告》，简称《波茨坦公告》。《波茨坦公告》共13条。中国政府虽未参加讨论，但事前征得中国政府的同意，故公告以美、英、中三国共同宣言的形式公布。

美军依仗军事优势独占日本

日本宣布无条件投降后，美国依仗其在亚太战场上占有的特殊军事优势和贡献，决心不再重蹈在欧洲由四国共同占领德国的覆辙，单独占领日本。1945年8月26日，美国舰队开始向东京湾进发。8月30日，太平洋战区盟军最高司令麦克阿瑟上将也乘飞机抵达日本厚木机场，后前往横滨。至1945年9月6日，共有46万美军陆续在日本登陆，控制了日本各大城市和战略中心，基本完成了对日军的单独占领。

中国战区日军投降签字仪式在南京举行

1945年9月9日，在南京黄埔路陆军总司令部前进指挥所举行中国战区日军投降签字仪式。受降席居中坐的是陆军总司令何应钦。上午9时整，何应钦将日军盖章降书交付冈村宁次阅读。冈村宁次签字毕，低头俯视降书达50秒钟。9时6分，何应钦将蒋中正第一号命令交给参谋长转送冈村宁次，冈村宁次再于受领证上签字盖章。9时10分，中国战区日本受降仪式宣告结束。

retrieval 12

> 1945年9月9日，中国战区日军投降仪式在南京举行。

美国纠集“联合国军”入侵朝鲜

日本投降后，美国与苏联商定以北纬38°线为两国分别接受日本投降的临时军事分界线，将朝鲜一分为二。1948年8月15日，朝鲜三八线以南成立大韩民国。9月9日，朝鲜民主主义人民共和国在北部成立。朝鲜形成南北分裂的局面，双方小规模冲突不断。1950年朝鲜战争爆发后，美国总统杜鲁门宣布美军将直接介入朝鲜战争，并派遣第7舰队侵占台湾海峡。同年7月，美国等15个国家组成“联合国军”入侵朝鲜。朝鲜内战迅速转变为美国的侵朝战争。

英国对埃及的殖民占领宣告终结

1952年7月23日，以纳赛尔为首的埃及“自由军官组织”发动和领导了“七月革命”，推翻了法鲁克封建王朝的统治，其主要领导人组成了“革命指导委员会”作为最高领导机构，掌握国家政权。1953年6月18日，废除君主制，成立埃及共和国。1956年，埃及新宪法颁布，纳赛尔正式当选为共和国总统，“革命指导委员会”宣布解散。最后一批英军撤离埃及，宣告了英国对埃及长达74年的殖民占领终结。